UN VIAJE A LA LIBERTAD
San Juan de la Cruz

JUAN ANTONIO MARCOS

UN VIAJE A LA LIBERTAD
San Juan de la Cruz
(La experiencia mística en metáforas cotidianas)

Cuarta edición

FONTE
GRUPO EDITORIAL

*Estoy leyendo la prosa
de San Juan de la Cruz.
Lo leo por curación,
para mejorar el espíritu;
también como meditación.
Es un poeta que me ayuda a vivir,
que me alimenta el alma,
que me acompaña espiritualmente.
Con Santa Teresa siento lo mismo.*

(Claudio Rodríguez, poeta)

SIGLAS
de las
OBRAS DE SAN JUAN DE LA CRUZ

C = Cántico espiritual.
    CA = Cántico espiritual. Primera redacción.
    CB = Cántico espiritual. Segunda redacción.
    Cuando se cita solamente con la C debe entenderse que se trata de la segunda redacción.
Caut = Cautelas.
D = Dichos de luz y amor.
Ep = Epistolario.
L = Llama de amor viva.
    LA = Llama de amor viva. Primera redacción.
    LB = Llama de amor viva. Segunda redacción.
    Cuando se cita solamente con la L debe entenderse que se trata de la segunda redacción.
N = Noche Oscura.
    IN 3,5 = El primer número indica el libro; el siguiente, el capítulo, y el tercero, el párrafo.
P = Poesía.
S = Subida del Monte Carmelo.
1S 3,5 = El mismo sistema que en Noche Oscura.

fabuloso proceso de sanación interior. En ellas se te descubre por primera vez que Dios es mucho más que lo puramente sensorial (aunque los sentidos también te hablen de Dios), que Dios es mucho más que lo puramente intelectual (aunque las ideas también te hablen de Dios). Y aparecen unos ojos nuevos (los del corazón, los del alma) que te capacitan para ver a Dios en lo cotidiano, y aparecen otros oídos (los interiores, los del amor) que te permiten escuchar a Dios en los que te rodean. Pues el limpio de corazón *en todas las cosas halla noticia de Dios* (3S 26,6).

Llegamos así al final del viaje. Todo sigue siendo igual, pero todo es diferente. Todo sigue estando ahí, pero todo ha cambiado. Desde la libertad que da la absoluta cercanía de Dios, el místico vuelve su mirada a las "fieras" del camino (ya sin miedos), y a las "flores" (ya sin apegos) para cantar aquello de *Mi Amado, las montañas / los valles solitarios nemorosos / las ínsulas extrañas...* El viaje místico termina, pues, volviendo gozosamente la mirada a lo cotidiano, para descubrir que Dios está ahí, que siempre ha estado ahí. Termina cuando el alma, *alcanzando la libertad dichosa y deseada de todos, la del espíritu, sale de lo bajo a lo alto, de terrestre se hace celestial, y de humana divina* (2N 22,1). Y entonces no se siente más que una gozosa gratitud hacia Dios por lo pequeño, lo fascinante y lo misterioso. De nuestras vidas, quizá sobre todo de nuestras vidas.

El objetivo de todo viaje o camino es llegar/volver a casa, es decir, encontrar nuestro yo más auténtico y saborear así la libertad interior. Muy a menudo, los pájaros, por el hecho de tener su casa en el aire (en el cielo) son vistos como símbolo de libertad. Y la libertad (la interior, la del espíritu) es la fuente más verdadera de felicidad. La experiencia mística es un viaje (interior) a nuevas tierras (los paisajes del alma) por caminos siempre nuevos. En cada paso del camino (quizá tanto o más que en la meta) tendremos que aprender a saborear esa felicidad y esa libertad. Y de paso (siempre "de paso") ir disfrutando de las pequeñas cosas que hacen la vida: el pan, el vino y la amistad.

PRESENTACIÓN

Una nueva ventana a un mundo diferente

Hubo un hombre en la segunda mitad del siglo XVI que protagonizó una de las historias más fascinantes de la búsqueda de la libertad. Fue un huérfano, un pobre, un rebelde, un sumiso, un automarginado del saber oficial. Pero que sin embargo escribió con palabras nuevas de una sabiduría diferente, más profunda y más verdadera. Viejas palabras de amor que a pesar del paso de los siglos siguen sonando como nuevas. Quizás hoy en día más nuevas y más contemporáneas que nunca. Versos que sentimos como nuestros porque, por de pronto, lo primero que hacemos es emocionarnos cuando los leemos o escuchamos.

Juan de Yepes, por otro nombre, Juan de la Cruz, fue un viajero incansable, y de los de a pie, por tierras de Castilla. Pero ante todo fue un viajero del alma, un contemplativo de los paisajes interiores. Lo suyo fue un viaje interior al mundo de la libertad. De esa libertad dichosa que, cuando la encuentras (y acaso te encuentra ella), te hace caminar por la vida andando interiormente como de fiesta, dice San Juan de la Cruz. Es la así llamada libertad interior, la del espíritu. Juan de la Cruz no nos ofrece una teoría acabada, ni un esquema teológico o místico redondo. Simplemente nos cuenta una experiencia vivida. *El hombre religioso del mañana será un "místico", una persona que "ha experimentado" algo, o no podrá seguir siendo religioso.*

Pues bien, ese "mañana" es nuestro "hoy". De ahí la actualidad de la vida y la palabra de San Juan de la Cruz. Él fue capaz de abrir una ventana nueva a un mundo diferente. El encuentro con Dios se convirtió para él en fuente de sentido, de gozo y de belleza. Hasta el punto de poder afirmar que *donde no se sabe a Dios, no se sabe nada* (C 26,13). La experiencia mística es absoluta. Para quien la ha tenido, todo lo demás carece de importancia. Todo lo demás tiene un valor nuevo. No muy diferente es la experiencia de los enamorados, para quienes el mundo exterior carece de interés, pues ambos amantes se bastan a sí mismos.

La historia que nos cuenta San Juan de la Cruz está salpicada de metáforas por doquier. Metáforas que casi siempre utiliza él de una manera inconsciente y automática. Son las mismas metáforas de la vida cotidiana que hoy en día seguimos utilizando nosotros sin darnos cuenta. Y sin duda, la más afortunada y extendida de todas es la del *viaje o camino*. Sólo a través de realidades tan concretas y físicas como el *cuerpo* o el *movimiento* ("vías de carne y tiempo"), podemos hablar de otras más abstractas y espirituales como el *alma* o la *experiencia mística*. Porque *la mística es un viaje*, y *el místico es un viajero*, y *los apegos (o apetitos) son obstáculos en el viaje*, y *las noches son lugares*, y *la fe es guía*, y *el amor es fuerza*, y *la unión es la meta*... Todo es metáfora.

La experiencia mística es un viaje. Y hay dos formas de hacer un viaje: con brújula o con mapa. La meta puede que sea la misma, y sin embargo, la experiencia de un viaje u otro resulta radicalmente diferente. Quien viaja ayudado de un mapa, conoce muy bien el camino, tiene muy claro por dónde ha de marchar hasta llegar a su destino. No hay lugar para las dudas, vacilaciones o inseguridades. Sin embargo, para quien viaja ayudado de una brújula, el camino diario es una aventura por descubrir, nada está claro ni definido, no hay seguridades de ningún tipo ("ni eso, ni esotro"). Su única brújula será la "fe oscura". O si se prefiere, la "confianza ciega". El viaje místico es una expedición de espeleología íntima. Con brújula y sin mapa.

En un sentido, el viaje de Juan de la Cruz es un viaje hacia adelante, porque la meta siempre está delante de nosotros; en otro sentido es un viaje hacia arriba, es un vuelo a un mundo hecho de libertad y de fiesta; en otro sentido es un viaje hacia adentro, porque sólo en el interior está la belleza y lo valioso del hombre. Si las personas somos algo así como *recipientes*, no es extraño que unas veces nos sintamos llenos, y otras vacíos. A lo

largo de este viaje a la libertad, el místico irá llenando su vida de todo lo que es Dios (de todo lo humano auténtico), irá vaciando su vida de todo lo que no es Dios (de todo lo que hay de inhumanidad o desamor en nuestras vidas).

Todo viaje es una aventura, con sus riesgos y sus obstáculos. Y lo mismo ocurre con el viaje místico. Miedos, temores, ansiedades, apegos..., tantas cosas que te paralizan y que no te dejan avanzar por el camino. Son las *flores y las fieras* de Juan de la Cruz, los apegos y temores que no te dejan ser libre para progresar en este viaje, porque *donde está tu tesoro, allá se va tu corazón*. Dios no es las cosas bellas del mundo, ni tus emociones más profundas, ni tus ideas mejor elaboradas. Dios siempre está más adelante, más arriba, más adentro. Para llegar a la meta, tendrás que caminar sin detenerte en nada. Porque el todo no admite paradas.

Quien te guiará en este viaje será la fe, y quien te moverá será el amor. La *fe oscura* de Juan de la Cruz es tu confianza ciega. Sólo cuando caminas por la vida con absoluta confianza en un Dios que siempre está detrás de ti, guardándote; debajo de ti, sosteniéndote; y delante de ti, esperándote, puedes avanzar sin miedos ni temores por este viaje interior hasta alcanzar la libertad más profunda y verdadera. La del espíritu, la que viene de Dios.

Y la fuerza que te moverá en este viaje será el amor. No tanto tu amor como el que viene de Dios. En este viaje a la libertad, el amor lo envuelve todo. Quizás, más que ninguna otra cosa, la suya, la de Juan de la Cruz, fue una peculiar historia de amor. Un amor tan poderoso que echa por tierra todos los obstáculos, un amor tan poderoso que se sobrepone a todos los contratiempos, un amor tan poderoso que te da alas para volar alto por una extraña manera. Porque el amor sigue siendo la emoción más poderosa. La única fuerza capaz de moverte, de hacerte avanzar por el camino de la libertad.

A lo largo del viaje místico irás pasando por distintos "lugares" que irán sanando tus heridas interiores, o haciendo más transparente tu mirada, o más libre tu corazón. Estos "lugares" son las noches sanjuanistas, donde se lleva a cabo

Prólogo a la cuarta edición

Este libro quisiera ser no más que un buen compañero de viaje para el lector de Juan de la Cruz. Para ello, manteniendo las mismas claves de anteriores ediciones, en esta cuarta hemos decidido contar su historia con Dios, la de Juan, en clave de positividad pura. Hacia esta nueva orientación, hemos reformulado parte de los antiguos capítulos y hemos añadido algún capítulo nuevo. También nos ha parecido oportuno cambiar el orden de la historia. Porque Juan de la Cruz nos cuenta su viaje interior, pero lo hace desde la meta, cual pájaro solitario que ya ha alcanzado la libertad dichosa y deseada de todos.

Por eso también nosotros hemos decidido contar su historia desde el final, en *flashback,* comenzando por la unión, para después volver sobre lo andado. Una vez pregustada la meta, se puede desandar el camino y empezar el viaje. Y porque es allí, en la unión, donde el amor y la libertad aparecen en toda su plenitud y anchura. Lo que se nos regala al final como plenitud, en realidad ya estaba ahí desde el principio. Y porque nunca ha dejado de estar ahí. Sólo necesitábamos una cosa: "caer en la cuenta".

1

Cuando la libertad es la meta

Alcanzando la libertad dichosa
y deseada de todos, del espíritu,
salió de lo bajo a lo alto,
de terrestre se hizo celestial,
y de humana, divina (2N 22,1)

«El deseo de Dios es disposición para unirse con Dios» (L 3,26). Y esa unión es el destino o meta del viaje místico. Se supone que todo "viaje" (real o metafórico) tiene siempre un propósito. La vida del hombre está llena de propósitos, de metas, de objetivos. Tener un propósito significa tener una meta que alcanzar, y eso te obliga a trazar un camino, a seguirlo, a pasar por lugares intermedios, ir superando obstáculos, incluso anticiparse a ellos, proveerse de lo necesario para el viaje, marcar un itinerario, saber dónde se está y cuál es la próxima parada. Cualquier objetivo o propósito, incluso el más sencillo y cotidiano, supone un "viaje", un viajero y un lugar de destino. El místico es, pues, el protagonista de un viaje interior a un mundo de libertad. Un viaje cuyo motor es el deseo.

Metafóricamente LOS PROPÓSITOS SON METAS[1] o lugares de destino. Juan de la Cruz lo tiene esto clarísimo en su narración de la experiencia mística, donde invita a perseverar «hasta conseguir *pretensión y fin* tan deseado como era *la unión de amor*» (2N 21,12). Y esa "unión de amor" es el propósito o destino de este viaje interior. Los destinos, como los propósitos, son "luga-

---

[1] Cf. LAKOFF, G., «The contemporary theory of metaphor», en *Metaphor and Thought*, Cambridge, Univ. Press, 1993, p. 226.

res deseados". Conseguir un propósito no es, pues, otra cosa que llegar a un lugar deseado. De ahí que la unión mística, en cuanto final de este viaje, se convierta metafóricamente en un nuevo lugar, y de ahí también que se pueda "entrar en" él: *para "entrar en" esta divina unión...* [2]

La unión mística es un nuevo "lugar" en este viaje, el último lugar, el final del viaje. Como veremos a lo largo de todo el proceso místico, la presencia del amor es siempre la "fuerza" que te impulsa a avanzar por el camino. Piénsese que metafóricamente LAS CAUSAS SON FUERZAS: «Y esto quiere el *alma enamorada*, que no sufre dilaciones..., porque *la fuerza del amor* y la disposición que en sí ve la hacen querer y pedir se rompa luego la vida con algún encuentro o ímpetu sobrenatural de amor» (L 1,34). Y, por supuesto, el amor es la única causa o fuerza de la unión: «porque sólo *el amor* es el que *une y junta* al alma con Dios» (2N 18,5). Así pues, tenemos el deseo como motor, y el amor como fuerza.

Es el mismo amor que lo envuelve todo en el viaje místico, pero que sólo alcanza su plenitud en la unión. Juan de la Cruz se esfuerza por transmitírselo al lector recurriendo a la acumulación de símiles:

> «Comunícase Dios en esta interior unión al alma con tantas veras de amor, que *no hay afición de madre* que con tanta ternura acaricie a su hijo, *ni amor de hermano ni amistad de amigo* que se le compare; porque aun llega a tanto la ternura y verdad de amor con que el inmenso Padre regala y engrandece a esta humilde y amorosa alma..., que se sujeta a ella verdaderamente para la engrandecer, como si él fuese su siervo y ella fuese su señor» (C 27,1).

Y sólo Dios puede "guiarte" hasta el final de este viaje, como "principal agente" y "mozo de ciego": «Advirtiendo, pues, el alma que en este negocio es Dios el principal agente y mozo de ciego que la ha de guiar por la mano a donde ella no sabría ir» (L 3,29). Y ese "a donde" es todo un espacio de libertad, donde nos descubrimos sanos, centrados, enamorados. Más que

---

[2] Cf. 1S 11,8 (citamos siempre por la 5.ª edición de las *Obras completas de San Juan de la Cruz*, Madrid, Editorial de Espiritualidad, 1993).

PRESENTACIÓN

Una nueva ventana a un mundo diferente

Hubo un hombre en la segunda mitad del siglo XVI que protagonizó una de las historias más fascinantes de la búsqueda de la libertad. Fue un huérfano, un pobre, un rebelde, un sumiso, un automarginado del saber oficial. Pero que sin embargo escribió con palabras nuevas de una sabiduría diferente, más profunda y más verdadera. Viejas palabras de amor que a pesar del paso de los siglos siguen sonando como nuevas. Quizás hoy en día más nuevas y más contemporáneas que nunca. Versos que sentimos como nuestros porque, por de pronto, lo primero que hacemos es emocionarnos cuando los leemos o escuchamos.

Juan de Yepes, por otro nombre, Juan de la Cruz, fue un viajero incansable, y de los de a pie, por tierras de Castilla. Pero ante todo fue un viajero del alma, un contemplativo de los paisajes interiores. Lo suyo fue un viaje interior al mundo de la libertad. De esa libertad dichosa que, cuando la encuentras (y acaso te encuentra ella), te hace caminar por la vida andando interiormente como de fiesta, dice San Juan de la Cruz. Es la así llamada libertad interior, la del espíritu. Juan de la Cruz no nos ofrece una teoría acabada, ni un esquema teológico o místico redondo. Simplemente nos cuenta una experiencia vivida. *El hombre religioso del mañana será un "místico", una persona que "ha experimentado" algo, o no podrá seguir siendo religioso.*

Pues bien, ese "mañana" es nuestro "hoy". De ahí la actualidad de la vida y la palabra de San Juan de la Cruz. Él fue capaz de abrir una ventana nueva a un mundo diferente. El encuentro con Dios se convirtió para él en fuente de sentido, de gozo y de belleza. Hasta el punto de poder afirmar que *donde no se sabe a Dios, no se sabe nada* (C 26,13). La experiencia mística es absoluta. Para quien la ha tenido, todo lo demás carece de importancia. Todo lo demás tiene un valor nuevo. No muy diferente es la experiencia de los enamorados, para quienes el mundo exterior carece de interés, pues ambos amantes se bastan a sí mismos.

La historia que nos cuenta San Juan de la Cruz está salpicada de metáforas por doquier. Metáforas que casi siempre utiliza él de una manera inconsciente y automática. Son las mismas metáforas de la vida cotidiana que hoy en día seguimos utilizando nosotros sin darnos cuenta. Y sin duda, la más afortunada y extendida de todas es la del *viaje o camino*. Sólo a través de realidades tan concretas y físicas como el *cuerpo* o el *movimiento* ("vías de carne y tiempo"), podemos hablar de otras más abstractas y espirituales como el *alma* o la *experiencia mística*. Porque *la mística es un viaje, y el místico es un viajero, y los apegos (o apetitos) son obstáculos en el viaje, y las noches son lugares, y la fe es guía, y el amor es fuerza, y la unión es la meta...* Todo es metáfora.

La experiencia mística es un viaje. Y hay dos formas de hacer un viaje: con brújula o con mapa. La meta puede que sea la misma, y sin embargo, la experiencia de un viaje u otro resulta radicalmente diferente. Quien viaja ayudado de un mapa, conoce muy bien el camino, tiene muy claro por dónde ha de marchar hasta llegar a su destino. No hay lugar para las dudas, vacilaciones o inseguridades. Sin embargo, para quien viaja ayudado de una brújula, el camino diario es una aventura por descubrir, nada está claro ni definido, no hay seguridades de ningún tipo ("ni eso, ni esotro"). Su única brújula será la "fe oscura". O si se prefiere, la "confianza ciega". El viaje místico es una expedición de espeleología íntima. Con brújula y sin mapa.

En un sentido, el viaje de Juan de la Cruz es un viaje hacia adelante, porque la meta siempre está delante de nosotros; en otro sentido es un viaje hacia arriba, es un vuelo a un mundo hecho de libertad y de fiesta; en otro sentido es un viaje hacia adentro, porque sólo en el interior está la belleza y lo valioso del hombre. Si las personas somos algo así como *recipientes*, no es extraño que unas veces nos sintamos llenos, y otras vacíos. A lo largo de este viaje a la libertad, el místico irá llenando su vida de todo lo que es Dios (de todo lo humano auténtico), irá vaciando su vida de todo lo que no es Dios (de todo lo que hay de inhumanidad o desamor en nuestras vidas).

Todo viaje es una aventura, con sus riesgos y sus obstáculos. Y lo mismo ocurre con el viaje místico. Miedos, temores, ansiedades, apegos..., tantas cosas que te paralizan y que no te dejan avanzar por el camino. Son las *flores y las fieras* de Juan de la Cruz, los apegos y temores que no te dejan ser libre para progresar en este viaje, porque *donde está tu tesoro, allá se va tu corazón*. Dios no es las cosas bellas del mundo, ni tus emociones más profundas, ni tus ideas mejor elaboradas. Dios siempre está más adelante, más arriba, más adentro. Para llegar a la meta, tendrás que caminar sin detenerte en nada. Porque el todo no admite paradas.

Quien te guiará en este viaje será la fe, y quien te moverá será el amor. La *fe oscura* de Juan de la Cruz es tu confianza ciega. Sólo cuando caminas por la vida con absoluta confianza en un Dios que siempre está detrás de ti, guardándote; debajo de ti, sosteniéndote; y delante de ti, esperándote, puedes avanzar sin miedos ni temores por este viaje interior hasta alcanzar la libertad más profunda y verdadera. La del espíritu, la que viene de Dios.

Y la fuerza que te moverá en este viaje será el amor. No tanto tu amor como el que viene de Dios. En este viaje a la libertad, el amor lo envuelve todo. Quizás, más que ninguna otra cosa, la suya, la de Juan de la Cruz, fue una peculiar historia de amor. Un amor tan poderoso que echa por tierra todos los obstáculos, un amor tan poderoso que se sobrepone a todos los contratiempos, un amor tan poderoso que te da alas para volar muy alto por una extraña manera. Porque el amor sigue siendo la emoción más poderosa. La única fuerza capaz de moverte y hacerte avanzar por el camino de la libertad.

A lo largo del viaje místico irás pasando por diferentes "lugares" que irán sanando tus heridas interiores, o haciendo más transparente tu mirada, o más libre tu corazón. Esos "lugares" son las noches sanjuanistas, donde se lleva a cabo todo un fabuloso proceso de sanación interior. En ellas se te descubre por primera vez que Dios es mucho más que lo puramente sensorial (aunque los sentidos también te hablen de Dios), que Dios es mucho más que lo puramente intelectual (aunque las ideas también te hablen de Dios). Y aparecen unos ojos nuevos (los del corazón, los del alma) que te capacitan para ver a Dios en lo cotidiano, y aparecen otros oídos (los interiores, los del amor) que te permiten escuchar a Dios en los que te rodean. Pues el limpio de corazón *en todas las cosas halla noticia de Dios* (3S 26,6).

Llegamos así al final del viaje. Todo sigue siendo igual, pero todo es diferente. Todo sigue estando ahí, pero todo ha cambiado. Desde la libertad que da la absoluta cercanía de Dios, el místico vuelve su mirada a las "fieras" del camino (ya sin miedos), y a las "flores" (ya sin apegos) para cantar aquello de *Mi Amado, las montañas / los valles solitarios nemorosos / las ínsulas extrañas...* El viaje místico termina, pues, volviendo gozosamente la mirada a lo cotidiano, para descubrir que Dios está ahí, que siempre ha estado ahí. Termina cuando el alma, *alcanzando la libertad dichosa y deseada de todos, la del espíritu, sale de lo bajo a lo alto, de terrestre se hace celestial, y de humana divina* (2N 22,1). Y entonces no se siente más que una gozosa gratitud hacia Dios por lo pequeño, lo fascinante y lo misterioso. De nuestras vidas, quizá sobre todo de nuestras vidas.

El objetivo de todo viaje o camino es llegar/volver a casa, es decir, encontrar nuestro yo más auténtico y saborear así la libertad interior. Muy a menudo, los pájaros, por el hecho de tener su casa en el aire (en el cielo) son vistos como símbolo de libertad. Y la libertad (la interior, la del espíritu) es la fuente más verdadera de felicidad. La experiencia mística es un viaje (interior) a nuevas tierras (los paisajes del alma) por caminos siempre nuevos. En cada paso del camino (quizá tanto o más que en la meta) tendremos que aprender a saborear esa felicidad y esa libertad. Y de paso (siempre "de paso") ir disfrutando de las pequeñas cosas que hacen la vida: el pan, el vino y la amistad.

Prólogo a la cuarta edición

Este libro quisiera ser no más que un buen compañero de viaje para el lector de Juan de la Cruz. Para ello, manteniendo las mismas claves de anteriores ediciones, en esta cuarta hemos decidido contar su historia con Dios, la de Juan, en clave de positividad pura. Hacia esta nueva orientación, hemos reformulado parte de los antiguos capítulos y hemos añadido algún capítulo nuevo. También nos ha parecido oportuno cambiar el orden de la historia. Porque Juan de la Cruz nos cuenta su viaje interior, pero lo hace desde la meta, cual pájaro solitario que ya ha alcanzado la libertad dichosa y deseada de todos.

Por eso también nosotros hemos decidido contar su historia desde el final, en *flashback*, comenzando por la unión, para después volver sobre lo andado. Una vez pregustada la meta, se puede desandar el camino y empezar el viaje. Y porque es allí, en la unión, donde el amor y la libertad aparecen en toda su plenitud y anchura. Lo que se nos regala al final como plenitud, en realidad ya estaba ahí desde el principio. Y porque nunca ha dejado de estar ahí. Sólo necesitábamos una cosa: "caer en la cuenta".

1

Cuando la libertad es la meta

Alcanzando la libertad dichosa
y deseada de todos, del espíritu,
salió de lo bajo a lo alto,
de terrestre se hizo celestial,
y de humana, divina (2N 22,1)

«El deseo de Dios es disposición para unirse con Dios» (L 3,26). Y esa unión es el destino o meta del viaje místico. Se supone que todo "viaje" (real o metafórico) tiene siempre un propósito. La vida del hombre está llena de propósitos, de metas, de objetivos. Tener un propósito significa tener una meta que alcanzar, y eso te obliga a trazar un camino, a seguirlo, a pasar por lugares intermedios, ir superando obstáculos, incluso anticiparse a ellos, proveerse de lo necesario para el viaje, marcar un itinerario, saber dónde se está y cuál es la próxima parada. Cualquier objetivo o propósito, incluso el más sencillo y cotidiano, supone un "viaje", un viajero y un lugar de destino. El místico es, pues, el protagonista de un viaje interior a un mundo de libertad. Un viaje cuyo motor es el deseo.

Metafóricamente LOS PROPÓSITOS SON METAS [1] o lugares de destino. Juan de la Cruz lo tiene esto clarísimo en su narración de la experiencia mística, donde invita a perseverar «hasta conseguir *pretensión y fin* tan deseado como era *la unión de amor*» (2N 21,12). Y esa "unión de amor" es el propósito o destino de este viaje interior. Los destinos, como los propósitos, son "luga-

---

[1] Cf. LAKOFF, G., «The contemporary theory of metaphor», en *Metaphor and Thought*, Cambridge, Univ. Press, 1993, p. 226.

res deseados". Conseguir un propósito no es, pues, otra cosa que llegar a un lugar deseado. De ahí que la unión mística, en cuanto final de este viaje, se convierta metafóricamente en un nuevo lugar, y de ahí también que se pueda "entrar en" él: *para "entrar en" esta divina unión...*[2]

La unión mística es un nuevo "lugar" en este viaje, el último lugar, el final del viaje. Como veremos a lo largo de todo el proceso místico, la presencia del amor es siempre la "fuerza" que te impulsa a avanzar por el camino. Piénsese que metafóricamente LAS CAUSAS SON FUERZAS: «Y esto quiere el *alma enamorada*, que no sufre dilaciones..., porque *la fuerza del amor* y la disposición que en sí ve la hacen querer y pedir se rompa luego la vida con algún encuentro o ímpetu sobrenatural de amor» (L 1,34). Y, por supuesto, el amor es la única causa o fuerza de la unión: «porque sólo *el amor* es el que *une y junta* al alma con Dios» (2N 18,5). Así pues, tenemos el deseo como motor, y el amor como fuerza.

Es el mismo amor que lo envuelve todo en el viaje místico, pero que sólo alcanza su plenitud en la unión. Juan de la Cruz se esfuerza por transmitírselo al lector recurriendo a la acumulación de símiles:

> «Comunícase Dios en esta interior unión al alma con tantas veras de amor, que *no hay afición de madre* que con tanta ternura acaricie a su hijo, *ni amor de hermano ni amistad de amigo* que se le compare; porque aun llega a tanto la ternura y verdad de amor con que el inmenso Padre regala y engrandece a esta humilde y amorosa alma..., que se sujeta a ella verdaderamente para la engrandecer, como si él fuese su siervo y ella fuese su señor» (C 27,1).

Y sólo Dios puede "guiarte" hasta el final de este viaje, como "principal agente" y "mozo de ciego": «Advirtiendo, pues, el alma que en este negocio es Dios el principal agente y mozo de ciego que la ha de guiar por la mano a donde ella no sabría ir» (L 3,29). Y ese "a donde" es todo un espacio de libertad, donde nos descubrimos sanos, centrados, enamorados. Más que

---

[2] Cf. 1S 11,8 (citamos siempre por la 5.ª edición de las *Obras completas de San Juan de la Cruz*, Madrid, Editorial de Espiritualidad, 1993).

ninguna otra cosa, la unión mística es una profunda experiencia de libertad interior: experiencia gozosa, sanadora y liberadora. Sólo la religación a lo Real Último, te libera de todo lo que es penúltimo, sólo renunciando a toda posesión poseerás la libertad plena. Esa libertad es la estación término del viaje místico. Viaje que Juan de la Cruz nos cuenta desde el final, una vez alcanzada la cumbre del monte, tras llegar a lo profundo del centro del alma [3].

1. Estar sano

La experiencia mística te da una nueva forma de "estar" ante la existencia. Vuelve tu vida más saludable. Te convierte en "gente sana". Y tu sanación interior es fruto del amor de Dios. Tu corazón se hace más limpio, y tu mirada más transparente. Aprendes a ver huellas o noticias de Dios en las cosas más sencillas y cotidianas. Por primera vez descubres esa hermosura interior que todos llevamos dentro, pero de la que hasta ahora no te habías dado cuenta. Y entonces todo tiene un nuevo sabor. Es el sabor de algo que no se sabe por ciencia, sino por experiencia. O mejor todavía, es el sabor de algo que se "sabe por amor" [4].

1.1. *Sanados por el amor*

Dios es "sanación" para la vida del hombre. Y por eso, a lo largo del viaje místico Dios va *«medicinando y curando al alma en sus muchas enfermedades para darle salud»* (L 1,21). La noche aparece aquí como un fabuloso proceso de sanación y cura. Pero sólo en la unión se alcanza la verdadera "salud", y

---

[3] *«Llama* se coloca en el mejor punto de vista para la descripción de un camino: la cumbre. [...] desde la purificación miró todo el camino en la *Subida del Monte Carmelo*, desde la noche pasiva habló de la activa y descubrió los resultados en el hombre renovado por ellas, en *Cántico* desde la búsqueda y el encuentro de amor presentó todo el organismo de la vida espiritual» (CASTRO, G., «Llama de amor viva», en *Introducción a la lectura de San Juan de la Cruz*, Salamanca, Junta de Castilla y León, 1991, p. 514).

[4] Cf. C pról. 3.

será en la noche oscura donde *sale el alma de sí y de todas las cosas* «a la perfecta unión de amor de Dios, su *amada salud*» (2N 21,10). Porque Dios, al final del viaje místico, aparece como la "salud" del alma. Y es que todo queda remitido, como ocurre siempre en este viaje, al amor, ya que «la salud del alma es el amor de Dios [...], cuanto más amor se le fuere aumentando [al alma], *más salud* tendrá, y, cuando tuviere perfecto amor, será *su salud cumplida*» (C 11,11).

El amor es lo que te sana y te cura, lo que te salva. El amor es la mayor fuerza terapéutica que existe, capaz de sanar viejas heridas, viejos rencores, viejas violencias:

«Y adonde no hay amor, ponga amor, y sacará amor» (Ep 26).

Aprender a poner amor donde no lo hubiere, eso es lo que nos une a Dios y nos hace divinos. O mejor dicho, es lo que nos hace auténticamente humanos: poner amor en medio de las heridas, de los rencores, de las violencias. Eso es lo que hizo siempre Jesús. Por eso el suyo fue, siempre, un "amor perdonador"[5]. Un amor que sólo buscaba sanar heridas, nunca abrirlas.

Sólo esa *salud cumplida* es ya la unión mística. Pero para alcanzar la plena *sanidad en el amor*, habrá que pasar por todo un fabuloso proceso de *cauterios, llagas, curas y medicinas*: «La *llaga del cauterio* de amor no se puede *curar con otra medicina*, sino que el mismo *cauterio* que la hace la *cura*, y el mismo que la *cura*, *curándola* la hace; porque cada vez que toca el *cauterio* de amor en la *llaga* de amor, hace mayor *llaga* de amor; y así, *cura y sana* más por cuanto *llaga* más. Porque el amante, cuanto más *llagado*, está más *sano*, y la *cura* que hace el amor es *llagar* y herir sobre lo *llagado*, hasta tanto que la llaga sea tan grande que toda el alma venga a resolverse en *llaga de amor*. Y, de esta manera, ya toda cauterizada y hecha una llaga de amor, *está toda sana en amor*, porque está transformada en amor» (L 2,7).

<hr>

[5] Piénsese en el hijo pródigo (Lc 15, 11s), Zaqueo (Lc 19,1s) o el episodio de la mujer adúltera (Jn 8,1s), y lo que suponen de reintegración social, devolver la dignidad personal, hacer borrón y cuenta nueva frente al pasado... Así es el "amor perdonador y sanador" del Dios de Jesús.

La sanación es, pues, una cuestión de amor: *¡Ay!, ¿quién podrá sanarme?* El amor. Sólo el amor. Y por eso en la unión mística es donde el amor muestra en toda su potencialidad su dimensión terapéutica. Y porque la salvación futura de Dios es ya sanación para el presente del hombre.

1.2. *Redecorando interiores*

Todo lo que hay de hermosura, de belleza y de lleno de encanto en la vida de los hombres, todo eso es ya Dios. Metafóricamente la MORALIDAD ES BELLEZA, por eso podemos decir de alguien que es *una bellísima persona*, o que *por dentro es una persona bien linda*. Pues bien, el paso por las noches se convertirá también, en algo así como una intervención de cirugía estética sobre alma. Un embellecimiento de interiores. Un ir aprendiendo a *redecorar la vida*. Y al llegar a la unión ya todo será "hermosura". Las parábolas del "tesoro escondido" (Mt 13,44) o de la "perla preciosa" (Mt 13,45) nos remiten a la fascinación y belleza de nuestra propia interioridad. Y lo mismo ocurre con la parábola de la semilla que crece automáticamente[6], que nos habla de una energía divina puesta desde siempre en nuestro propio interior por el Dios que crea por amor.

Es esa "energía" la que antes o después nos lleva a descubrir la belleza o hermosura de nuestro mundo interior. Baste recordar aquí el conocido texto sanjuanista sobre la *hermosura*, donde, como una ola que va y viene, el mismo término se retoma una y otra vez de una manera cuasi encantatoria, en una suerte de poderosa recreación de la experiencia de la unión, logrando así envolver metafóricamente al lector. Es la danza de la "hermosura":

«Hagamos de manera que por medio de este ejercicio de amor ya dicho lleguemos hasta vernos en tu *hermosura* en la vida eterna; esto es, que de tal manera esté yo transformado en tu *hermosura*, que, siendo semejante en *hermosura*, nos veamos entrambos en tu *hermosura*, teniendo yo tu misma *hermosura*; de manera que, mirando el uno al otro, vea cada uno en el otro

6 Mc 4, 26-29.

su *hermosura*, siendo la una y la del otro tu *hermosura* sola, absorta yo en tu *hermosura*; y así, te veré yo a ti en tu *hermosura*, y tú a mí en tu *hermosura*, y yo me veré en ti en tu *hermosura*, y tú te verás en mí en tu *hermosura*; y así, parezca yo tú en tu *hermosura*, y parezcas tú yo en tu *hermosura*, y mi *hermosura* sea tu *hermosura* y tu *hermosura* mi *hermosura*; y así, seré yo tú en tu *hermosura*, y serás tú yo en tu *hermosura*, porque tu misma *hermosura* será mi *hermosura*; y así, nos veremos el uno al otro en tu *hermosura*» (C 36,5).

1.3.   *Saboreando la vida*

Dios es quien endulza la vida y le devuelve su verdadero sabor. Y por eso, el encuentro último con Dios es para el místico un encuentro *dulce y sabroso*, e incluso tiene su peculiar *sabor*. En este sentido LA UNIÓN MÍSTICA ES COMIDA, lo que parece bastante natural si pensamos que la unión mística está hecha ante todo de amor, y que metafóricamente el "amor" también es "comida"[7]. Y así, Juan de la Cruz habla del *"sabor" de contemplación*[8]. Y frente a los obstáculos que aparecerán en el camino místico, concebidos metafóricamente como "lazos" o como "cargas", en la unión todo será *libertad y descanso*, todo será *dulce*. Por eso podemos hablar de «volar a la libertad y descanso de la *dulce* contemplación y unión» (3S 16,6), o de salir el alma «de sí misma y de todas las cosas criadas a la *dulce y deleitosa* unión de amor de Dios» (2N 16,14).

Todo lo que se deja a lo largo del viaje místico, se recupera al final, aunque de una manera nueva. Como muy bien vio D. Alonso, en la búsqueda que se nos cuenta a través de *Cántico*, se iba veloz («ni cogeré las flores...»), mientras que cuando se llegue a la unión, al encuentro con el Amado, las cosas, las flores bellas del mundo, ya tienen un sabor y perfume. Los adjetivos prolongan y enriquecen la dulce estela del nombre. Los "valles" ya no son valles sin más, sino "solitarios, nemorosos". Dios es descubierto y conocido en lo concreto y cotidiano: «Mi Amado

---

[7] Piénsese en expresiones como: *¡Ella es tan dulce!*, *¡Es un bombón!*, *¡Está buenísima!*, etc.

[8] 3S 26,5.

[es para mí] las montañas, los valles...»[9]. Y en lo cotidiano se manifiesta Dios: el mero hecho de andar se puede convertir en oración, oración andada; y lo mismo el hecho de danzar, oración danzada; o algo tan simple como esperar de pie en la parada de un autobús. La mirada de Dios ha transformado la mirada humana.

La unión mística es *encuentro, herida, vida de amor*, eso sí, siempre *dulce y sabrosa*. De ahí que la unión sea «venir a vivir *vida de amor dulce y sabrosa* con Dios» (1N Dec.1), o que sea «*dulce* encuentro»o «encuentro *sabroso* de amor» (L 1,30). Y las mismas heridas de amor son también «*dulces y sabrosas*» (C 9,3). Es ésta una experiencia de *muy "sabroso" amor interior*[10]. No muy diferente de las comidas que Jesús compartía con publicanos y pecadores: Zaqueo, Leví, el hijo pródigo... Toda una fascinante experiencia de paz, fraternidad y perdón. Es como saberse invitado al banquete de Dios. Todo se transforma. Todo sigue estando ahí. Pero ahora todo tiene otro sabor.

Juan de la Cruz habla de la «*sabrosa* advertencia y contemplación en Dios» (3S 26,5), «*dulce y sabrosa* comunicación del Esposo» (C 1,14), «comunicación de *dulzura* de amor... el amor... siempre se quiere andar *saboreando* en sus gozos y *dulzuras*» (C 36,1). Y en la unión se le comunican al alma secretos de Dios, «que es otro *manjar* de los que mejor le *saben*» (C 14,4). Es el «íntimo *sabor* del espíritu de amor, que contiene en sí *todos los sabores*» (2N 9,1). Si la sal es lo que da sabor a la vida, sólo deshaciéndonos podremos convertirnos en "sal del mundo"[11]. La experiencia mística implica, pues, no sólo aprender a saborear la vida, sino también darle un nuevo sabor dándonos.

La experiencia última del encuentro con Dios es comunicación, noticia, ciencia "sabrosa":

> «La ciencia *sabrosa* que dice aquí que le enseñó es la teología mística, que es ciencia secreta de Dios, que llaman los espi-

---

[9] Cf. ALONSO, D., «El misterio técnico de la poesía de San Juan de la Cruz», en *Poesía española. Ensayo de métodos y límites estilísticos*, Madrid, Gredos, 1966, p. 301.
[10] C 30,1.
[11] Cf. Mt 5,13.

rituales contemplación, la cual es *muy sabrosa*, porque es ciencia de amor, el cual es el maestro de ella y el que todo lo hace *sabroso*» (C 27,5)

Pero ante todo es *ciencia de amor*. De ese amor que es la "fuerza" en el viaje místico, y que, al final, aparece como el único "maestro" o guía de la unión. Ciencia secreta que se desvela como una nueva forma de conocer. Más allá de la conciencia ordinaria y el conocimiento conceptual.

1.4.   *Una ecología de los adentros*

Dios es nuestra mejor "ecología de interiores", quien nos da una mirada más limpia para así descubrirlo presente en la vida cotidiana. Por eso, para nuestro místico, la disposición para la unión es «*pureza* y amor... y cómo no puede haber perfecta transformación si no hay perfecta *pureza*; y cómo según la proporción de la *pureza* será la ilustración, iluminación y unión del alma con Dios, en más o en menos; aunque no será perfecta, como digo, si del todo no está perfecta, y *clara y limpia*» (2S 5,8). Así pues, sólo allí donde haya "limpieza" (del espíritu, del corazón, de la mente) será posible la unión con lo divino. Recuérdese la imagen sanjuanista del *rayo de sol y la vidriera*. Sólo cuando esta última está sin *manchas y limpia y pura del todo*, la transformará y esclarecerá el rayo, de tal manera que aquella vidriera será rayo o luz por participación. Y la "vidriera" es el alma. Y el "rayo" es Dios [12].

Pensemos ahora en expresiones tan cotidianas tales como: *tiene un corazón limpio o puro, tiene una reputación sin mácula* o, por qué no, *la "inmaculada" concepción*. Pues bien, para alcanzar el estado de la unión, también se requiere limpieza, porque sólo el «espíritu *limpio* y bien dispuesto para Dios» (C 1,22) llegará al final de este viaje, único lugar donde se podrá hablar con propiedad de la «*pureza* que ella [el alma] tiene ya en este estado» (C 34,2). En buena medida, las noches del alma son eso, un proceso de "limpieza", toda una higiene de los adentros.

---

[12] Cf. 2S 5,6.

Y el "limpio" de corazón, al decir de Juan de la Cruz, *en todas las cosas halla noticia de Dios* (3S 26,6).

El verdadero encuentro con Dios se da en ese "todas las cosas" de la vida cotidiana. Y no olvidemos que felices, según los evangelios, son los que miran la vida con un corazón limpio. No porque vayan a ver a Dios en un futuro (*Dichosos los limpios de corazón, porque verán a Dios*[13]), sino porque lo descubren presente ya, aquí y ahora, en los mil recovecos y avatares de la vida diaria. Para ello sólo necesitamos una mirada limpia, como la de Jesús. Su mirada es la medida de nuestra mirada. Es él el que nos enseña a mirar la vida con compasión (como el buen samaritano) y con ternura (como al joven rico); el que nos enseña a descubrir a Dios presente en los lirios del campo y en las aves del cielo. Ese es el verdadero Dios del místico: el Dios de la vida cotidiana.

2. Vivir centrado

La experiencia mística te hace "vivir" de otra forma. Más centrado, menos disperso, más unificado. La experiencia mística es una fabulosa arquitectura de interiores. Por eso, a lo largo de este viaje, aprendes a reconstruir las pequeñas ruinas que llevas dentro de ti mismo. Y entonces tu vida se llena de riquezas interiores y, más allá de las dispersiones cotidianas, ahora tu corazón está entero en Dios. Alcanzada la cima del monte, sientes una nueva y desconocida felicidad. Y si te haces un poco más semejante a Dios es por el amor. Sólo por el amor. Por primera vez tu vida está colmada de paz, sosiego y tranquilidad.

2.1. *Llenar vacíos*

Si metafóricamente concebimos al alma como un RECIPIEN-TE, parece bastante lógico que, en cuanto recipiente, pueda estar "lleno" o "vacío". De ahí que a veces afirmemos sentirnos *va-*

---

[13] Cf. Mt 5,8.

cíos, mientras que otras veces nos sentimos *llenos* (de alegría, por ejemplo). Son expresiones que todos hemos utilizado en más de una ocasión. San Juan de la Cruz dirá que la experiencia de la unión no se da de igual manera en todos, ni con el mismo grado, sino que en ella se da algo semejante a lo que ocurre en el cielo, donde «todos ven a Dios y todos están *contentos*, porque tienen satisfecha su *capacidad*» (2S 5,10)[14].

Así pues, cuando el "recipiente" del alma (que somos nosotros) se llena en toda su "capacidad", se ha llegado a la unión: «estando ya satisfecha con esta *unión* de Dios cuanto en esta vida puede, ni acerca del mundo tiene qué esperar ni acerca de lo espiritual qué desear, pues se ve y siente *llena* de las riquezas de Dios» (C 20,11). Y no en otro momento se alcanza la unión sino cuando el alma está «*llena* de deleites de Dios» (C 24,6).

> Si el alma es "recipiente" y es "vaso", «Dios es como la fuente, de la cual cada uno coge como lleva el vaso» (2S 21,2).

Y todos sabemos que hay zonas de nuestro ser que no se llenan con el último coche del mercado, ni con la ropa de moda que nos traerá la próxima primavera. No podemos pedirle a un coche, o a un ordenador o a un pantalón de marca, lo que no puede darnos, es decir, un sentido para la vida. Porque hay zonas de nuestro ser que sólo se llenan con esa "fuente" que es Dios. Es decir, con esa "agua viva" (Jn 4,10) que es Jesús. Porque como para la samaritana de entonces, Jesús sigue siendo hoy para nosotros, y de manera idéntica, el agua viva que puede calmar nuestra sed y llenar nuestros vacíos.

2.2. *Reconstruir el corazón*

Todos hemos tenido la sensación, en más de una ocasión, de sentirnos rotos, divididos, dispersos, disipados en mil cosas. Y entonces decimos que necesitamos "centrarnos". Es lo que se ha

---

[14] Precisamente "contento", del latín CONTENTUS, significa "contenido, satisfecho".

denominado la metáfora de LA PERSONA DISPERSA [15]. No es fácil moverse por la vida cuando se tienen excesivas obligaciones y deberes, cuando se multiplican las tareas o las responsabilidades, cuando la persona no se siente capaz de prestar la debida atención a una tarea concreta. Es entonces cuando afirmamos que *nos sentimos dispersos,* o que *necesitamos centrar nuestra vida, que necesitamos recogernos.*

La unión mística se conceptualiza también como una experiencia de "recogimiento", como el acceso a un nuevo "lugar": «si acaso algún alma se le *entra en el alto recogimiento...* trabaja [el demonio]... por *sacarla fuera y divertirla* del interior espíritu» (L 3,64). Y nótese la oposición entre "recogimiento" y "diversión" (*distraerse, dispersarse*). En esta misma línea opone también Juan de la Cruz la *virtud unida* a la *derramada,* en una clarísima alusión a la metáfora de la "persona dispersa": «Por el mismo caso que la fuerza del apetito *se reparte,* queda menos fuerte que si estuviera *entero* en una sola cosa; *y cuanto en más cosas se reparte, menos es para cada una de ellas.* Que, por eso, dicen los filósofos que la virtud *unida* es más fuerte que si ella misma se *derrama.*[...] Y así, el alma que tiene la voluntad *repartida en menudencias* es como el agua que, teniendo por donde se derramar hacia abajo, no crece para arriba» (1S 10,1) [16].

La unión mística consistirá, pues, en estar *entero, recogido, centrado.* Y quien viva "disperso", no llegará nunca al «sumo *recogimiento,* que consiste en poner *toda* el alma... en solo el bien incomprensible y quitarla de todas las cosas aprehensibles» (3S 4,2) [17]. Cuando el alma esté "toda" y "entera" en Dios, se llegará al final del viaje místico. Aparece aquí una nueva con-

---

[15] Cf. LAKOFF, G., y M. JOHNSON, *Philosophy in the Flesh. The Embodied Mind and Its Challenge to Western Thought,* New York, Basic Books, 1999, p. 276.

[16] Sobre una concepción más teológica del "recogimiento", cf. C 40,2. Y la explicación que ofrece al respecto RUIZ, F., *Místico y maestro. San Juan de la Cruz,* Madrid, Editorial de Espiritualidad, 1986, pp. 208-210.

[17] La unificación de la conciencia se puede lograr «mediante la concentración en un sonido, en una palabra o, en el ámbito asiático, en un mantra, o también realizando determinados movimientos; siempre se trata de enfocar la conciencia, que generalmente está muy dispersa» (JÄGER, W., *La ola es el mar. Espiritualidad mística,* Bilbao, DDB, 2002, p. 67).

cepción metafórica que surge de nuestro lenguaje diario, es el denominado esquema de imagen PARTE/TODO [18]: normalmente consideramos que las cosas tienen un todo, unas partes y su configuración. Esto lo podemos comprobar en nuestro propio cuerpo. La experiencia del TODO aparece reflejada en expresiones como *estar de una pieza*. Y también podemos decir de una persona que, en ciertas circunstancias no fáciles, *mantuvo la entereza* o que *estuvo muy entero*.

Y aquí se entrecruza con otra concepción metafórica, según la cual, MORALIDAD ES INTEGRIDAD [19], que da razón de expresiones como las vistas. Y que nos ayuda a comprender por qué utilizamos expresiones de signo opuesto, pues cuando dejamos de estar "enteros", decimos que nos sentimos *destrozados, deshechos, rotos*, incluso *hechos polvo*. Frente a todo esto, frente a esta "ruina interior", la experiencia de la unión mística será, no sólo "recogimiento", sino también una nueva sensación de "estar entero":

> «De donde, entonces le puede el alma de verdad llamar Amado, cuando ella *está entera* con él, no teniendo su corazón asido a alguna cosa fuera de él; y así, de ordinario, trae su pensamiento en él. [...] De donde, algunos llaman al Esposo Amado, y no es Amado de veras, porque no *tienen entero con él su corazón*» (C 1,13).

Un corazón roto, o dividido, o disperso no nos permitirá vivir centrados. Pues *donde está tu tesoro allí está también tu corazón* (Mt 6,21). Y entonces no es Dios el que pierde, somos nosotros los que salimos perdiendo. Reparar y reconstruir las pequeñas ruinas del corazón, y tenerlo centrado en Dios (ese "traer el pensamiento en él") es lo único que nos hará libres (al no estar "asidos" a otras cosas). Y nos devolverá un corazón íntegro y entero, capaz sobre todo de amar, capaz de amar sobre todas las cosas.

---

[18] Cf. SANTOS DOMÍNGUEZ, L. A., y R. M.ª ESPINOSA ELORZA, *Manual de semántica histórica*, Madrid, Síntesis, 1996, pp. 32-33.

[19] LAKOFF, G., «The Metaphor System for Morality», en *Conceptual structure, Discourse and Language*, California, CSLI Publications, 1996, pp. 264-265.

2.3. *Andar como de fiesta*

Si la experiencia mística, como veremos, es un viaje *hacia arriba*, no ha de extrañarnos que Dios vaya *subiendo o levantando* al alma hasta que llegue a la cumbre del monte. La imagen del "monte" que se ocupó de ilustrar San Juan de la Cruz nos sitúa en esa dinámica de "subida". Y arriba, en la cumbre, está la meta, que nuestro místico designa una y otra vez con el sintagma *alto estado*: «las almas que han de pasar a tan *dichoso y alto estado* como es la unión de amor» (1N 14,6). Nótese la presencia de un verbo de movimiento ("pasar"), la llegada a un "estado" (o "lugar" en sentido metafórico), y además, un estado *alto y dichoso*. Es decir, LA UNIÓN ES ARRIBA, es en lo "alto". Y es "dichosa" porque metafóricamente concebimos que LA FELICIDAD ESTÁ ARRIBA. Véase esto cuando utilizamos expresiones como *hoy me siento con la moral alta, eso me levantó los ánimos, estoy en una nube*, etc.

La mística es una experiencia fruitiva, gozosa, y su deleite es tal que se deja sentir «hasta los últimos artejos de pies y manos» (L 2,22), «y a veces tanto que parece que todas las médulas y huesos gozan y florecen y se bañan en deleite» (2S 11,1). Surgen así sentimientos de alegría, gozo y paz enteramente nuevos con respecto a lo que hasta entonces se había experimentado, y que difícilmente se pueden describir con palabras. Y sí acaso se puedan insinuar jugando con las palabras, como lo hace el oxímoron: *cauterio suave, regalada llaga, toque delicado...* Es lo que de una manera afortunadísima San Juan de la Cruz llamó *andar como de fiesta:*

> «En este estado de vida tan perfecta siempre el alma anda interior y exteriormente como de fiesta, y trae con gran frecuencia en el paladar de su espíritu un júbilo de Dios grande, como un cantar nuevo, siempre nuevo, envuelto en alegría y amor» (L 2,36).

«Y cuando viniere a quedar resuelto en nada, que será la suma humildad, quedará hecha la *unión espiritual* entre el alma y Dios, que es el mayor y *más alto estado* a que en esta vida se puede llegar» (2S 7,11). Y así, habla el místico de la «transformación de amor, que es el matrimonio espiritual, *el más alto estado*» (C 12,8), o de que el alma llega a «dicha unión, que es *el más alto estado* a que se puede llegar en esta vida*» (C 1,11). Si la unión es un nuevo lugar o estado, y además es "alto", se debe también a que metafóricamente concebimos que LO IMPORTANTE ESTÁ ARRIBA. Caminar hacia arriba, es caminar hacia una nueva forma de libertad, la que surge cuando se llega *a lo alto, a lo celestial y a lo divino*, allí donde, «alcanzando la *libertad dichosa* y deseada de todos, del espíritu, salió [el alma] de lo bajo *a lo alto*, de terrestre se hizo *celestial*, y de humana, *divina*» (2N 22,1).

2.4. *Los lazos del amor*

El concepto de "unión" o "enlace", es parte de nuestra vida y experiencia cotidianas. Sin enlaces o uniones, ni tan siquiera existirían los seres humanos. Desde antes de nacer estamos unidos a nuestras madres por el cordón umbilical, que nos alimenta y mantiene vivos. Y después de nacer, van surgiendo otros lazos en nuestra vida que terminan por religarnos a los demás. Nos unen a nuestros padres, a nuestros amigos, a la sociedad en que vivimos, a un lugar concreto. El concepto de unión o enlace es parte de nuestra identidad como personas. Y aquí es donde encuentra sus bases experienciales el llamado esquema de imagen del ENLACE [20].

Piénsese en uniones o enlaces que están presentes en nuestra vida de cada día: el niño que camina cogido de la mano de sus padres, los botones de una camisa que entran en sus respectivos ojales, el dedal en el dedo, o el mero hecho de enchufar cualquier aparato eléctrico a la corriente. Y lo mismo ocurre en la conexiones genéticas, o en la red de redes, las conexiones de internet. Y en todos los casos nos encontramos con una misma constante: cierta proximidad o cercanía física o contigüidad. Las cosas que se unen suelen compartir ciertas similitudes.

---

[20] Cf. JOHNSON, M., *The Body in de Mind. The Bodily Basis of Meaning, Imagination, and Reason*, Chicago, University, 1987, pp. 117-9; SANTOS DOMÍNGUEZ, o.c., p. 38.

De ahí, pues, que también en la unión mística, Juan de la Cruz utilice expresiones tales como *semejanza de amor, igualdad de amor*[21], *unión de semejanza, conformidad y semejanza*, etc. Y por eso el alma que tiene su voluntad «*conforme y semejante* [con la de Dios], totalmente está *unida* y transformada en Dios sobrenaturalmente» (2S 5,4). Y de una manera más expresa: «la *unión* y transformación del alma con Dios... sólo [está hecha] cuando viene a haber *semejanza de amor*. Y, por tanto, ésta se llamará *unión de semejanza*... La cual es cuando las dos voluntades, conviene a saber, la del alma y la de Dios, están en *uno conformes*» (2S 5,3). La unión de semejanza, dado el dinamismo de la experiencia mística, implica un progresivo asemejamiento del hombre a Dios.

Esta unión de semejanza, por momentos, puede aparecer expresada en la más pura prosa poética, pletórica de emoción y sentimiento, donde unos pocos términos se toman y retoman una y otra vez proporcionando al texto un peculiar carácter lúdico y encantatorio:

> «Cuando hay unión de amor, que es verdad decir que el Amado vive en el amante y el amante en el Amado. Y tal manera de *semejanza hace el amor* en la transformación de los amados, que se puede decir que cada uno es el otro y entrambos son uno. La razón es porque en la unión y transformación de amor el uno da posesión de sí al otro; y así, cada uno vive en el otro, y el uno es el otro, y entrambos son uno por transformación de amor» (C 12,7)[22].

Pero esos lazos que crea el amor sólo son posibles allí donde hacemos nuestros los sentimientos de Cristo, en clave de empatía. Pues la nueva relación que Jesús vivió con Dios, la intimidad única que Jesús vivió con Dios (al que llama su "padre", su "abbá") es la misma que, para siempre, podremos vivir nosotros.

---

[21] Cf. C 38,3.

[22] Piénsese que muchas de las expresiones que aparecen en esta cita sanjuanista se explican desde la metáfora conceptual LA PERSONA AMADA ES UNA POSESIÓN, que está presente en expresiones como: *me robó mi chica, eres todo lo que tengo, eres mía/soy tuyo, tengo que recuperarla*, e incluso, *la maté porque era mía* (espeluznante justificación metafórica, que alguna vez hemos podido leer en los titulares de algún periódico).

2.5. *La paz interior*

Sólo al llegar a la unión se alcanza la verdadera paz, la paz que viene de Dios. Es allí donde el alma «de toda *paz goza*, de toda suavidad gusta y en todo deleite se deleita» (C 20,15). Si durante el proceso de la noche, al pasar por los distintos estados místicos, todo es lucha, inestabilidad e inseguridad, con continuos altibajos, cuando se llegue a la unión mística, todo es «segura y *estable paz*» (C 22,6). Aquí también se pone fin a los raptos y vuelos místicos, pues «estos sentimientos tienen en estas visitas los que no han aún llegado a estado de perfección, sino que van camino en estado de aprovechados; porque los que han llegado ya tienen toda la comunicación hecha *en paz* y suave amor» (C 13,6).

Como veremos más adelante, metafóricamente los deseos (apetitos) se pueden concebir como "enemigos", y el proceso de la noche como toda una guerra o batalla: «Por cuanto de dos maneras por medio de aquella *guerra* de la oscura noche, como queda dicho, *es combatida* y purgada el alma, conviene a saber, según la parte sensitiva y espiritual... también de dos maneras... viene el alma a conseguir *paz y sosiego*» (2N 24,2). Eso es la unión mística: *paz y sosiego*. Y una y otro, en sentido metafórico, son POSESIONES. Frente a unos apetitos "enemigos", la noche será una "guerra"[23], y sólo al llegar a la unión se alcanzará la "paz": «Y en este dichoso día, no solamente se le acaban al alma sus ansias vehementes y querellas de amor que antes tenía, mas, quedando adornada de los bienes que digo, comiénzale un *estado de paz* y deleite y de suavidad de amor» (C 14,2).

Juan de la Cruz suele describir la experiencia de la noche, en su concepción irenista, a través de una serie de bimembraciones en las que junto al término "paz", aparecen otros reforzando el contenido semántico del primero. Y así, habla de *paz y sosiego, paz y silencio, paz y quietud, paz y tranquilidad*[24]. Porque allí, en la unión, el alma está «gustando la ociosidad de la *paz* y

---

[23] «Profunda es esta guerra y combate, porque la paz que espera ha de ser muy profunda» (2N9,9).

[24] C 16,2.

silencio espiritual en que Dios la estaba de secreto poniendo a gesto» (L 3,66). Es la *callada quietud*[25], *la inmensa tranquilidad*[26], *la paz de la contemplación sosegada y quieta*[27], *el manto de la paz y quietud de la amorosa contemplación*[28].

Y porque la paz, la última paz que sólo se encuentra en la unión, está también envuelta de amor.

Ya que del *amor, cuya propiedad es echar fuera todo temor, nace la paz del alma* (C 24,8).

Por eso, donde aparece Jesús, ese Jesús que es *la bondad y el amor de Dios entre los hombres* (Tit 3,4), desaparecen los miedos. Su sola presencia, hoy, como hace dos mil años, y de manera idéntica, sigue quitándonos los miedos, devolviéndonos la alegría, llenándonos de paz: *¡Paz a vosotros!*[29].

3.   Andar enamorado

El final y meta del viaje místico es un encuentro amoroso entre personas, entre tú y Dios. Cuando esto se da, "andas" por la vida como enamorado, como los enamorados, para los que el mundo exterior carece de importancia. Entre Dios y tú surge un nudo o lazo que ni anuda ni enlaza, sino que libera gozosamente. Dios aparece como el torrente de fuego que absorbe a esa gota de rocío de la mañana que eres tú. Y ese fuego o llama, que es el amor de Dios o su espíritu, termina por inundar todo tu ser, hasta las venas del alma. Esta experiencia oceánica tiene lugar en tu propio interior, en la mitad del corazón de tu espíritu. Es allí donde se da el abrazo abisal entre el místico y su Dios.

---

[25] L 3,66.
[26] L 4,15.
[27] L 3,53.
[28] C 10,3.
[29] Cf. Jn 20, 19-20.

3.1. *Nueva primavera en libertad*

Para expresar la unión, San Juan de la Cruz recurre también a verbos como *prenderse o ligarse*, o sustantivos como *hilo y nudo*: «ase a los dos, es a saber, a Dios y al alma, este *hilo de amor* y los junta y los transforma y hace uno por amor» (C 31,1). Se trata de algo semejante al anillo de compromiso de una boda. Y recuérdese que al hablar de una boda, también usamos términos tales como "enlace", que viene de "lazo", una peculiar forma de "nudo" que ata a los enamorados, de la misma manera que ocurre en la unión mística: «Porque no solamente en este estado consigue el alma muy alta pureza y hermosura, sino también terrible fortaleza por razón del estrecho y *fuerte nudo* que por medio de esta unión entre Dios y el alma se da» (C 20,1).

Y es el amor quien en este estado de la unión *prende y liga* al mismo Dios, y esto se da «por haberle hecho la merced de *mirarla con amor*, en lo cual la hizo graciosa y agradable a sí mismo» (C 32,2). Si la contemplación es, en un sentido, mirada del hombre a Dios, la unión, en otro sentido más profundo, será ante todo *mirada de Dios al hombre*. Todo ello en exquisito juego de miradas, cual lúdico pasatiempo de enamorados, donde ya el «mirar de Dios es amar» (C 31,8).

> Y es entonces cuando el alma «siente nueva primavera en libertad y anchura y alegría de espíritu» (C 39,8).

Paradójicamente, el *fuerte nudo o hilo de amor* (lo que aparentemente nos ata) terminará por convertirse en la experiencia más honda, más ancha y más profunda de la libertad.

Si la "noche" es en todo parecida al invierno de la vida, la "unión" o encuentro con Dios será en todo parecido a la primavera de la vida. Una primavera hecha de "alegría y libertad", en la que por primera vez se aprende a ver la vida y a los hombres con los ojos de Dios. La "primavera" de la vida mística es la "transformación de amor", la experiencia de la unión, que viene tras el "invierno" de la noche. La "libertad" es de apegos y ataduras; la "anchura" remite a la recién estrenada amplitud de nuestro mundo interior, y también al fin de toda angustia o ansiedad; la "alegría" nos habla de la positividad pura de la nueva experiencia.

Juan de la Cruz dirá que, entonces, se aprende a «conocer por Dios las criaturas» (L 4,5). Es decir, se aprende a conocer a los hombres como Dios los conoce, a mirarlos como Dios los mira: con los ojos del corazón. Y el Dios cristiano (como sabemos por el Jesús de los evangelios) sólo sabe "mirar para amar". Nunca para juzgar o condenar o acusar o señalar con el dedo, como tantas veces hacemos las personas. Sólo cuando miramos a través de los "ojos" de Dios, es decir, cuando nos ponemos sus "gafas" y aprendemos a mirar a los demás con ojos de ternura (los únicos que tiene Dios), podemos conocer en verdad la dignidad de sus "criaturas".

Y sólo entonces comenzamos a aprender lo que significa ser seres humanos. Lo que significa ser personas. "Conocer por Dios a las criaturas" equivale a conocer, a través de la vida de Jesús, lo que significa ser hombre, ya que nosotros no lo sabemos. Es Jesús, con sus gestos y su vida, el que mejor nos enseña qué significa vivir como seres humanos. En Jesús se nos ha revelado la plenitud de lo humano. Por eso, en adelante, si queremos vivir lo humano en su plenitud, tendremos que volver la mirada a Jesús. Su "humanidad" es la pauta y medida para hablar de nosotros mismos, y no nuestro concepto de humanidad. Cuando vamos haciendo nuestros los sentimientos de Jesús [30], entonces nos vamos haciendo más humanos. Y porque él es la revelación divina de lo que significa nuestra propia "humanidad" [31]. Nosotros, los seres humanos, no sabemos lo que significa vivir como seres humanos. Y sólo lo aprendemos cuando volvemos la mirada al Jesús de los evangelios, y nos vamos dejando contagiar por su ternura.

---

[30] «Tened entre vosotros los mismos sentimientos que Cristo» (Flp 2, 5). «Pero nosotros poseemos la mente de Cristo» (1Cor 2,16).

[31] Cf. SCHILLEBEECKX, E., *Jesús. La historia de un viviente*, Madrid, Cristiandad, 1983, p. 567.

3.2. *Vivir absorto*

«Aquella llama delicada de amor... cada vez que la *absorbe* y embiste le parece que le va a dar la vida eterna» (L 1,1). Y en el encuentro con lo divino, el Espíritu «*absorbe* al alma sobre todo ser a ser de Dios» (L 1,35). Para Juan de la Cruz la unión o encuentro del alma con Dios es a manera de "absorción", sustantivo que hay que relacionar con el verbo "sorber". Normalmente la palabra *absorción* la relacionamos con el dominio de la comida, de tal manera que en la unión mística el alma termina por convertirse en "comida" del mismo Dios: «Y aquí es grande lástima que, no entendiéndose el alma, por comer ella un bocadillo de noticia particular o jugo, se quita que *la coma Dios a ella toda*; porque así lo hace Dios en aquella soledad que la pone, porque la *absorbe en sí*» (L 3,63).

Llama la atención el hecho de que nuestro místico utilice, junto al término "absorber", otros como "enamorar" o "encantar". Y así, en la unión, Dios «*absorbe* [al alma] profundísimamente en el Espíritu Santo, *enamorándola* con primor y delicadeza» (L 4,17). Obsérvese que "en-amorar" es poner, metafóricamente, en un nuevo "lugar", y de hecho esa es la sensación que tienen los *en-amorados*. Y lo mismo ocurre con el verbo "en-cantar": «así el deleite de esta unión de tal manera *absorbe* al alma en sí y la recrea que la pone como *encantada* a todas molestias y turbaciones» (C 20,16). Si en la unión está siempre presente el amor, y metafóricamente, entre otras cosas, EL AMOR ES MAGIA, parece bastante lógico suponer que en la unión mística el alma esté *como encantada*. Eso de que el amor es magia, lo saben muy bien los enamorados, sobre todo cuando recurren a piropos tales como *me tienes "hechizado", eres "encantadora", me has "embrujado"*. Es la magia del amor. Es la magia de la mística.

Y la "absorción", aparte del carácter pasivo que supone para el alma implicada, posee unas connotaciones de movimiento vehemente, propulsado, incluso pasional: «en esta unión *vehementemente se absorbe* el alma en amor de Dios, y Dios con grande *vehemencia* se entrega al alma» (L 3,82). San Juan de la

Cruz utiliza una imagen poderosísima para dar a entender el carácter pasional de esta unión-absorción, la del *torrente de fuego* frente a la *gota de rocío de la mañana* (donde la "desproporción" entre agente y paciente es hiperbólica):

> «¿Qué será la conglutinación que hará del alma con el Esposo Dios el amor que el alma tiene al mismo Dios... que con la omnipotencia de su abisal amor *absorbe* al alma en sí con más eficacia y fuerza que un torrente de fuego a una gota de rocío de la mañana, que se suele volar resuelta en el aire?» (C 31,2).

3.3. *El fuego amoroso*

Piénsese en expresiones sanjuanistas como las que siguen: *arder en fuego de amor, el amor es llama que arde*[32], *abrasarse y quemarse en amor*[33], *encender el corazón en fuego de amor*[34]... Y unos mismos e idénticos términos que configuran un peculiar campo semántico. De ellos se servirá el místico para hablar del amor y de la experiencia de la unión: *fuego, llama, arder, encender, abrasarse, quemarse*. Metafóricamente EL AMOR ES FUEGO, CALOR, de ahí expresiones tales como *es una persona muy "cálida"* o *nos dieron un "caluroso" recibimiento*[35]. Y el amor, en su dimensión física o sexual, posee unas connotaciones semejantes, lo cual se ve muy claro cuando se recuerdan expresiones como *se abrasaba en deseos*, u otras parecidas. No ha de extrañarnos, pues, que el místico recurra a expresiones semejantes para hablar de la unión del alma con Dios, la cual no es posible sin el amor.

Hay, en los escritos sanjuanistas, un texto de *Llama* (y no podía ser de otro lugar) en el que esta concepción metafórica alcanza una intensidad y una fuerza asombrosas, cual verdadera prosa poética:

---

[32] C 13,12.

[33] C 25,8.

[34] C 25,5.

[35] «Porque el amor es fuego, que siempre sube hacia arriba, con apetito de engolfarse en el centro de su esfera» (2N 20,6).

> «El cual *fuego*... se siente difundir sutilmente por todas... *las venas del alma*... en lo cual siente ella.... crecer tanto el *ardor*, y en ese *ardor* afinarse tanto el amor que parecen en ella *mares de fuego amoroso* que llegan a lo alto y bajo de las máquinas *llenándolo todo*» (L 2,10).

La poderosa imagen de los *mares de fuego amoroso* nos recuerda que el "amor", en cuanto emoción, puede concebirse, metafóricamente, como un "líquido"[36], y en concreto como un líquido dentro de un recipiente, de ahí que pueda "difundirse por todas partes", hasta llegar a "llenarlo todo". Y es que el alma es un "recipiente", que además, metafóricamente lo identificamos con el "cuerpo", de ahí que pueda tener "venas": las *venas del alma*. De lo abstracto y espiritual, sólo podemos hablar desde lo concreto y lo físico. Si metafóricamente EL ALMA ES EL CUERPO, el alma del místico será, ante todo, alma "encarnada".

3.4. *En la mitad del corazón*

Otra de las metáforas que subyace a las distintas concepciones sanjuanistas de la unión mística nos lleva a identificar LO IMPORTANTE CON (ES) LO CENTRAL, y está presente en expresiones tan cotidianas como: *dejemos de lado lo secundario, ¿cuál es lo central aquí?, ese es un asunto periférico*, etc. De ahí que la unión mística se dé en el *centro y fondo del alma* o en la *mitad del corazón*: «el recuerdo que haces, ¡oh Verbo Esposo! en el *centro y fondo* de mi alma, que es la pura e íntima sustancia de ella, en que secreta y calladamente solo, como solo señor de ella, moras..., íntima y estrechamente *unido*» (L 4,3). Y la misma unión no se da hasta que llega «a herir el amor de Dios hasta *el último centro y más profundo* del alma, que será transformarla» (L 1,13).

Dicho *centro o fondo*, puede a su vez ser *más profundo, último, infinito, íntimo*. Se trata de toda una intensificación de la idea de "centralidad", reforzada en forma de gradación. Si lo importante es lo central, no ha de extrañarnos que sea precisa-

---

[36] Piénsese en la metáfora LAS EMOCIONES SON LÍQUIDOS EN UN RECIPIENTE.

mente allí, en el centro, donde la experiencia mística alcance su meta, su destino final: *en el más profundo centro*[37], *en el infinito centro de la sustancia del alma*[38], *en la íntima sustancia del fondo del alma*[39], *en la mitad del corazón del espíritu*[40]. Y es en ese viaje hacia adentro donde se alcanza la unión mística. Buena parte de las expresiones de este tipo que salpican el discurso místico, se apoyan sobre la concepción metafórica del ALMA COMO UN RECIPIENTE, con un interior y un exterior, un centro y un fondo.

«Una de las causas que más mueven al alma a desear *entrar en* esta espesura de la sabiduría de Dios y conocer *muy adentro* la hermosura de su sabiduría divina es, como habemos dicho, por venir a *unir* su entendimiento en Dios» (C 37,2). Es *adentro, muy adentro y más adentro* donde se da la unión de amor con Dios, LA UNIÓN ES (MÁS) ADENTRO. Por eso, cuando el alma hace esta experiencia (y ahora todos y cada uno de los términos empleados refuerzan la idea de "interioridad") se siente «*tan adentro entrada en el interior recogimiento*» (C 40,2). En el viaje a la unión mística siempre hay un "más adentro", un movimiento continuo, y nunca se llega del todo al destino final, ya que la «sabiduría y ciencia de Dios es *tan profunda* e inmensa, que, aunque más el alma sepa de ella, *siempre puede entrar más adentro*» (C 36,10)[41].

3.5. *El abrazo abisal*

Como es sabido, y ello pertenece a la tradición de la literatura espiritual, cuando el místico habla del "matrimonio espiritual", lo hace en relación y referencia al matrimonio físico. Las correspondencias entre una realidad y otra son continuas. Y es que de lo abstracto-espiritual sólo nos es posible hablar apelando a lo concreto-físico. En la definición que Juan de la Cruz nos

[37] L 1,8.
[38] L 2,8.
[39] L 3,68.
[40] L 2,10.
[41] Recuérdese el texto tantas veces citado de San Juan de la Cruz: «Y así hay mucho que ahondar en Cristo...» (C 37,3).

da del *matrimonio espiritual* se puede comprobar lo dicho: «es una transformación total en el Amado, en que se entregan ambas las partes por total posesión de la una a la otra con cierta consumación de unión de amor, en que está el alma hecha divina y Dios por participación, cuanto se puede en esta vida» (C 22,3). El "matrimonio espiritual" es una de las concepciones metafóricas más extendida para hablar de la unión mística.

Y así, la unión mística, en su conceptualización física, está hecha de *abrazos, toques, estremecimientos, besos, el boca a boca...* De lo espiritual sólo podemos hablar recurriendo a lo físico, y en la experiencia que nos cuenta Juan de la Cruz esto se pone de manifiesto una y otra vez. Por eso en la unión, ocurre que el alma es absorbida por el «Padre amoroso, y fuertemente en el *abrazo abisal* de su dulzura» (L 1,15), y «en el fondo de la sustancia del alma es hecho este *dulce abrazo*» (L 4,14). La unión es pues "abrazo", y es "absorción", y es en el "fondo" del alma, y además es "dulce" abrazo. Todo es metáfora.

Dicho "abrazo" es *íntimo e interior*, porque la unión mística es en lo profundo, y es cercanía: «Y así, en esta alma..., secretísimamente mora el Amado, con tanto más *íntimo e interior y estrecho abrazo* cuanto ella, como decimos, está más pura y sola de otra cosa que Dios»(L 4,14). Llegar a la unión es alcanzar un nuevo "lugar" en este viaje místico, lugar metafórico que aparece marcado por el adverbio deíctico "allí":

> «Está él [el Amado] *allí* de ordinario como dormido *en este abrazo* con la Esposa, en la sustancia de su alma, al cual ella muy bien siente y de ordinario goza» (L 4,15).

Es el "abrazo" espiritual de la unión, experiencia que se intensifica emocionalmente por la iteración lexemática: «siente el alma tener un *estrecho abrazo espiritual*, que verdaderamente es *abrazo*, por medio del cual *abrazo* vive el alma vida de Dios» (C 22,6).

San Juan de la Cruz llega a identificar, literalmente, el matrimonio espiritual o unión con «el *beso del alma* a Dios» (C 22,8). «Este *beso* es la unión de que vamos hablando en la cual se iguala el alma con Dios por amor» (C 24,5). La unión mística es, pues, también "beso". Pero es más, es, literalmente, el "boca a boca", es el encuentro en *desnudez*: «En lo cual se da a entender claro que, en este *alto estado de unión* que vamos hablando, se comunica Dios... *boca a boca*, esto es, esencia pura y *desnuda* de Dios, que es la boca de Dios en amor, con esencia pura y *desnuda* del alma, que es la *boca del alma* en amor de Dios» (2S 16,9).

En la unión mística (como en la física) juega un papel fundamental el tacto. De ahí que ésta sea entendida también como "toque", toque *suave, subido, alto, delicado*: «Y estas altas noticias no las puede tener sino el alma que llega a la unión de Dios, porque ellas mismas son la misma unión; porque consiste el tenerlas en *cierto toque* que se hace del alma en la Divinidad..., es *tan subido y alto toque* de noticia y sabor que penetra la sustancia del alma... porque aquellas noticias saben a esencia divina y vida eterna» (2S 26,5). Pero aunque se recurra a los sentidos para expresar dicha experiencia de la unión, siempre es más que los sentidos, pues los sobrepasa. Se trata de una experiencia holística, totalizante y global, donde «ni el olfato puede oler olor tan suave, ni el gusto alcanza sabor tan subido y sabroso, ni el tacto puede sentir *toque tan delicado y tan deleitable*» (3S 24,2).

Y con todo, sigue siendo "toque", porque de lo espiritual sólo podemos hablar recurriendo a lo físico: «Porque son tales las asomadas de gloria y amor que en estos *toques* se trasluce quedar a la puerta por entrar en el alma» (L 1,28). Y el alma entonces se siente *morir de amor por un "toque" de la Divinidad*[42]. Son "toques" que no sólo tienen un efecto, sino que también nos "afectan", hasta el punto del estremecimiento, pues pueden llegar a ser «tan sensibles, que algunas veces no sólo al alma, sino también al cuerpo hacen *estremecer*» (2S 28,6). Es el carácter de inmediatez (inmediatez emocional, no racional) de la experiencia mística, tan parecido a la experiencia del contacto físico.

El "toque" (como el sentido del tacto en general) está impregnado de un sentimiento emocional. Y de hecho, el sentido del tacto está relacionado más con el verbo "sentir" que con

____

[42] C 7,4.

el verbo "tocar"[43]: «Cuando algo nos afecta mucho "nos toca muy de cerca". Normalmente no está conectado con la intelección, sino con la emoción. [...] Desde el punto de vista emocional, aquello que nos produce mayor efecto y resulta más importante es lo más próximo a nosotros y, desde luego, el contacto físico es lo que nos causa mayor "impacto"»[44]. Si todo lo que nos "toca" también nos "afecta", lo mismo (pero en un sentido nuevo) ocurre con el "toque" divino en la experiencia mística.

Estos "toques" divinos del alma con Dios nos remiten a una concepción metafórica que aparece muy clara en las escritos sanjuanistas, concepción según la cual EL ALMA ES EL CUERPO. Y como tal tiene *boca, ojos, oído, paladar, venas, corazón.* Y así, cuando el místico tenga que hablar del alma, realidad abstracta, lo hará por referencia al cuerpo, de ahí expresiones como *la "boca" del alma en amor de Dios*[45], o un Dios que *es lumbre sobrenatural de los "ojos" del alma*[46], *el "paladar" del espíritu*[47], *las sustanciales "venas" del alma*[48], *el oído del espíritu*[49], *la mitad del "corazón" del espíritu*[50]. Al fondo está la vieja doctrina de los sentidos espirituales, o sentidos del alma, o sentidos del corazón, que se remonta hasta Orígenes[51].

El alma es el "cuerpo" y, en sentido metafórico, está "encarnada". Por eso el alma también *se viste, se baña,* y no sólo por fuera, sino en los *interiores de su espíritu*: «Esta alma está *vestida* de Dios y *bañada* en divinidad; y no como por cima, sino en los *interiores* de su espíritu» (C 26,1)[52]. Si Dios es "mano

---

[43] Cf. PIKE, N., *Mystic Union: An Essay in the Phenomenology of Mysticism,* Ithaca, Cornell Univ. Press, 1992, p. 45.

[44] SANTOS DOMÍNGUEZ, o.c., p. 146.

[45] Cf. 2S 16,9.

[46] Cf. C 10,8. Cf. tb. 2S 11,7; 2S 16,12.

[47] Cf. L 2,36. Cf. tb. L 1,1; 1,23; 1N 9,4; 3S 39,1.

[48] Cf. L 2,10; 3,8.

[49] Cf. 3S 3,5.

[50] L 2,10.

[51] Cf. RAHNER, K., «Le début d'une doctrine des cinq sens spirituels chez Origène», en *Revue d'Ascetique et de Mystique,* XIII, 1932, p. 118.

[52] No se olvide que el alma también es un "recipiente" (en sentido metafórico), y que como tal tiene un "interior". Y precisamente LO INTERIOR ES LO IMPORTANTE, no la fachada, lo de "por cima". De ahí la relevancia de "bañarse" en lo "interior".

blanda" y "toque delicado", entonces, la relación última y mística del alma con ese Dios estará hecha de *abrazos, besos y toques: de suavísimos "toques" y juntas, que es la divina junta y unión del alma con la Sustancia divina, mediante la noticia amorosa y oscura* [53]. La percepción física es la única vía para dar razón, metafóricamente, de la percepción emocional o espiritual o mística. Y porque sólo cerrando los ojos del cuerpo se aprende a ver con los ojos del alma.

[53] Cf. 2S 24,4.

2

La experiencia mística: un viaje interior

*Así como el caminante que, para ir a nuevas tierras
no sabidas ni experimentadas, va por nuevos caminos
no sabidos ni experimentados...* (2N 16,8)

La experiencia mística es lo más parecido a un viaje interior que termina por llevarnos a un mundo diferente. Un mundo *alejadísimo, remotísimo, anchísimo, profundísimo...*, así es como lo experimentó y describió San Juan de la Cruz[1]. La experiencia mística es, pues, un camino, un viaje: *el alma, para ir segura en este "camino" espiritual*[2]*; para "encaminar" al alma a la divina unión*[3]*; son parte de la unión en que vamos "encaminando" al alma*[4]*; pues el intento que llevamos en esta obra es "encaminar" el espíritu hasta la divina unión del alma con Dios*[5], etc. La imagen del camino o viaje es de las más universales y extendidas en la cultura occidental. Pero ante todo está presente en nuestra vida cotidiana, de ahí su enorme atractivo.

Pues bien, para hacer este camino o viaje interior necesitas, ante todo y sobre todo, confiar. Aunque tu confianza en Dios no sea mayor que la de un grano de mostaza. Pero es el primer paso y es de vital importancia. Confiar en la cercanía de un

---

[1] Cf. 2N 17,6.

[2] Cf. 2S 6,1.

[3] Cf. 2S 26,1.

[4] Cf. 2S 26,10. En las *Concordancias de los escritos de San Juan de la Cruz*, edición preparada por J. L. Astigarraga, A. Borrell y F. J. Martín de Lucas, Roma, Teresianum, 1990, se puede verificar la relevancia de la idea de camino o viaje, en voces tales como CAMINO, CAMINAR Y ENCAMINAR.

[5] Cf. 3S 33,1.

Dios que te ha visto crecer, que conoce tus ilusiones y esperanzas, y que sabe de tus heridas más profundas. Confiar ciegamente. No tener miedos. Hay una vida maravillosa ahí fuera (y ahí dentro), y te está esperando. Dios nunca ha dejado de estar a tu lado, y nunca te dejará, pase lo que pase. Es como si el mismo Dios te susurrara al oído: *Recuerda, yo soy tú y tú eres yo. Estamos conectados para siempre y nunca te voy a abandonar* [6]. Sólo así, desde esa confianza, es posible hacer el camino o viaje místico [7].

La imagen o metáfora del CAMINO" [8] supone la existencia de un punto de partida, un trayecto a recorrer y una meta o destino. A su vez, todo viaje presupone la existencia de un viajero, de alguien que se mueve por el camino. Dicho camino, en su sentido alegórico, puede ser psicológico o espiritual o místico... Y requiere cierto tiempo: se pasará por diversos lugares, con paradas incluidas antes de alcanzar el destino final, y con una continua presencia de la idea de movimiento. Viajar es moverse. En la misma cultura cristiana la presencia de la imagen del camino es una de las constantes más persistente. Hasta el punto de que toda la vida se entiende y conceptualiza como un viaje, que arranca con el nacimiento y termina (o, por mejor decir, empieza) con la muerte.

En la literatura española hay un ejemplo paradigmático, el de Jorge Manrique: *Este mundo es el camino / para el otro que es morada / sin pesar...* Y una de las obras clásicas de la literatura espiritual lleva precisamente el título de *Camino de perfección*. La imagen del camino-viaje es de las más poderosas y sugerentes también en el mundo bíblico. Piénsese en el viaje de Abrahán, de Elías..., o los viajes colectivos del pueblo de

---

[6] Cf. BRADY, J., *Dios vuelve en una Harley*, Madrid, Ediciones B, 2002, p. 70.

[7] *¿Quién nos separará del amor de Cristo? Nada nos separará del amor de Dios* (Rm 8, 35-39).

[8] Para todo lo relativo a esta imagen, tal como la ha estudiado la semántica cognitiva y la metáfora en perspectiva conceptual, se puede confrontar: SANTOS DOMÍNGUEZ, o.c., pp. 38-43; JOHNSON, M., «Embodied knowledge», en *Curriculum Inquiry*, 19,4 (1989), 361-77, p. 374; JOHNSON, M., *The Body in the Mind*, o.c., pp. 113-114, y LAKOFF, G., *Women, Fire, and Dangerous Things. What Categories Reveal about the Mind*, Chicago, University, 1987, p. 278.

Israel a la tierra prometida, o a Jerusalén tras el destierro babi-
lónico[9]. Se trata de un recurso frecuente en la espiritualidad
cristiana. La imagen de la *vía, el iter* o camino designa el proceso que conduce al alma a Dios, o la equivalente de *itinerario*, consagrada por San Buenaventura en su *Itinerario de la
mente a Dios*[10].

La motivación experiencial de la imagen del "camino" se
encuentra en nuestra vida cotidiana. Nuestra existencia diaria
está llena de caminos que ponen en conexión diversos lugares.
Está el diario camino de la cama al baño o a la cocina, de tu
casa al mercado o al trabajo, de Madrid a Sevilla o, por qué
no, de la tierra a la luna. Y un mismo esquema que se repite
incansablemente: un punto de partida, que supone un estado
inicial; una meta o punto de llegada, que supone un estado
final; y una secuencia de lugares que conectan ambos puntos,
y que implican a su vez diversas acciones o movimientos. La
experiencia automática que todos tenemos de la imagen del
"camino", es la misma que está presente en todo el proceso
místico vivido, experimentado y conceptualizado por San
Juan de la Cruz.

«Siempre ha menester acordarse el discreto lector del intento y fin que en este libro llevo, que es *encaminar* al alma [...] a
la divina unión con Dios» (2S 28,1). He aquí la intencionalidad
confesada de San Juan: encaminar al alma (nuestra "viajera") a
la unión (nuestra "meta"). Y es que la imagen del "camino"
tiene dos proyecciones metafóricas fundamentales: LOS PROPÓ-
SITOS SON DESTINOS y LOS ESTADOS SON LUGARES. Baste apuntar,
como es obvio, que el propósito o meta del viaje místico es la
unión del alma con Dios. Y que para llegar a este destino, el
alma tendrá que pasar por distintos lugares a lo largo de su
viaje. Son las noches del alma o estados místicos, cuyo estado
final será la unión. Por eso Juan de la Cruz, ya desde el comienzo de *Cántico*, promete contarnos la experiencia de esta alma-
viajera desde que «comienza a servir a Dios hasta que llega al

<hr>

[9] Cf. McGRATH, A. E., *Christian Spirituality. An Introduction*, Oxford,
Blackwell, 2001.
[10] Cf. MARTÍN VELASCO, J., *El fenómeno místico. Estudio comparado*,
Madrid, Trotta, 1999, p. 302.

último estado de perfección, que es el matrimonio espiritual»
(C Arg.1)[11].

Y es precisamente la imagen tan cotidiana del "camino" la
que nos remite también a la vida cotidiana como verdadera fuente y trampolín de tu experiencia religiosa, de toda experiencia
religiosa: «¿Hemos callado en momentos en que hubiéramos
querido defendernos de un trato injusto? ¿Hemos perdonado aun
sin recibir recompensa ninguna por ello, y aun cuando nuestro
callado perdón fuera aceptado como algo perfectamente natural?
¿Hemos hecho algún sacrificio sin que nuestro gesto haya mere-
cido agradecimiento ni reconocimiento, incluso sin que hayamos
sentido una satisfacción interior? ¿Nos hemos decidido en alguna ocasión a hacer algo siguiendo exclusivamente la voz de la
conciencia, sabiendo que debíamos de responder solos de nuestra decisión sin poder explicársela a nadie? [...] ¿Tuvimos algún
gesto amable para alguien sin esperar la respuesta del agradecimiento, sin sentir siquiera la satisfacción interior de ser "desin-
teresados"?»[12]. Es la mística de lo cotidiano. Si has tenido tales
experiencias, entonces has tenido la experiencia de Dios.

1. Salir de sí mismo por olvido de sí

Para llegar al final del viaje místico, para alcanzar la meta,
necesitamos movernos: «Pongo ejemplo *[nos dice Juan]*: quiere
uno llegar a una ciudad; necesariamente *ha de ir por el camino*,
que es el medio que empareja y junta con la misma ciudad»
(2S 8,2). Y lo mismo ocurre en la experiencia o viaje místico. Se
trata de algo que está continuamente presente en nuestra vida
diaria, donde toda acción implica un movimiento: conseguir un

---

[11] Y con todo, repárese en que el poema *Cántico* comienza "in medias res",
en un comienzo "ex abrupto". Se abre con un "blanco" o, si se prefiere, con una
"presuposición". Nada sabemos de lo ocurrido antes de esa interrogación:
«¿Adónde te escondiste...?», y el lector puede tomar la actitud de esperar a que el
texto explique algo, o bien puede él mismo rellenar ese blanco (Cf. BOBES NAVES,
M.ª C., «Lecturas del Cántico Espiritual desde la estética de la recepción», en
Simposio sobre San Juan de la Cruz, Ávila, Artes Gráficas Miján, 1986, p. 47).

[12] Las palabras son de Rahner, citadas por MARTÍN VELASCO, J., «La experiencia de Dios, hoy», en *MANRESA*, 75, 2003, p. 22.

objeto deseado supone realizar un movimiento. Si quieres un vaso de agua has de ir al grifo o a una fuente, si quieres escribir una nota necesitas buscar un lapicero, y si quieres tomarte un café, vas al bar de la esquina. Las correspondencias entre conseguir un propósito y movernos a un lugar son absolutamente naturales en la vida cotidiana. Y por eso la metáfora LAS ACCIONES SON MOVIMIENTOS [13] es también completamente natural [14]. La conceptualización de la mística como "movimiento" surge precisamente de esta metáfora.

Y el primer movimiento a realizar es salir de ti mismo para empezar a ser tú mismo. *El amor propio es la raíz de todos tus problemas. Renuncia al ego y dejarás sitio a la felicidad* [15]. El primer paso es admitir esto, y sólo después se descubre que el verdadero gozo está en dar más que en recibir. Los momentos más gozosos de la vida son aquellos en los que nos hemos olvidado de nosotros mismos. El mayor obstáculo en el viaje místico es tu amor propio: *Cuando con propio amor no lo quise, dióseme todo sin ir tras ello* [16]. No te preocupes por ti mismo ni por cómo te clasifiquen los demás. Ante todo sé tú mismo. Y sé honesto contigo mismo. La mejor manera de encajar en un sitio es no pretenderlo, y la mejor forma de avanzar por este viaje interior es olvidándote de ti mismo. Olvida tu DNI, tus viejas identidades y tu *currículum vitae*. Todo eso es inútil para este viaje.

Es asombroso que en los evangelios, la identidad de Jesús se encuentre siempre en sus semejantes («Lo que hicisteis a uno de estos mis hermanos más pequeños, a mí me lo hicisteis» —Mt 25,40) o en Dios («Felipe, el que me ha visto a mí,

---

[13] Cf. Para esta metáfora: SANTOS DOMÍNGUEZ, L. A., o.c., pp. 15-16; LAKOFF, G., «What is a Conceptual System?», en *The Nature and Ontogenesis of Meaning*, Hillsdale, N.J., Lawrence Erlbaum Ass., (1994), 41-90, pp. 59-61; LAKOFF, G., «The Invariance Hypothesis: is abstract reason based on image-schema?», en *Cognitive Linguistics, 1,1* (1990), 39-74: pp.57-61; LAKOFF, G., «The contemporary theory of metaphor», a.c., p. 220 y ss.

[14] Cf. LAKOFF, G., «The contemporary theory of metaphor», a.c., p. 240.

[15] BRADY, J., o.c., p. 108. «Según Merton, esa experiencia de nosotros mismos como "egos" absolutamente autónomos constituye la fuente de todos nuestros problemas» (JOHNSTON, W., *Enamorarse de Dios*, Barcelona, Herder, 1998, p. 69).

[16] Cf. Dibujo del Monte.

ha visto al Padre» —Jn 14,9). Jesús siempre encuentra su identidad fuera de sí mismo. Jesús no experimentó la ansiedad del hombre que busca su propia identidad[17]. Más bien, encontró su identidad desidentificándose o, mejor dicho, olvidándose de sí mismo e identificándose con los demás. Y encontró su propia realización desrealizándose o, mejor dicho, desviviéndose por los demás. Porque está libre de sí mismo, puede vivir una vida liberadora para los otros hasta el final[18].

Pues bien, toda experiencia religiosa auténtica, toda experiencia mística, implica también un olvido o "salida" (de sí mismo) de carácter liberador, supone el inicio de un viaje: *para comenzar a ir a Dios...*[19]. Progresar en el camino místico es moverse, y son los verbos de movimiento los que más se reiteran en todas las obras de San Juan, poniendo de relieve el carácter dinámico de todo el proceso místico. Da la impresión de que la única preocupación del autor es que el alma llegue a su meta, a la unión con Dios: *ir a, llegar a, venir a, acercarse...*, son algunos de los verbos a los que más frecuentemente recurre el místico para poner de manifiesto el carácter dinámico de su experiencia: *para "llegar a" este alto estado de perfección*[20]; *para "venir a" esta total unión*[21]; *cuán desasidos nos conviene tener el alma de todas las cosas "para ir a" Dios*[22]; *grandemente "se acerca" el alma a Dios por medio de la fe*[23]; *porque todo el negocio "para venir a" la unión de Dios*[24], etc.

A lo largo del viaje místico, la idea de movimiento puede llegar a hacerse obsesiva. Y, como una ola, se puede "ir adelante", se puede "volver atrás": «que, *si no vuelve atrás*, queriendo

---

[17] Cf. SCHILLEBEECKX, E., *God among us. The Gospel Proclaimed*, New York, Crossroad, 1987, p. 17.

[18] «Ver en la entrega desinteresada la plenitud de los deseos del corazón es cosa que se aprende, como verla en el consumo, la droga o el poder. Precisamente por ello es por lo que deberemos aprender a desear según del corazón de Dios» (QUINZÁ, X., *El deseo: ¿ilusión o metáfora? Para ejercitarnos en el deseo*, Vitoria, Inst. Teológico de Vida Religiosa, 2005, p. 71).

[19] 1S 2,2.

[20] 1S 11,1.

[21] 1S 11,2.

[22] 1S 11,8.

[23] 2S 4,6.

[24] 3S 16,3.

gustar algún jugo o gusto [...] *adelante va, subiendo* sobre todas las cosas a Dios... Y así, no hay que tener pena; que si la voluntad no puede reparar en jugos y gustos [...] *adelante va*; pues *el no volver atrás*, abrazando algo sensible, *es ir adelante* a lo inaccesible, que es Dios... Y así, la voluntad, *para ir a* Dios más ha de ir desarrimándose de toda cosa deleitosa y sabrosa...» (L 3,51). Y reparemos en términos tales como *jugos, gustos, deleitosa, sabrosa*... Todos están relacionados con un ámbito muy concreto, el de la comida. Como veremos más adelante, los apetitos o apegos son, en sentido metafórico, "comida". Y constituyen uno de los obstáculos con que el místico se topa a lo largo de su viaje a la unión.

Juan de la Cruz habla de una *salida espiritual*. Habla de *salir de las cosas* y *salir de sí mismo*[25], y todo ello *por amor de Dios*. Y si el alma *sale de sí misma por olvido de sí*, es para ir a buscar al Amado. Esa "salida" marca desde el principio los poemas de *Noche* y *Cántico*. Sin ese "salir de sí" no hay auténtica interioridad ni maduración espiritual. Se trata de un desprendimiento radical[26]. La fuerza para llevar a cabo dicho desprendimiento o salida, proviene del amor, realidad que lo envuelve todo en la experiencia mística. Es el mismo amor que está detrás de las cosas, detrás de cada persona, detrás de cada acción humana como una fuerza increíblemente benévola.

De ese amor y de su fuerza nos hablan las parábolas del tesoro y de la perla. En ellas lo primero no es nunca "dejarlo todo", sino el gozo y la fascinación de lo hallado. La perla y el tesoro nos hablan de un poder liberador y generador de felicidad. Algo tan real como el aire que te envuelve, que siempre está ahí, pero que rara vez te das cuenta de su presencia. Y eso

---

[25] Cf. C 1,20 y 1N 1,1. (Sobre el "olvido de sí", véase CEREZO, P., «La antropología del espíritu en San Juan de la Cruz», en *Actas del Congreso internacional sanjuanista*, vol. III, Valladolid, Junta de Castilla y León, 1993, p.151 y ss.).

[26] Piense el lector en poemas como *Noche* o *Cántico*, cuyas primeras estrofas están respectivamente focalizadas sobre el mismo verbo de movimiento: "salí". En Cántico la alusión a la herida de amor pone el acento sobre la nota de interioridad. Con un ritmo diferente, pero en el sentido de un espacio orientado de manera idéntica, "salí", como en la Noche Oscura, significa un desprendimiento radical (Cf. DUVIVIER, R., *La genèse du "Cantique Spirituel" de Saint Jean de la Croix*, Paris, Les Belles Lettres, 1971, pp. 193-194).

es lo que llamamos Dios o su espíritu: es como el oxígeno que respiras y que renueva tu interior. Cuando percibes su presencia, tu vida se llena de confianza y de color, de luz y de paz, y te das cuenta de que no hay razones para tener miedo o para quedarse parado.

La experiencia mística es un camino, pero a su vez está hecha de muchos caminos. En el fondo cada cual tiene que encontrar su propio camino para ir a Dios:

> «Porque a cada una [alma] lleva Dios *por diferentes caminos*, que apenas se hallará un espíritu que en la mitad del modo que lleva convenga con el modo del otro» (L 3,59).

Y no sólo hay muchos caminos, también cabe *perderse en el camino, cambiar de camino o dejar el camino*. Suele ocurrir que al adentrarse en la experiencia mística la persona puede sentirse desorientada, perdida: «Y así hacen muchos que comienzan a entrar en este estado [de contemplación]..., piensan que *se van perdiendo*..., piensan que *vuelven atrás* y que *se pierden*» (2S 14,4). Y esto ocurre porque al entrar en la segunda noche, en la contemplación, hay que abandonar los viejos caminos, para seguir caminos nuevos: «Por tanto, en este *camino, el entrar en camino, es dejar su camino...*» (2S 4,5). El camino místico es siempre un camino virgen, impredecible, abierto, nunca fijado de antemano.

En todo viaje o camino puede haber retrasos, se puede retroceder, e incluso se puede desandar lo andado. Volver atrás. Y lo mismo ocurre en la experiencia mística: «*Tardé más* y subí menos, porque no cogí la senda» [27]. Las dificultades que encuentra el místico en su viaje son las que provocan dichos retrasos: *asimientos, apetitos, pasiones...*, son algunos de los obstáculos con los que el místico tendrá que enfrentarse, ya que de lo contrario pueden hacer «*volver al alma muy atrás* en la vía de Dios» (3S 19,11). Y por culpa de ciertos asimientos que son "niñerías", «no solamente *no van adelante*, sino que, por aquel asimiento, *vuelven atrás*, perdiendo lo que en tanto tiempo con tanto trabajo han caminado y ganado. Porque ya se sabe que en este cami-

---

[27] Cf. El dibujo del "Monte".

no, *el no ir adelante es volver atrás...*» (1S 11,5). Y lo mismo ocurre en la experiencia de la contemplación: «Porque cuanto más piensa [el alma] qué es aquello que entiende, gusta o imagina..., tanto más quita del supremo bien y *más se retarda de ir a él*» (2S 4,6).

La novedad que supone llegar a la contemplación en el viaje místico, adentrándose el alma por insólitos e insospechados "lugares" (los paisajes del alma), suele provocar cierto desconcierto en la persona, convirtiéndose en un nuevo obstáculo para progresar. Incluso puede ser causa de "volver atrás": «Estos, en este tiempo, si no hay quien los entienda, *vuelven atrás, dejando el camino*, aflojándolo, o, a lo menos, *se estorban de ir adelante...*» (1N 10,2). Y se queja más San Juan de la Cruz: «...es lástima ver que hay muchos que, queriéndose su alma estar en esta paz y quietud de descanso interior, donde se llena de paz y refección de Dios, ellos la desasosiegan y sacan afuera a lo más exterior, y la quieren *hacer volver a que ande lo andado* sin propósito... Y como ellos no saben el misterio de aquesta novedad..., es *desandar lo andado*» (2S 12,7). *Sólo aquél que no ha concluido el camino vuelve. Ninguno de los que llegaron ha vuelto.*

Si en medio de la contemplación (en un estado en el que «sólo Dios es el agente y el que habla entonces secretamente al alma solitaria, callando ella» (L 3,44) la persona quiere seguir practicando la meditación o discurso, necesariamente «ha de *volver atrás* y distraerse; porque el que ha llegado al término [*meta*], si todavía se pone a caminar para llegar al término, demás de ser cosa ridícula, por fuerza se ha de alejar del término». (L 3,44). Aparece aquí uno más de los obstáculos que el místico tendrá que retirar o sortear en su viaje a la unión. Lo veremos más adelante. Y todavía más, las mismas mercedes o noticias que el hombre recibe de Dios a lo largo del camino místico, pueden convertirse en obstáculo e impedimento para avanzar: «...son impedimentos para el espíritu si no se niegan, porque *se detiene* en ellas el alma y *no vuela* el espíritu a lo invisible» (2S 11,7).

Si la experiencia mística es movimiento a lo largo de un camino, ese movimiento puede tener a su vez distintas velocidades: se puede ir andando, corriendo, e incluso volando: «El sexto grado hace *correr* al alma ligeramente a Dios y dar muchos toques en él, y sin desfallecer *corre* por la esperanza, que aquí el amor [que] la ha fortificado la hace *volar* ligero» (2N 20,1). A medida que el místico va avanzando por su camino, gana también en ligereza, de tal forma que la «suavidad y rastro que Dios deja de sí en el alma grandemente la aligera *y hace correr tras de él*; porque entonces el alma muy poco o nada es lo que trabaja de su parte *para andar este camino;* antes es movida y atraída de esta divina huella de Dios, no sólo a que salga, *sino a que corra de muchas maneras...*» (C 25,4). Y tras el correr, viene el volar, y entonces el viaje místico se convierte en vuelo:

> «Esos tus ojos, que *me hacen volar*, saliendo de mí, a suma contemplación» (C 12,2)

El yo auténtico está dentro de ti, escondido, pero al mismo tiempo tienes que "salir" para encontrarlo. Salir del yo supone perder el propio control, hacerse vulnerable y renunciar a las viejas seguridades humanas, tales como tener, poder y saber. Sólo saliendo de tu propio yo, desde fuera, sentado en el patio de butacas, aprendes a sentirte espectador de tu propia conducta. Y entonces eres libre de verdad. La experiencia mística no es otra cosa que una salida, un viaje a la libertad. La del espíritu. Alcanzada esa libertad, se retorna a la vida cotidiana, y por primera vez se descubre que lo divino está ahí, en la vida diaria: andar, comer, llorar, tener hijos... Cada cosa es noticia de Dios, oscura y amorosa, pero real como la vida misma.

Pero son muchos los muros u obstáculos que tienes que derribar para volar a lo invisible, para encontrarte de una manera auténtica con Dios. Son los muros que has ido levantando alrededor de tu corazón, y que sólo comienzan a caer cuando crece tu confianza en Dios. Te sientes vulnerable, y por eso levantas muros frente a los demás, y esos mismos muros son los que terminan por separarte de Dios. Necesitas, pues, derribarlos, traspasarlos, saltar por encima de ellos. O al menos ignorarlos. Ya sabes, funcionar a pesar de ellos[28]. No es tan duro como

---

[28] Cf. BRADY, J., o.c., p. 68.

parece. Unas sanas relaciones interpersonales, sinceras y transparentes, serán claves para *andar, correr* e incluso *volar* hasta Dios a lo largo del viaje místico. Sin muros, siempre sin muros.

Cuando se llegue al final del viaje, al final de la experiencia mística, todo quedará en las solas manos de Dios, como única fuerza de movimiento. Es lo que ocurre en la unión, verdadera "quietud creativa", donde el alma «camina mucho más que si fuese por su pie, *porque la lleva Dios en sus brazos*; y así, aunque *camina al paso de Dios*, ella no siente el paso». (L 3,67). Se alcanza aquí el estado o lugar en que el alma ya sólo es «innovada y *movida* por Dios» (L 4,6)[29]. Más todavía, «en esa soledad que el alma tiene de todas las cosas en que está sola con Dios, él *la guía y mueve y levanta* a las cosas divinas» (C 35,5)[30].

2.   Los tres viajes de la experiencia mística: hacia adelante, hacia arriba y hacia adentro

El amor y la fe están presentes en todas las etapas del viaje místico. Juan de la Cruz se encargará de recordárselo al lector una y otra vez: «son los dos mozos de ciego que te guiarán, por donde no sabes, allá a lo escondido de Dios. Porque la *fe*..., son los pies con que el alma va a Dios, y el *amor* es la guía que lo encamina...» (C 1,11). La fe aparece siempre como GUÍA del alma en su viaje a la unión. Insistiremos en ello más adelante. El amor,

[29] Y seguidamente nos ofrece San Juan una de sus no muy abundantes (pero sí muy atinadas) reflexiones personales, a medio camino entre la queja, el reproche, la admonición y el consejo: «Que esta es la bajeza de nuestra condición de vida, que, como somos nosotros, pensamos que están los otros, y como somos, juzgamos a los demás... Y así, el ladrón piensa que los otros también hurtan; y el lujurioso piensa que los otros lo son; y el malicioso, que los otros son maliciosos, saliendo aquel juicio de su malicia; y el bueno piensa bien de los demás, saliendo aquel juicio de la bondad que él tiene en sí concebida...» (L 4,8).

[30] Algo parecido ocurre, como muy bien vio D. Alonso, en el desarrollo del poema *Noche*. Mientras que en las primeras estrofas apenas aparecen verbos, en la última, cuando se llegue a la unión, se precipitarán las acciones verbales, y en la máxima "dejación" o quietud, se dará la máxima actividad verbal. Es lo que se ha denominado el "sistema ondulatorio" (con sus peculiares "saltos emocionales") de la poesía sanjuanista (Cf. ALONSO, D., «El misterio técnico de la poesía de San Juan de la Cruz», o.c., p. 299).

sin embargo, es la "e-moción" más poderosa que existe, es lo que te "mueve" a avanzar en este viaje: «... el alma..., salió —sacándola Dios— sólo por amor de él, inflamada en su amor» (1S 1,4).

El amor es la verdadera fuerza de movimiento a lo largo de todo el viaje místico. Un amor que está presente desde el principio del viaje. A veces como una experiencia abrumadora e inolvidable de la presencia amorosa de Dios. Las más de las veces no pasa de ser una sensación oscura de presencia. Cual si fuera una voz silenciosa que aporta la seguridad de una llamada profundamente personal y amorosa [31].

Y así, en *Noche*, que comienza en "cántico", el viaje es posible porque el alma está inflamada «con ansias en amores»; y en *Cántico*, que comienza en "noche", desde el principio está presente también la «herida de amor». En el viaje místico, lo primero es la emoción de un encuentro, el rastro de una huella, el hallazgo de un tesoro fascinante o una perla preciosa: ante dicho hallazgo no es el espíritu de sacrificio lo que te empuja, sino la fascinación y el gozo. Es el comienzo de un viaje interior que es gozoso porque está lleno de amor, y que es doloroso, porque te lleva a lo desconocido [32].

El amor es, pues, la verdadera fuerza de movimiento en este viaje. Y lo es en cada momento, en cada lugar, en cada estado. Lo iremos viendo al referirnos a las distintas metáforas que subyacen al proceso místico. Proceso o viaje que se despliega a su vez en una triple orientación espacial: en primer lugar, como hemos podido comprobar en las páginas precedentes, es un viaje "hacia adelante", porque la meta está siempre delante de nosotros (*salida más allá de sí mismo*); es además un viaje "hacia

---

[31] Cf. JOHNSTON, W., *El ciervo vulnerado. El misticismo cristiano hoy*, Madrid, Paulinas, 1986, pp. 32-33.

[32] El amor y la fascinación están presentes desde el comienzo del viaje místico. Se trata de una experiencia similar a la que tiene el lector moderno cuando toma contacto con la poesía de nuestro místico, donde lo primero es emocionarse: «Podemos afirmar que la poesía de Juan es contemporánea porque en ella nos emocionamos ya de entrada, y sólo después, en un acto superfluo estéticamente hablando, intentamos comprender [...] En San Juan y los [poetas] contemporáneos, [la poesía] es "gozada" sin ser "entendida"» (BOUSOÑO, C., «San Juan de la Cruz, poeta contemporáneo», en *Teoría de la expresión poética*, Madrid, Gredos, 1976, p. 383).

arriba", porque arriba está siempre lo positivo, lo bueno, la felicidad (*superación de sí en un movimiento ascensional*); y es, finalmente, un viaje "hacia adentro", porque sólo dentro y en lo profundo del hombre está lo importante (*recogimiento hacia el interior*)[33]. Se trata de un dinamismo espacial de interiorización ascensional. Una salida hacia adentro. Una entrada hacia arriba. Y al fondo, la triple topografía del alma humana: horizontal, vertical y concéntrica.

2.1.   *Llegar a puerto de perfección: el viaje "hacia adelante"*

El movimiento hacia adelante es el que más se reitera en los escritos sanjuanistas, y es el fundamental en la conceptualización de la experiencia mística como un viaje. La meta, que es la unión mística, está siempre delante de nosotros. De ahí la necesidad de: *caminar adelante, pasar adelante, ir adelante...* Son las expresiones de movimiento las que más se reiteran a lo largo de la experiencia mística que nos cuenta Juan de la Cruz. Él mismo deja constancia explícita de su intencionalidad: «Necesario le es al lector advertir en cada libro de éstos al propósito que vamos hablando [...], porque aquí vamos dando doctrina *para pasar adelante* en contemplación a unión de Dios» (3S 2,1-2). Y es que la pretensión de Juan no será otra sino dar «avisos, luz y documentos para saberse haber prudentemente en todas las cosas del alma, exteriores e interiores, *para pasar adelante*». (2S 19,1).

Recordemos que el movimiento hacia adelante tiene su fundamento en la imagen del "camino" y en la metáfora conceptual "los propósitos son metas" o lugares de destino. Para alcanzar la meta del viaje místico el alma tendrá que recorrer un camino sembrado de obstáculos por doquier. Por eso, y casi con una insistencia abrumadora, la idea de progreso o avance hacia adelante aparece unida en los escritos sanjuanistas a los obstáculos o impedimentos con que el alma se va topando antes de llegar a

---

[33] Cf. Mark, B., *Mysticism and Cognition. The Cognitive Development of John of the Cross as Revealed in his Works*, Oxford, Aarhus Univ. Press, 2000, pp. 171-172.

la unión. Y por eso insiste el místico: si no se educa el mundo de los afectos, nunca se podrá «*ir adelante* en perfección y noticia de Dios» (1S 8,4), «*para ir adelante* también se ha de desnudar el espiritual de todos esos gustos y apetitos» (3S 39,1).

Sólo si no estás asido, atado o apegado, estarás capacitado para avanzar por el camino místico: «conviene y es necesario a los que pretenden *pasar adelante* saberse desasir» (2S 12,8). Y desasirse no sólo de las cosas, sino también de las ideas, sentimientos o pensamientos. De ahí la necesidad que tienes de aprender a olvidar. Por eso es tan importante tener mala memoria para poder avanzar en este viaje. Hay recuerdos que no te sientan nada bien: por lo tanto, no des vueltas en tu cabeza a viejos resentimientos o rencores, ni te detengas tampoco en tus pensamientos negativos. Todo eso no sirve de nada y, además, no te dejará avanzar hacia adelante. No estés apegado a nada. A nada que pueda hacerte daño o que pueda robarte tu libertad.

Y de cuando en cuando, esos raros y encantadores incisos sanjuanistas, a modo de advertencia y crítica, o de aviso para navegantes:

> «Por lo cual es harto de llorar la ignorancia de algunos, que se cargan de extraordinarias penitencias y de otros muchos voluntarios ejercicios, y piensan que les bastará eso y esotro *para venir a la unión* de la Sabiduría divina, si con diligencia ellos no procuran negar sus apetitos. Los cuales, si tuviesen cuidado de poner la mitad del trabajo en esto, aprovecharían más en un mes que por todos los demás ejercicios en muchos años» (1S 8,4).

Y no olvides esto porque es clave en el viaje místico. La experiencia mística es, ante todo, una cuestión de libertad y liberación frente a toda forma de apego o apetito o atadura. De ahí la necesidad que tienes de "trasplantarte", "desarraigarte" y "despojarte" de tu vieja identidad. Es el mejor regalo que te puedes hacer a ti mismo, y por lo tanto también Dios.

Y se queja más Juan de Yepes: «Y así, es lástima ver algunas almas como unas *ricas naos* cargadas de riqueza, y obras, y ejercicios espirituales y virtudes..., y, por no tener ánimo para acabar con algún gustillo, o asimiento, o afición -que todo es uno- *nunca van adelante, ni llegan a puerto de perfección»* (1S 11,4). Una vez más aparece la idea de avanzar, y junto a ella los obstáculos al avance. Pero ahora la imagen del "camino" se enriquece con una nueva dimensión. La experiencia mística se ha convertido en un viaje por mar, y el alma en barco o "nao". Es otra de las variantes más comunes y corrientes de la imagen del "camino". Y de hecho, la vida toda se puede comprender como un viaje en barco [34], donde las dificultades son escollos o tempestades, y el éxito final será llegar a buen puerto. De ahí que en virtud de la concepción metafórica de la experiencia mística como un viaje por mar, llegar a la unión mística sea llegar a *«puerto* de perfección».

Y si los apegos (o apetitos) son obstáculos a retirar del camino para poder avanzar hacia la unión, otro tipo de obstáculos con que el alma se encontrará en su viaje será el representado por los así llamados "bienes o mercedes espirituales". Éstos ya no hay que hacerlos frente o a retirarlos del camino, como ocurría con los apetitos. Son simplemente obstáculos a sortear, a pasar de largo, para poder caminar ligero a la unión y encuentro con Dios, para avanzar con libertad: «Y así, conviene al alma haberse puramente negativa en ellas [las visiones]..., *para ir adelante* por el medio próximo que es la fe» (2S 24,8); pues dichas visiones «*no dejarán ir al alma adelante,* por cuanto pone obstáculo a la desnudez espiritual y pobreza de espíritu y vacío en la fe, que es lo que se requiere para la unión del alma con Dios». (2S 24,9)

El despojo ha de ser total. Si te apegas a tus emociones o a tus ideas románticas sobre Dios, nunca sabrás disfrutar de verdad de Dios. De ese Dios que se cuela en los mil recodos de la vida cotidiana, en un paseo por la sierra o sentado junto a una fuente, en el abrazo de un amigo o en la ternura de una madre. Simplemente goza del momento. Y tampoco te obsesiones por el futuro: no quieras saber si algún día te casarás, o perderás tres kilos, o conseguirás aquel empleo, o te comprarás aquel chalet. Preocúpate por "ser" más que por "hacer". Y aunque a veces

---

[34] Cf. Santos Domínguez, o.c., p. 44.

tengas la tentación de definir tu vida por algo tan irrelevante como el trabajo que haces, tampoco te apegues a eso. Pues así nunca serás feliz ni podrás avanzar en tu viaje a la libertad.

Y cuando en la experiencia mística se llega al estado de la contemplación, estado en el que la luz del entendimiento humano queda anulada, y se camina sólo "a oscuras" (es decir, sin entender, simplemente en fe y confianza), insiste Juan de la Cruz en que también aquí se sigue avanzando hacia la unión. La experiencia de Dios es siempre dinamismo y movimiento: «Por tanto, no digas... que *no va el alma adelante*, porque no hace nada... Porque si el entendimiento se va vaciando..., *adelante va*, y cuanto más vacare a la inteligencia particular y a los actos de entender, *tanto más adelante va* el entendimiento *caminando al sumo bien sobrenatural*. [...] que si entendiese distintamente, *no iría adelante*. [...] Y así, antes se ha de apartar el entendimiento de sí mismo y de su inteligencia *para llegarse a Dios caminando* en fe, creyendo y no entendiendo» (L 3,47-8).

Si quieres hacer este viaje "hacia adelante" tienes que salir más allá de ti mismo. Y esto no es posible sin renunciar al amor propio, el origen de casi todos tus problemas.

2.2. *Llegar a lo alto de Dios: el viaje "hacia arriba"*

En su viaje al encuentro con lo divino, el alma avanza hacia adelante, avanza hacia arriba, avanza hacia adentro. También arriba está Dios, y hacia allí se encamina el hombre. Progresar en la experiencia mística será subir a lo alto del "monte". Arriba, en los cielos, está lo divino, está Dios, y la montaña es lugar hierofánico por excelencia. Lugar de encuentro y comunicación del hombre con Dios. De ahí que el alma-viajera se aventure a «*subir a este monte* de perfección a comunicar con Dios» (1S 5,6), ya que es ese «el *camino y subida* para Dios» (1S 5,6) y la forma de «*llegar a lo alto* de Dios» (2S 16,9). *Levantar al alma*[35], *subir al monte, subir a la cumbre*[36], *subir a la unión*[37],

---

[35] 2S 17,1.
[36] 1S 5,7.
[37] 2S Epígr.

subir por la fe[38]..., los verbos de movimiento ascensional le permiten a Juan canalizar la idea de viaje «hacia arriba». Una más de las configuraciones recurrentes de la experiencia mística.

La subida hacia arriba se puede explicar también con la imagen de la «escala». Recuérdese aquí «la secreta escala» que aparece en la segunda estrofa del poema *Noche oscura*. Esta concepción de movimiento ascensional se apoya en el esquema de imagen de la ESCALA[39], cuya proyección metafórica prototípica es MÁS ES ARRIBA. Las escalas suelen tener una dimensión vertical, y en ocasiones un carácter acumulativo. En cierta medida, experimentamos nuestro mundo en términos de *más y menos*. Y esto ocurre, por ejemplo, en cuanto al número de objetos que podemos poseer, que puede ser mayor o menor, y lo mismo la cantidad de materia, o el grado de fuerza, o la intensidad de una sensación. Y por eso, cuando subimos por la ladera de una montaña hablamos de "escalar", o de subir más o menos grados. Esta dimensión del "más" y "menos" de la experiencia humana se basa en la imagen de la "escala".

Cuando Juan de la Cruz habla de la "escala de contemplación secreta", afirma que «sin saber cómo, *sube el alma a escalar*, conocer y poseer los bienes y tesoros del cielo» (2N 18,1). Una subida que es gradual, estructurada a modo de escala con diferentes grados de amor por los que va pasando el alma hasta llegar al grado más alto y elevado, que es el de la unión mística[40]. Y así, «la propiedad principal por que aquí se llama *escala* es porque la contemplación es ciencia de amor..., que va ilustrando y enamorando el alma, *hasta subirla de grado en grado hasta Dios*, su Criador, porque sólo el amor es el que une y junta al alma con Dios» (2N 18,5). Recordémoslo una vez más: en todo el proceso o viaje místico, el amor funciona como verdadera fuerza de movimiento y como causa última de la unión.

La proyección metafórica prototípica de la imagen de la "escala" queda definida, como hemos dicho, en términos de MÁS

---

[38] 2S 1,1.
[39] Cf. JOHNSON, M., *The Body in the Mind*, o.c., pp. 121-123.
[40] Cf. 2N 19-20.

ES ARRIBA [41]. Esta metáfora se fundamenta en nuestra experiencia cotidiana. Es la experiencia de echar líquido en un recipiente y ver cómo sube de nivel, o de apilar objetos y comprobar cómo se incrementa la altura. Se trata de una experiencia común y habitual. Y no sólo "más es arriba", sino que arriba está lo positivo, lo bueno y la felicidad. De tal manera que FELIZ ES ARRIBA, en sentido metafórico. De ahí expresiones tan cotidianas como: *¡levanta esos ánimos!; lo que me dijo me levantó el espíritu;* o *está saltando de alegría...* Esta metáfora se basa en nuestra experiencia corporal. Una postura erguida y recta es un signo de carácter positivo y de salud, mientras que una postura inclinada suele ser síntoma de decaimiento, tristeza o enfermedad [42].

Pues bien, si la experiencia mística es un camino *hacia arriba,* es porque automáticamente todos concebimos que arriba está lo positivo (mientras que *abajo* estaría lo negativo), y por eso Dios mueve al alma para «*levantarla* del fin y extremo de su *bajeza* al otro fin y extremo de su *alteza* en su divina unión» (2S 17,3).

> Y cuando se llegue a la unión, podemos decir que el alma, «alcanzando la libertad dichosa y deseada de todos, del espíritu, *salió de lo bajo a lo alto, de terrestre se hizo celestial, y de humana, divina*» (2N 22,1).

Lo alto, lo celestial, lo divino..., todo está "arriba". El destino del místico está en las alturas. Y allí se alcanza también *la libertad dichosa.* Más que ninguna otra cosa, el viaje místico es un camino de liberación sin límites. Un viaje a la libertad en el que por primera vez aprendes a vivir. A vivir sin reservas.

Probablemente Juan de la Cruz concibió la *Subida del Monte Carmelo* como un viaje por el que ir más allá de nosotros mismos hasta la unión divina. Y es que buena parte de la concepción metafórica de toda la experiencia mística de nuestro autor se puede rastrear en esta breve cita de *Subida*: «Porque esta *senda* del alto monte de perfección, como quiera que ella vaya

---

[41] Cf. LAKOFF, G., «The comtemporary theory of metaphor», a.c., p. 240.

[42] Cf. YU, N., *The contemporary theory of metaphor. A perspective from Chinese,* Amsterdem, John Benjamins, 1998, p. 61.

hacia arriba y sea angosta, tales *viadores* requiere, que ni lleven *carga* que les haga peso cuanto a lo *inferior* ni que les haga *embarazo* cuanto a lo *superior*» (2S 7,3).

La experiencia mística es movimiento *hacia arriba*. Es además un viaje a través de un camino o *senda*. En cuanto viaje, requiere la presencia de unos viajeros o *viadores* (el alma es la viajera). Y como en todo viaje o camino, se ha de contar con la presencia de obstáculos. Dichos obstáculos se localizan en lo *inferior* y en *lo superior*, nos dice Juan. Nuevas concepciones metafóricas de carácter corporal-orientacional que apuntan hacia la estructuración del psiquismo humano.

Y es que metafóricamente concebimos que LO RACIONAL ESTÁ ARRIBA y LO EMOCIONAL ESTÁ ABAJO[43]. De ahí expresiones como *nuestra discusión "subió" de lo emocional a lo racional*, o *mantuvimos una discusión de "alto" nivel intelectual*. Y lo contrario: *se deja llevar por sus "bajas" pasiones*. Físicamente, en nuestro propio cuerpo, lo racional está arriba, y lo pasional abajo. Pues bien, una y otra realidad, tanto lo *superior* como lo *inferior* (ya en terminología sanjuanista), se convierten en obstáculos a largo del viaje místico, como veremos más adelante.

Y así, para Juan de la Cruz los deseos (*lo inferior*) se pueden concebir metafóricamente como *cargas* que no dejan a la persona avanzar en su camino a la unión; de la misma manera que el entendimiento (*lo superior*), con sus pensamientos e ideas, puede *embarazar* (etimológicamente, "impedir", "estorbar") al alma en su viaje al encuentro con lo Real Último. Por eso, afrontar ambas realidades, es decir, la educación de los deseos y la educación de los pensamientos (o si se prefiere, el esquivamiento de todo lo sensible y de todo lo espiritual) será lo que nos permita llegar a la meta, es decir, a lo alto del monte.

Porque es allí, en lo alto del monte, donde se realiza la unión. Los mismos versos que San Juan escribirá al pie de su conocido dibujo del monte, se convierten en la mejor «doctrina *para subir a él, que es lo alto* de la unión» (1S 13,10). En ellos, los verbos de movimiento (como "venir" e "ir") son los verdade-

---

[43] Cf. LAKOFF, G., y M. JOHNSON, *Metáforas de la vida cotidiana*, Madrid, Cátedra, 1995, p.54.

ros protagonistas, poniendo así de manifiesto, una vez más, el carácter dinámico de toda la experiencia mística: *Para venir a gustarlo todo / no quieras tener gusto en nada. / Para venir a poseerlo todo / no quieras poseer algo en nada. / Para venir a serlo todo / no quieras ser algo en nada. / Para venir a saberlo todo / no quieras saber algo en nada. / Para venir a lo que no gustas / has de ir por donde no gustas. / Para venir a lo que no posees / has de ir por donde no posees. / Para venir a lo que no eres / has de ir por donde no eres...*[44] El "todo" no autoriza ninguna parada.

Y ocurre que al final, dicho movimiento *hacia arriba*, termina por convertirse en vuelo vertiginoso y frenesí ascensional. Es la idea que aparece reflejada, de una manera impresionante, en el poema *Tras de un amoroso lance*[45]. Junto al vuelo ascensional, en su dimensión de verticalidad (*volé tan alto, tan alto*) y velocidad (*mil vuelos pasé de un vuelo*), aparecen las peripecias del vuelo místico, con desfallecimiento (*no habrá quien alcance*) y zozobra (*perderse de vista*) incluidas. Y otra de las constantes del viaje místico, el amor como verdadera fuerza de movimiento (*mas el amor fue tan alto*), que es lo que al final propicia la llegada a la meta (*que le di a la caza alcance*). Es la imagen del vuelo como idea de libertad y felicidad, que origina la metáfora FELICIDAD ES ESTAR POR ENCIMA DEL SUELO[46], la cual se con-

---

[44] «En *Entréme donde no supe* el alma vuela; en *Sin arrimo* dice que el alma está "levantada" hacia Dios; en *Por toda la hermosura* el paso es *ascendente*; y en *El pastorcico* el pastor se sube a un árbol» [NORBERT, M., *Las categorías de espacio y tiempo en San Juan de la Cruz (La articulación de lo inefable)*, Madrid, Editorial de Espiritualidad, 2001, p. 153].

[45] Cf. ALONSO, D., «La caza de amor es de altanería (sobre los precedentes de una poesía...)», en *De los siglos oscuros al de oro*, Madrid, Gredos, 1958, pp. 254-275; ROS, S., «El camino místico de San Juan de la Cruz: tras de un amoroso lance», en *Rev. de Espiritualidad*, 1993, pp. 325-38; LÓPEZ ESTRADA, F., «Volando en las alturas: persecución de una imagen poética en San Juan de la Cruz», en *Presencia de San Juan de la Cruz*, Granada, Universidad, 1993, pp. 265-289.

[46] *Los pájaros residen en el aire, por encima del suelo. Por eso, en cierto sentido, esta metáfora está conectada con los pájaros, que a menudo los vemos como símbolo de libertad. Parece lógico poder afirmar que la conexión entre libertad y felicidad está en que la libertad es una de las posibles fuentes de felicidad. Y en nuestra vida cotidiana tendemos a pensar que cuando somos libres, entonces somos felices* (cf. KÖVECSES, Z., «Happiness: A definitional effort», en *Metaphor and Symbolic Activity*, 6,1, 1991, pp. 29-46: 31).

creta en expresiones tan familiares como: *me sentía flotando, estaba en una nube, estaba en el séptimo cielo...*

Y abatíme tanto, tanto, / que fui tan alto, tan alto... "Abatirse" es "descender una cosa que está en el aire, por ejemplo una ave". Es la misma idea metafórica de verticalidad, pero ahora desde la más absoluta de las paradojas: a lo "alto" sólo se llega desde lo "bajo", sólo abatiéndose y descendiendo a ras de tierra, se puede subir a los espacios siderales[47]. Todo el poema sanjuanista transmite la obsesionante idea de desplazamiento ascensional, intensificada por la reiteración de verbos de movimiento tales como *subir, ir tan alto o volar*, en gama escalar que comienza con "subir", con sus connotaciones de esfuerzo voluntario, hasta llegar a "volar", donde lo ascensional apenas ya implica esfuerzo alguno[48].

Que le di a la caza alcance: la "l" y la "z" se persiguen y apresuran como la imagen que evocan, y la reiteración de este verso *de vuelta* a lo largo de todo el poema dispara la velocidad de la acción. Surge así un vuelo veloz, apresurado, que termina por impulsar al alma en movimiento vertiginoso hacia arriba. Siempre hacia arriba[49]. La mística es, entre otras cosas, un viaje ascensional hecho de *liberación, ligereza y alegría*. Y al llegar al centro del alma, se descubre un nuevo espacio ilimitado, un espacio interior en el que por exceso de altura, anchura y profundidad, se borran todas dimensiones. Una nueva vivencia íntima y absoluta[50].

Si quieres hacer este viaje "hacia arriba" tendrás que aprender a caminar ligero de equipaje. Y entonces se aprende a andar por la vida, interiormente como de fiesta.

[47] Recuérdese la idea evangélica de que «el que se humille será enaltecido».

[48] Piénsese en las virtudes que Juan de la Cruz atribuye al "pájaro solitario", siendo la primera "que se va a lo más *alto*" (cf. D 125). Es característica del "alma contemplativa", y "contemplar", etimológicamente, es "mirar desde un templo", mirar desde lo alto.

[49] Aunque no con la misma intensidad y reiteración, la idea de movimiento ascensional aparece también reflejada en el poema *Entréme donde no supe*, donde incluso el último verso que se reitera al final de cada estrofa, como estribillo temático (*toda ciencia trascendiendo*), contribuye a reforzar esa idea de movimiento, pues "transcender", etimológicamente, no significa otra cosa que "rebasar subiendo".

[50] Cf. MANCHO DUQUE, M.ª J., «Aproximación léxica a una imagen sanjuanista: el vuelo», en *Palabras y símbolos en San Juan de la Cruz*, Madrid, Fundación Universitaria Española, 1993, p. 234.

2.3.   *Llegar a lo profundo de Dios: el viaje "hacia adentro"*

Poco a poco, este viajero que es el místico, se va acercando a la meta. Y entonces vuelven a aparecer los verbos de movimiento: *llegar, ir, penetrar, entrar...* Y junto a ellos, toda una serie de sustantivos, sintagmas nominales y adverbios que ponen de relieve cómo ese viaje es también "hacia adentro", a lo profundo, al centro, a lo interior: *el centro del alma, el profundo centro, dentro de sí, más adentro, el retrete interior, el íntimo ser, la interior bodega, el último recogimiento, el hondo escondrijo de su interior, lo profundo de Dios...*

El alma, metafóricamente concebida aquí como un "recipiente", tiene un interior y un exterior, un centro y una periferia. Para entender esto tenemos que remitirnos a la imagen del CENTRO/PERIFERIA[51], según la cual experimentamos el centro como el interior, mientras que afuera quedaría el exterior. Se trata de una imagen que brota de nuestra experiencia del cuerpo. Nuestros cuerpos tienen un CENTRO, un tronco, un corazón, unos órganos vitales (sin los que no podríamos vivir), y una PERIFERIA, como son dedos, manos, piernas... Y lo mismo ocurre con un árbol o una planta, donde hay un tronco, unas ramas y unas hojas. En todos los casos el "centro" es siempre lo vital, lo más importante. De ahí que las heridas en las partes centrales (órganos vitales) sean siempre más graves que las de la periferia.

De esta imagen surge una primera proyección metafórica: LO IMPORTANTE ES LO CENTRAL[52], que da lugar a expresiones como las que siguen: *dejemos de lado lo secundario, ¿cuál es lo central aquí?, ese es un asunto periférico*, etc. Y si la experiencia mística es un viaje al centro del alma, lo es porque lo esencial e importante está allí. El centro del alma, es decir, el centro de la persona, aparece como el verdadero espacio del encuentro con lo divino:

---

[51] Cf. SANTOS DOMÍNGUEZ, o.c., p. 30; JOHNSON, M., *The Body in the Mind*, o.c., pp. 124-125; LAKOFF, G., *Women, Fire and Dangerous Things.* o.c.: 274.

[52] De ahí que LO MENOS IMPORTANTE SEA LO PERIFÉRICO (cf. LAKOFF, G., y M. TURNER, *More than cool reason*, Chicago, University Press, 1989, p. 148).

> «El *centro del alma* es Dios, al cual, cuando ella *hubiere llegado... habrá llegado al último y más profundo centro* suyo en Dios... Y cuando *no ha llegado* a tanto como esto... todavía tiene *movimiento y fuerza* para más y no está satisfecha, aunque está *en el centro*, no empero en el *más profundo*, pues puede *ir a más profundo* de Dios» (L 1,12)[53].

El centro del alma, donde te encuentras con Dios, no es un lugar. O lo es sólo en sentido figurado. Ese centro es una metáfora para expresar lo mejor de ti mismo, tu ser más personal, tu proyecto global de vida, tu opción fundamental[54]. Todas las imágenes sanjuanistas relativas al centro del alma (*interior bodega, profundas cavernas, senos...*) intentan dibujar ese fascinante mundo interior que tienes dentro, tu espacio más íntimo, tu yo más valioso. Se trata de un viaje interiorizante dentro del alma, concebida a su vez como pequeño cosmos cuyo centro es Dios[55]. Tras encontrar ese centro, las prioridades de tu vida dan un vuelco. Tus viejos proyectos y preocupaciones ahora carecen de interés. El tiempo ya no se vive como una coacción, sino como un don o regalo[56]. Y tu vida se hace más amable al dejar de lado obligaciones inútiles. Por primera vez vives centrado.

Si en un sentido LO IMPORTANTE ES LO CENTRAL, en otro no menos cierto, LO IMPORTANTE ES LO INTERIOR. Esto aparece muy claro en expresiones como: *vamos al meollo del asunto, este es el corazón de la obra, por dentro es una persona bien linda...* Cuando San Juan de la Cruz habla de los principiantes en el camino del espíritu, afirma que los buenos principiantes son los que guardan lo valioso e importante ("sus tesoros") en su interior, adentro y en secreto: «Porque, como mora en estas humildes almas el espíritu sabio de Dios, luego les mueve e inclina *a guardar adentro sus tesoros en secreto...*» (1N 2,7). Y son esos

---

[53] La experiencia mística no sólo es un viaje "hacia adentro", paradójicamente, también es un viaje "hacia afuera". Y así, el alma, dirá Juan, también tiene que "salir de sí": «Estas se llaman heridas espirituales de amor, las cuales son al alma sabrosísimas..., porque la hacen *salir de sí y entrar en* Dios...» (C 1,19). Esto se explica porque el alma, metafóricamente, la concebimos como un "recipiente". Repárese aquí en la metáfora de LA PERSONA DIVIDIDA (cf. SANTOS DOMÍNGUEZ, o.c., p. 193).

[54] Cf. MARTÍN VELASCO, J., *El fenómeno místico*, o.c., p. 483.

[55] Cf. NORBERT, M., o.c., p. 296.

[56] Cf. La parábola del empleado malo (Mt 18, 23-34).

los "secretos" que mantienen al alma sana[57], y los que la conducen por un proceso de sanación hacia adentro, hacia el encuentro con lo divino. Si la interioridad del hombre hay que mantenerla en "secreto" es porque se trata de una realidad frágil: es el "yo interno"[58] de la persona, tan valioso como vulnerable, tan vulnerable como valioso.

Y si la noche del místico en un sentido es un proceso de sanación (como veremos), en otro es un proceso de purificación, o sea, de limpieza. Una purificación que va desde fuera hacia adentro: «...vuelve el fuego de amor a herir en lo que está por consumir y purificar *más adentro*... espirituales imperfecciones y más arraigadas en lo *más adentro*» (2N 10,7); «...gozará *más adentro*, porque ya se hizo la purificación *más adentro*» (2N 10,8); «aquello que está por purgar e ilustrar *más adentro*... pasiones *más interiores*...» (2N 10,9). En ese viaje al centro o a lo interior, da la impresión de que nunca se llega a la meta, de que siempre hay un más adentro, un más profundo y un más interior: «...esta sabiduría y ciencia de Dios es *tan profunda*, que, aunque más el alma sepa de ella, siempre puede *entrar más adentro*» (C 36,10). Y no deje de notarse cómo esa "sabiduría" de Dios, que es propiamente la unión mística, es un nuevo estado del alma, y en cuanto tal, metafóricamente, un "lugar" en el que se puede "entrar".

«Dios... está escondido en el *íntimo ser* del alma; por tanto, el alma que le ha de hallar conviene... entrarse en *sumo recogimiento dentro de sí misma*...» (C 1,6). Es allí, a lo interior, adonde el mismo Dios va llevándote: «Y de esta manera va Dios *llevando* al alma de grado en grado *hasta lo más interior*»

---

[57] En el fondo esa fue la experiencia de una mujer como Teresa de Lisieux (cf. FOLEY, M., *The Love that Keeps us Sane. Living the little way of St. Thérèse of Lisieux*, New York, Paulist Press, 2000, p. 13). Cf. tb. D 152: «Calle lo que Dios le diere y acuérdese de aquel dicho de la Esposa: *Mi secreto, para mí* (Is 24,16)».

[58] En la estructura interna de la persona, en sentido metafórico, hay un "yo interno" y un "yo externo". El yo escondido y el yo visible. Lo esencial y verdadero es siempre central y está adentro (es el "yo interno"), mientras que lo no esencial está afuera y es periférico (es el "yo externo") [cf. LAKOFF, G., «The internal structures of the Self», en *Anual Berkekeley-UCSD Cognitive Linguistics Conference*, La Jolla (California), 1993, p. 9].

(2S 17,4). Si lo importante y lo valioso es tu interior, es lógico que se camine en esa dirección. Y de la misma manera procederá San Juan de la Cruz para explicarnos su experiencia mística: «... de lo más exterior hasta lo más interior, *hasta llegar al último recogimiento* donde el alma se une con Dios» (2S 12,1). En el *retrete interior*[59] o la *interior bodega*[60].

Lo que has dicho es "muy profundo", en "el fondo" es una buena persona, es difícil medir "la hondura" de sus palabras..., todas estas expresiones, tan cotidianas, son metafóricas. Responden a la metáfora LO IMPORTANTE ES LO PROFUNDO. Como ocurre con el resto de las metáforas que hemos ido viendo en esta sección, hay una continua interferencia o solapamiento con la imagen del "recipiente", o sea, con la concepción del alma (de la persona) como un recipiente. Es algo que se puede percibir claramente en los usos sanjuanistas: «...cuando sale el demonio a tomarle el paso, suele el alma con gran presteza recogerse *en el hondo escondrijo de su interior*, donde halla gran deleite y amparo» (C 16,6). La propia interioridad concebida aquí como "refugio" y lugar donde el místico se sabe a salvo.

Y es que la experiencia mística es siempre dinamismo y movimiento, y termina por llevarte a lo central, a lo interior y a lo profundo. Y no sólo de tu propia alma, sino también del mismo Dios, y por eso podemos decir que «*penetra hasta lo profundo* de Dios» (2S 1,1). Si concebimos que nuestra vida diaria tiene que tener unos propósitos y unas metas, es porque metafóricamente, y de una manera automática e inconsciente, entendemos la vida como un viaje[61]. Y eso mismo es la experiencia mística: un viaje cuyo destino es la unión, donde se eligen unos medios concretos para alcanzar la meta, donde se han de superar unas dificultades u obstáculos para poder progresar

---

[59] C 1,9.

[60] C 26,3.

[61] LA VIDA ES UN VIAJE: *Conocer la estructura de esta metáfora implica conocer cierto número de correspondencias entre los dominios conceptuales de la vida y los viajes, tales como: La persona que dirige su vida es un viajero. Sus propósitos son destinos. Los medios para conseguir los propósitos son caminos. Las dificultades de la vida son impedimentos para viajar. Los consejeros son guías. El progreso es la distancia recorrida, etc.* (cf. LAKOFF y TURNER, *More than cool reason*, o.c., pp. 3-4).

en el camino. Y donde, como en todo viaje, tiene que haber un viajero. El místico, el alma, es ese viajero.

Si quieres hacer este viaje "hacia adentro" o experiencia de "ensimismamiento", tendrás que superar viejas dispersiones y aprender a recogerte hacia el interior para centrar tu vida. Viajar hacia adelante, más allá de ti mismo, movido siempre por el amor. Viajar hacia arriba, para así alcanzar la libertad y la felicidad. Viajar hacia adentro, para así vivir centrado. Pero para hacer tanto bendito viaje, ante todo y sobre todo, necesitas fiarte de un Dios que siempre ha estado a tu lado y que siempre lo estará, pase lo que pase.

3

El místico: un viajero de lo profundo

Así como el sol está madrugando y dando en tu casa
para entrar si destapas el agujero, así Dios entrará
en tu alma vacía y la llenará de bienes (L 3,46)

Si la experiencia mística es un viaje *hacia adentro*, es porque todos pensamos que dentro está lo importante y lo valioso de la persona, y que el mismo centro del alma, como afirma Juan de la Cruz, es Dios. Pues bien, dicha alma (la persona), que es el viajero en nuestro camino místico, es concebida, metafóricamente, como un "RECIPIENTE". La mística, en cuanto viaje *hacia adentro,* implica la idea de movimiento. En realidad se trata de un viaje hacia el centro de un espacio delimitado. Un viaje al centro del alma. Recordemos una vez más que la experiencia mística, en su concepción metafórica, se puede explicar desde tres realidades muy concretas: el cuerpo, el espacio y el movimiento. Y de hecho son estas tres realidades físicas las que sirven de base o dominio fuente para explicar y describir una realidad tan profunda e interior como es la experiencia mística.

1.   Como vaso vacío esperando su lleno

La comunicación con Dios, dice san Juan de la Cruz, se da «*dentro* del alma» (C 16,1). De ahí la genial comparación sanjuanista:

> «Así como el sol está madrugando y dando en tu casa para entrar si destapas el agujero, así Dios..., *entrará en el alma vacía y la llenará* de bienes divinos» (L 3,46).

Repárese en esta afortunada y bonitísima imagen. El sol siempre ha estado (y está) ahí, aunque no siempre sientas su luz y su calor. «Allí donde una rendija se abre a su luz, allí donde un corazón se percata oscuramente de su voz, Dios irrumpe con la impaciencia del amor e inaugura un "diálogo" que, aprovechando esta apertura, se va ampliando y profundizando»[1].

Dios, como el sol, nunca se ausenta: «¡Señor Dios mío!, no eres tú extraño a quien no se extraña contigo; ¿cómo dicen que te ausentas tú?»[2]. Así es Dios, un Dios que nunca "se extraña" con nosotros. Si "extrañarse" es algo así como «apartarse de la comunicación con los demás», sólo nosotros, y nunca Dios, volamos los puentes, sólo nosotros rompemos los canales de comunicación. Dios ni se extraña ni es un "extraño". Si "extraño" es «el que no es nuestro, el que no es de dentro de nuestra casa, o de nuestra familia o de nuestro lugar»[3], Dios no ha sido nunca un "extraño" para la vida de los hombres. Más bien todo lo contrario, pues Dios es aquel que es *nuestro, de dentro de nuestra casa, de nuestra familia, de nuestro lugar...* Y sucede que una mañana te levantas y por primera vez en tu vida te das cuenta de su presencia. Y experimentas, también por primera vez, su luz y su calor[4].

Y aunque el salmista se dirige a Dios diciendo: *Oh Dios, tú eres mi Dios, por ti madrugo...*, no es cierto. No somos nosotros los que madrugamos por Dios. En realidad es Dios el que, como el sol, está desde siempre madrugando por nosotros. ¿Cuándo caeremos en la cuenta de ello? Si la experiencia mística comien-

---

[1] TORRES QUEIRUGA, A., *La revelación de Dios en la realización del hombre*, Madrid, Cristiandad, 1987, p. 462.

[2] D 54.

[3] COVARRUBIAS, S., *Tesoro de la lengua castellana o española*, Madrid, Castalia, 1994, s.v. EXTRAÑO.

[4] «Algún día caeremos en la cuenta de que Dios siempre ha estado "paseando con nosotros en el Edén", de que en realidad nunca hemos estado separados de él, simplemente, no nos habíamos dado cuenta. El paraíso está hoy delante de nosotros» (JÄGER, W., *La ola es el mar*, o.c., p. 175).

za con una "búsqueda", al final se transforma en des-velamiento. La cuestión estaría pues, en derribar muros, quitar obstáculos, borrar fronteras. Crear las "condiciones" de vida que nos permitan hacernos conscientes de que Dios (como el "sol") siempre ha estado y estará iluminando y dando calor a nuestras vidas.

«Hasta ahora sabía de ti de oídas; ahora te han visto mis ojos» (Job 42,5). Esto es la experiencia mística. Algo que en puridad acontece en la vida diaria[5]. Cuando no te sientes interiormente dividido, entonces, y sólo entonces, tienes ojos para ver a Dios en cualquier lugar, en la vida ordinaria, en aquellos que te rodean. Porque los hombres y sus vidas son el mejor relato de Dios. Esa fue la experiencia de Marta (frente a María), dirá el maestro Eckhart, que es la que ha llegado más lejos en el encuentro con Dios. Su unión con Dios ya no depende de sus acciones, de las que está tan desposeída, que ellas mismas son la mejor vivencia de lo divino: el fuego, el establo, la atención a los enfermos... Marta (y no María) ha unificado su vida en Dios[6].

«El elemento más simple de la experiencia mística parece ser ese sentido profundo del significado de una máxima. Decimos: he oído esto durante toda mi vida, pero hasta ahora nunca me había dado cuenta de su significado completo»[7]. El paso por la "noche" hará que aflore en tu vida una capacidad escondida que siempre había estado ahí, y hará que descubras un abismo que nunca hasta ahora habías sido capaz de reconocer. Se trata de experimentar por ti mismo lo que ya llevabas dentro. Se opera entonces una inversión de todos los valores[8]. Frente a las viejas seguridades de la tierra, ahora has hallado un gran tesoro, una perla preciosa que llena tu vida de una alegría nueva[9].

---

[5] «Hoy, en cambio, somos muchos más los que pensamos que son las experiencias de la vida diaria las que constituyen la base de toda otra experiencia y que las llamadas experiencias extraordinarias son una especie de llamarada que producen las brasas de las experiencias en la vida ordinaria» (MARTÍN VELASCO, J., «La experiencia de Dios hoy», a.c., p. 20).

[6] Cf. MARTÍN VELASCO, *El fenómeno místico*, o.c., p. 420.

[7] JAMES, W., *Las variaciones de la experiencia religiosa. Estudio de la naturaleza humana*, Barcelona, Península, 1986, p. 287.

[8] Cf. Lc. 19,8.

[9] Cf. Mt. 13,44-46.

No necesitamos llegar a Dios, por la sencilla razón de que Él está ya siempre con nosotros. La distancia no existe. No tenemos que ir a buscarlo, porque se nos está manifestando siempre. Tan sólo necesitamos caer en la cuenta, abrir los ojos[10], *"destapar el agujero"*. Repetimos: *así como el sol está madrugando y dando en tu casa para entrar si destapas el agujero, así Dios..., entrará en tu alma vacía y la llenará de bienes.* "Entrar en", "vacía", "llenar"... Sólo si concebimos metafóricamente a la persona (alma) como un "recipiente", entenderemos lo que aquí nos quiere decir San Juan de la Cruz: los recipientes tienen un "interior" y un "exterior", se puede "entrar" o "salir" de ellos, pueden estar "llenos" o "vacíos"... Y lo mismo la persona. Lo mismo el alma.

Detrás de todas estas expresiones se encuentra una imagen o concepción metafórica absolutamente familiar, la del RECIPIENTE[11]. Y el fundamento de esta imagen se encuentra en nuestros propios cuerpos. Todos somos conscientes de que nuestros cuerpos son recipientes tridimensionales, en los que entran ciertas sustancias (comida, agua, aire...) y de los salen otras (sangre, saliva, aire...). Incluso, nos sentimos rodeados, envueltos por las cosas. Pero no sólo el cuerpo fundamenta esta imagen. Nosotros mismos nos movemos "dentro" y "fuera" de las habitaciones, de un coche, de todo tipo de espacios delimitados. Manipulamos objetos continuamente metiéndolos o sacándolos de recipientes (cajas, bolsas, tazas...). Se trata de una experiencia recurrente en nuestra vida cotidiana.

Si nuestro propio cuerpo es un recipiente que puede estar lleno o vacío, no sólo de sustancias materiales, sino también de sentimientos o emociones, lo mismo va a ocurrir con el alma para el místico. Por eso, en un sentido metafórico, EL ALMA ES EL CUERPO. O sea, del alma, realidad abstracta donde las haya, sólo podemos hablar desde las realidades concretas. Del alma sólo podemos hablar desde el cuerpo.

---

[10] Cf. TORRES QUEIRUGA, A., *Creo en Dios Padre. El Dios de Jesús como afirmación plena del hombre*, Santander, Sal Terrae, 1986, p. 167.

[11] Cf. SANTOS DOMÍNGUEZ, o.c., p. 25; JOHNSON, M., *The Body in the Mind*, o.c., p. 21.

Si Juan de la Cruz insiste una y otra vez, a lo largo de la experiencia mística que nos cuenta, en que el alma ha de "vaciarse" o estar "vacía", es porque tu alma es un recipiente. Y los apetitos, como ciertos deseos, vienen a ser obstáculos u objetos que ocupan espacio en esa alma-recipiente. De ahí la necesidad de «*vaciarse* de todos los apetitos para venir a Dios» (1S1,5), de «tener el alma *vacía* y desnuda y purificada de todo apetito» (1S 5,6). Se trata de liberar tu alma-viajera de todas aquellas cargas que supongan un obstáculo para avanzar hacia el encuentro con lo divino. Y esa liberación implicará que se queda el alma como "de noche y a oscuras" en el viaje místico, «lo cual no es otra cosa que un *vacío* en ella de todas las cosas» (1S 3,2). Porque «de todo lo que no es Dios se ha de *vaciar* el alma para ir a Dios» (3S 7,2)[12].

Y si tu alma se tiene que vaciar de ciertas cosas en un momento determinado de su viaje a la unión, es para "llenarse" de eso que llamamos Dios. La experiencia mística es siempre un proceso. Si metafóricamente los apetitos son "objetos" que ocupan espacio en el alma, y que a su vez la cargan o embarazan (y seguimos hablando en metáforas, sólo el cuerpo se puede "cargar" o "embarazar"), el paso por las distintas "noches" (metafóricamente "lugares") supondrá un proceso de vaciamiento de esos objetos o liberación de esas cargas. Y a medida que tu alma vaya avanzando por su viaje, y acercándose a la unión, se activará un nuevo proceso de "llenado" de realidades nuevas. Si los apetitos son "objetos" en el alma, la noche será un proceso de "vaciamiento", y la unión será "plenitud". Sólo "vaciándote" de las viejas seguridades humanas (*saber, tener, poder*) descubres que no vales por lo que haces, lo que tienes, lo que sabes o lo que puedes. Vales porque es el mismo Dios quien te "llena".

En cuanto recipiente, tu alma irá llenándose a lo largo del viaje místico. A veces de un amor que parece inseparable del dolor, verdadera pasión de amor: «Hácesele a esta alma todo angosto, no cabe en sí, no cabe en el cielo ni en la tierra, y *llénase* de dolores hasta las tinieblas» (2N 11,6). Son las paradojas

---

[12] Con una breve confrontación de las *Concordancias de los escritos de San Juan de la Cruz*, o.c., nos percataremos de la relevancia de todo esto en la mística sanjuanista. Cf. s.v. VACIAR y VACÍO.

del proceso místico, de este viaje por las noches del alma. Sólo en la unión se alcanzará la quietud y deleite. Y en el camino a ella, mientras tu vida va llenándose de Dios, las experiencias de gozo alternan con las de dolor. La noche es cualquier cosa menos un proceso equilibrado. Los altibajos son continuos a lo largo de este viaje. Incluso cuando el alma está aproximándose a la unión, cuando se dispone para recibir "su lleno" definitivo, en el momento previo de "privación infinita", el dolor no parece menos infinito: «padécese una viva imagen de aquella privación infinita, por estar el alma en cierta disposición para *recibir su lleno*» (L 3,22)[13]. De la privación infinita, se pasa al lleno infinito. Del vacío a la plenitud de la unión.

Cuando Juan de la Cruz explique el paso de la meditación a la contemplación, ese momento en el que se abandona el "discurso", propio de la primera, y se pasa a la contemplación, entonces, para que no se dé "*vacío*" alguno (2S 15,4) en el alma, hace acto de presencia la «noticia o advertencia amorosa en general de Dios» (2S 14,6). Sirve ésta de puente de transición a la contemplación. «Es pues necesaria esta "noticia" para haber de dejar la vía de la meditación y discurso» (2S 14,7). Dicha *advertencia amorosa* nos hace ver la radical carencia de fondo que somos, y la necesidad que tenemos de que esa carencia o vacío sea plenamente colmado.

En cuanto "noticia" de Dios se entiende, metafóricamente, como un "objeto" que ocupa un espacio. Esto se explica por medio de una nueva metáfora: LAS IDEAS SON OBJETOS[14]. Y aquí el alma es un recipiente para esos objetos. Si las ideas son "objetos", eso significa que se pueden *dar, coger, poseer, intercambiar, dejar, encontrar*, etc. Véase esto en algunos ejemplos de la lengua cotidiana: *me dio una idea fabulosa, tenemos que intercambiar ideas, es una persona con muchas ideas, encontré una idea nueva en ese libro*, etc. En cuanto realidades abstractas, conceptualizamos las ideas como objetos que podemos manipular. Y en cuanto objetos, las ideas que tenemos o recibimos, ocupan un espacio.

---

[13] Cf. En *Concordancias*, s.v. LLENAR y LLENO.
[14] Cf. LAKOFF y JOHNSON, *Metáforas de la vida cotidiana*, o.c., p. 47.

De ahí que la "noticia general y amorosa" que el alma recibe de Dios acaba finalmente «*ocupando* el alma» (2S 14,11), es decir, llenando nuestros vacíos, nuestra vida. Pero dicha *noticia o advertencia amorosa* no es, en último término, una mera cuestión de ideas. Ni tan siquiera es una cuestión de sentimientos o emociones. Se trata más bien de una "experiencia de presencia". Y así, hablar de "advertencia amorosa", supone, ante todo y sobre todo, hablar de la presencia amorosa (entre nosotros y dentro de nosotros) del mismo Resucitado. Es su espíritu y su amor todopoderoso lo que llena nuestros vacíos, nuestra mente, nuestro propio corazón.

Y si tu alma es un recipiente, eso significa que también ha de tener una "capacidad", como le compete a todo recipiente. A medida que te vacíes de todo lo que no es Dios, dejarás más espacio para Dios. Y al contrario, pues cuando un apetito «tiene de más entidad en el alma, tiene ella de menos *capacidad* para Dios» (1S 6,1). Por eso, para llegar a la paz y satisfacción de la unión, el alma ha de alcanzar el "vacío" y "pureza" según su "capacidad": «la [alma] que no llega a *pureza* competente a su *capacidad*, nunca llega a la verdadera paz y satisfacción, pues no ha llegado a tener la desnudez y *vacío* en sus potencias, cual se requiere para la sencilla unión» (2S 5,11). Será en la unión, donde, como en el cielo, «todos están *contentos*, porque tienen *satisfecha su capacidad*» (2S 5,10).

Que, para Juan de la Cruz, el alma es un recipiente, aparece de una manera expresa y palmaria en algunos de sus textos, en los que literalmente identifica el alma con un "vaso", recipiente por excelencia: «el alma es el *vaso* ancho y capaz por la delgadez y purificación grande que tiene en este estado» (L 2,19). Y refiriéndose también al alma, afirma San Juan que Dios «halla pocos *vasos* que sufran tan alta y subida obra» (L 2,27). O haciendo uso de la comparación:

«Está aquí el alma como *vaso vacío* que espera su *lleno*» (C 9,6).

Y tu alma también es "aposento", "retrete", "escondrijo", todos ellos nuevos espacios delimitados: «¡Oh, pues, alma... tú misma eres el *aposento* donde él mora y el *retrete* y *escondrijo* donde está escondido...!» (C 1,7) [15].

San Juan de la Cruz era perfectamente consciente de esta comprensión metafórica del alma (realidad abstracta, espiritual) como "recipiente", y así aparece manifiesto casi al comienzo de *Llama*, cuando el autor empieza a declarar el verso «de mi alma en el más profundo centro». Apenas escritas unas líneas en las que ha hecho referencia a lo *profundo* del alma, a su *centro*, su *interior* y su *fondo* (cual recipiente), se despacha con las siguientes palabras, a modo de excusa o justificación: «el alma, en cuanto espíritu, *no tiene alto y bajo, y más profundo y menos profundo* en su ser, como tienen los cuerpos cuantitativos; que, pues en ella *no hay partes*, no tiene más diferencia *dentro que fuera*... y no tiene *centro de hondo y menos hondo cuantitativo*...» (L 1,10).

Alto, bajo, profundo, dentro, fuera, centro, hondo: y con todo, cada una de estas cualidades físicas, que Juan rechaza para el alma, y que son propias de los "cuerpos cuantitativos", serán las que utilizará el místico para expresar analíticamente su experiencia. Porque de lo abstracto, sólo podemos hablar apelando a lo concreto, y sólo apelando a las realidades físicas es posible comunicar las experiencias espirituales: «Aquella vida que tenemos dentro es más ancha que las grandes llanuras y los mares, más alta que los picos, más profunda que las simas, más lejana y superior que las galaxias, más enigmática que el átomo... Nada puede compararse al riesgo, fascinación y exigencia de la búsqueda interior, no hay cosa más bella, más difícil, más urgente que el hombre» [16]. En el mundo del espíritu, todo es metáfora.

---

[15] Y Juan de la Cruz invita a orar precisamente allí, en "el escondrijo de nuestro retrete": «Y las ceremonias con que él [Cristo] nos enseñó a orar sólo es una de dos: o que sea en el *escondrijo de nuestro retrete*, donde sin bullicio y sin dar cuenta a nadie lo podemos hacer con más entero y puro corazón [...], o, si no, a los desiertos solitarios, como él lo hacía, y en el mejor y más quieto tiempo de la noche. [...] ni hay para qué otros modos ni retruécanos de palabras ni oraciones..., porque todas se reducen a las que habemos dicho del *Pater noster*» (3S 44,4).

[16] PIKAZA, X., *25 temas de oración para retiro espiritual y compromiso cristiano*, Madrid, ITVR, 1982, p. 46.

2.   Un corazón vacío y solitario

En la tercera estrofa de *Llama*, Juan de la Cruz utiliza la imagen de las "cavernas" para explicar la estructuración del psiquismo humano, con sus facultades o potencias. Y será precisamente al comentar el verso «las profundas cavernas del sentido», donde identificará de manera expresa estas "cavernas" con la memoria, entendimiento y voluntad. Las cuales cavernas «son *tan profundas* cuanto de grandes bienes son *capaces,* pues no se *llenan* con menos que infinito. Las cuales, por lo que padecen cuando están *vacías*, echaremos en alguna manera de ver lo que se gozan y deleitan cuando de Dios están *llenas...*» (L 3,18). *Profundidad, capacidad, vacío, llenado...*, la concepción de las tres facultades como "recipientes" no parece ofrecer dudas[17].

Y en cuanto recipientes, las tres se pueden "vaciar". Son fe, esperanza y caridad quienes se ocupan de llevar a cabo esta labor: «Las cuales tres virtudes todas hacen, como habemos dicho, *vacío* en las potencias: la fe en el entendimiento, *vacío...* de entender; la esperanza hace en la memoria *vacío* de toda posesión; y la caridad, *vacío* en la voluntad» (2S 6,2). De un recipiente también es posible "salir": «...mi entendimiento *salió de sí...* porque uniéndose con Dios, ya no entiende por su... luz natural... Y mi voluntad *salió de sí...* y, ni más ni menos la memoria» (2N 4,2). Con todo, no deja de ser un tanto artificiosa esta triple división sanjuanista. Difícilmente podemos conceptualizar la "voluntad" como un "recipiente", en su sentido metafórico. Más lógica y común es la concepción de la MENTE COMO UN RECIPIENTE[18], que englobaría lo que para San Juan de la Cruz

______

[17] «El dato que más llama la atención es la *capacidad profunda e infinita* del hombre. Se trata de su mismo ser y obrar, dotados de trascendencia. La afirmación tiene gran alcance antropológico. Explica la raíz de la aspiración incolmable que emerge del abismo que es el hombre» (RUIZ, F., *Místico y maestro,* o.c., p. 261. Cf. tb. RODRÍGUEZ, J. V., «Experiencia colmante de Dios en San Juan de la Cruz», en *Rev. de Espiritualidad,* 54, 1995, p. 296 y ss.).

[18] Bajo el término "mente" englobamos no sólo lo que San Juan de Cruz designa como *entendimiento y memoria,* sino también la *imaginativa y fantasía* (cf. 2S 12,2), que para él vienen a ser una especie de subrecipientes del entendimiento (cf. 2S 16,2).

es el entendimiento y la memoria, mientras que la voluntad parece ir por otros derroteros, como apuntaremos más adelante.

Sólo porque tu MENTE ES UN RECIPIENTE [19] puede estar *vacía o llena*. Y de hecho, en nuestras concepciones cotidianas hablamos del "vacío mental". Se puede tener la cabeza *llena de ideas o vacía*. Y hay quienes tienen la cabeza *muy bien amueblada*. No nos resistimos a citar aquí un texto del *Quijote* donde esto se ve con mucha claridad. Cuando el cabrero afirma del hidalgo: «...debe de tener *vacíos los aposentos de la cabeza*...», a lo que D. Quijote responde, airado: «Vos sois el *vacío* y el menguado; que yo estoy más *lleno* que jamás lo estuvo la muy hideputa puta que os parió» [20]. Esta concepción de la mente o entendimiento como "aposento", delata a las claras la idea de "recipiente". Es una concepción que también está presente en nuestro místico: «...el entendimiento, que es el primer *aposento* del alma» (1S 9,6). La mente es pues, para Juan de la Cruz, un recipiente del alma, de la persona.

La mente es un *aposento*. Pero es más, es un *archivo, un receptáculo, un almacén, una fábrica interior*. «La fantasía, junto con la memoria, es como un *archivo o receptáculo* [21] del entendimiento» (2S 16,2); «no es menester gastar aquí mucho *almacén* [del entendimiento]» (2S 32,4); «el entendimiento, que es el *receptáculo*»(3S 1,1); «la *fábrica interior* del discurso imaginario» (3S 24,1)... Todas estas expresiones vienen a confirmar la idea de que en general la mente es concebida por Juan de la Cruz, metafóricamente, como un "recipiente".

En cuanto recipiente, la mente tiene además sus "puertas", su "entrada" y sus "límites", incluso podemos "cerrarla". Por eso Juan de la Cruz habla de «sacar de sus *límites*» (3S 1,3) a la memoria, o de que por ella pueden ir «*entrando* muchas distracciones» (3S 3,5), y también podemos *cerrar la puerta* (ib.) de la memoria. Y al hablar de la imaginación y fantasía, afirma que es «*la puerta y entrada* para el alma, y, como habemos dicho, aquí viene el entendimiento a *tomar y dejar*, como a *puerto o plaza*

---

[19] Cf. SANTOS DOMÍNGUEZ, o.c., p. 123.
[20] CERVANTES, M., *Don Quijote de la Mancha*, ed. de F. Rico, Barcelona: Crítica, 1998, p.583.
[21] Cf. tb. L 3,69.

de provisión...» (2S 16,14). *Entrar, tomar o dejar* IDEAS, que es lo que produce la "fábrica" del entendimiento, la mente.

LAS IDEAS SON OBJETOS Y LA MENTE ES UN RECIPIENTE. Sólo apelando a estas dos metáforas tienen sentido expresiones del tipo *métete esto en la cabeza, sácate esa idea de la cabeza* o *no me cabe en la cabeza.* Si las ideas son objetos en la mente, entonces se pueden *tomar o dejar,* pueden *entrar* en ella o *salir* de ella. Y por supuesto, también podemos "vaciar" la mente de ideas o noticias: *a causa de esta unión se vacía la memoria de todas estas noticias*[22]; *y de todas estas noticias se ha de vaciar*[23]. *Vaciar, limpiar, desocupar*: «para que el entendimiento esté dispuesto para esta divina unión, ha de quedar *limpio y vacío...* y *desocupado* de todo lo que pueda caer con claridad en el entendimiento» (2S 9,1). Sólo desde la concepción metafórica de las ideas como objetos y de la mente como recipiente, es posible dar razón de todas estas expresiones sanjuanistas.

Y tu mente, en cuanto recipiente, también tiene sus límites o limitaciones. No estamos capacitados para comprender, en su sentido estricto, las noticias de Dios: «no tiene el entendimiento disposición ni *capacidad* en la cárcel del cuerpo para *recibir noticia clara* de Dios, porque esta noticia no es de este *estado* [mortal]»(2S 8,4). Lo que pertenece al mundo sobrenatural o supracategorial, se escapa a nuestras concepciones mentales. Es decir, no existen palabras "reveladas", palabras que pudieran caer del mundo de Dios al mundo de los hombres. Pues la misma revelación bíblica «es palabra de Dios en palabras humanas»[24]. Y eso significa que es a través del psiquismo humano como tenemos "noticia de Dios". En realidad, las restricciones de nuestra capacidad intelectiva proceden de que nuestra mente está, literalmente, "encarnada"[25]. Somos seres finitos.

---

[22] Cf. 3S 1,5.

[23] Cf. 3S 1,4.

[24] Cf. SCHILLEBEECKX, E., *Interpretación de la fe. Aportaciones a una teología hermenéutica y crítica,* Salamanca, Sígueme, 1973, pp. 25 y 51.

[25] *Nuestra "mente" está "encarnada". No hay verdadera separación de mente y cuerpo. No hay dos entidades independientes que de alguna forma se juntan y unen. La mente es parte de nuestro ser como personas y de nuestras interacciones con el mundo* (cf. LAKOFF, G., y M. JOHNSON, *Philosophy in the Flesh,* o.c., p. 266).

Recordemos, finalmente, que San Juan habla también, ocasionalmente, de la "voluntad" como un recipiente, y en este sentido afirma que «también se ha de *vaciar*» (3S 34,1). Es una concepción que miméticamente traslada desde las otras potencias del alma, el entendimiento y la memoria, y que no parece admisible. De hecho, a medida que va desarrollándose el tema de la voluntad en el tercer libro de *Subida*, surgen expresiones que apuntan a una concepción metafórica distinta para la voluntad. La voluntad aparece como uno de los centros dispositivos de la persona, fundamental para "fortalecer" al alma: «La fortaleza del alma consiste en sus potencias, pasiones y apetitos, todo lo cual es gobernado por la voluntad» (3S 6,2).

San Juan de la Cruz habla de "enterar" (3S 16,1) la voluntad, o de la voluntad que "endereza" (3S 16,2) las pasiones. Si podemos "enterar" la voluntad, es decir hacerla entera, fortalecerla, es porque metafóricamente concebimos que MORALIDAD ES FORTALEZA. De ahí expresiones como *tener una voluntad de hierro, una fuerte voluntad, una voluntad muy débil*, o, *se mantuvo muy entero*. Y si la voluntad ha de "enderezar" las pasiones, se debe a otra metáfora conceptual: MORALIDAD ES RECTITUD[26]. Por eso hablamos en nuestro lenguaje cotidiano de una *persona recta*, o de que alguien *se ha salido del camino*, o de que *sigue el camino recto*, incluso de *personas siniestras y retorcidas*.

Y tu voluntad se hace "entera" o se fortalece por medio del amor, "enderezando" tus pasiones o emociones fundamentalmente a Dios, «porque cuanto más se gozare el alma en otra cosa que en Dios, tanto menos *fuertemente* se empleará su gozo en Dios» (3S 16,2). «La operación de la voluntad, *que es amar a Dios*, sólo en él pone el alma su afición, gozo, gusto, contento y amor, dejadas atrás todas las cosas y amándole sobre todas ellas» (Ep 13). El apego a lo que no es Dios, no sólo no satisface tus necesidades emocionales y espirituales, sino que además te hace vivir disperso y roto. Mientras que el amor a Dios unifica y armoniza toda tu vida, evitando así tu desintegración psíquica y espiritual[27].

---

[26] Cf. CIENKI, A., «STRIGHT: An image schema and its metaphorical extensions», en *Cognitive Linguistics*, 9,2, 1998, p. 140.

[27] Cf. CHOWNING, D., «El camino de sanación en San Juan de la Cruz», en *Rev. de Espiritualidad*, 59, 2000, pp. 318 y ss.

Si Dios te *deja vacío es para llenarte de bienes*. Y porque *los bienes inmensos de Dios, no caben sino "en corazón vacío y solitario"* (Ep 15). "Vaciarte" de todo lo que no es Dios (para "llenarte" de Dios) no es ni tan siquiera fruto de seguir unas técnicas de interiorización (aun cuando éstas puedan ayudar). Es ante todo una cuestión de infancia espiritual, de confianza ciega. Única forma de recibir el Reino.

3. La sed y hambre del espíritu

A nadie le extraña oír expresiones como *el alimento espiritual*, o *alimentar el espíritu* o *tener hambre y sed espiritual*. Y sin embargo, son expresiones metafóricas. Detrás de ellas se esconde la identificación del "alma con el cuerpo". Si EL ALMA ES EL CUERPO, entonces, como éste, necesitará *alimentarse*, podrá tener *sed o hambre*, se *fortalecerá* comiendo, y si no come se sentirá *débil*, e incluso en ocasiones tendrá que llevar un *régimen o una dieta*. Así como hay cuerpos saludables, también habrá almas saludables, y así como tu cuerpo necesita una adecuada clase de comida, también tu alma necesita el alimento espiritual adecuado[28].

Si tu cuerpo, por no comer, pasa hambre y siente un vacío, no es extraño que pase lo mismo con tu alma (*me siento "vacío", no encuentro nada que me "llene"*, decimos). De tal manera que cuando tu alma y tu mente (las potencias) están *vacías*, nos dice Juan de la Cruz que «es intolerable *la sed y hambre* y ansia *del sentido del espíritu*. Porque, como son profundos los *estómagos* de estas cavernas, profundamente penan, porque *el manjar* que echan menos también es profundo, que, como digo, es Dios» (L 3,18). Tu alma no sólo tiene *sed y hambre*, sino que como tu cuerpo, tiene *un estómago*, y su hambre sólo parece saciarse con comida, ese *manjar* tan especial que llamamos Dios. Esa *sed del espíritu* es la herida sin cicatrizar y el

---

²⁸ "ACQUIRING IDEAS IS EATING" es la metáfora que más correspondencias encuentra con las ideas que aquí desarrollamos (cf. LAKOFF y JOHNSON, *Philosophy in the Flesh*, o.c., p. 241).

desfondamiento original que provocan tu deseo de Dios. Y no se olvide que el deseo es el motor de la aventura mística.

Y el mismo Dios, o su espíritu, se transforman en *bebida* para tu alma a lo largo de ese viaje místico hasta la unión:

> «Y así, este espíritu de Dios, en cuanto está escondido en *las venas del alma*, está, como *agua suave* y deleitable, *hartando la sed del espíritu...*» (L 3,8).

Dios es comida y es bebida, es el verdadero alimento de tu alma, lo único que puede satisfacer tu vida y llenar tus vacíos. Lo único que de verdad puede *llenar* a esa alma que se ha vaciado de todo lo que no es Dios. Y que, en sentido metafórico, el "alma es el cuerpo", aparece muy claro también en la expresión *las venas del alma*. Porque como tu cuerpo, tu alma también tiene sus *venas*. Si la sangre que circula por las venas de tu cuerpo es su vida, la vida de tu alma será el espíritu de Dios que está escondido en las venas del alma como agua suave y deleitable. El agua viva de la samaritana, que tanto emocionaba a Santa Teresa[29].

Así como tu cuerpo requiere distintas clases de alimentos para crecer y desarrollarse de una manera armónica y saludable, así tu alma. Incluso muchas personas siguen una dieta rigurosísima para alcanzar una meta, desde mantener la línea hasta participar en una competición deportiva. Los atletas suelen seguir un régimen alimenticio muy severo para preparar su cuerpo, para fortalecerlo. Todo se puede sacrificar con tal de conseguir una medalla, de llegar a la meta. Y también cuando estamos enfermos solemos seguir una dieta para recuperar la salud. Todo esto tiene sus correspondencias en la vida de tu espíritu. Una vez más, lo abstracto-espiritual, lo concebimos desde lo concreto-corporal.

Y así, cuando te aventuras por el camino interior, San Juan de la Cruz te propone una dieta a seguir. De esta forma se consigue "fortalecer" al alma, y se puede alcanzar la meta, la unión mística. La dieta sanjuanista es toda una pedagogía divina,

---

[29] V 30,19.

donde es el mismo Dios quien se ocupa de ir "alimentando" tu alma: «Porque nuestro Señor de tal manera va probando al alma y levantándola, que primero la da cosas... conforme a su capacidad, para que... tomando aquellos *primeros bocados* con sobriedad *para fuerza y sustancia*, la lleve a más y *mejor manjar*» (2S 11,9). No nos resistimos a traer aquí a cuento la imagen llena de ternura que el mismo San Juan utiliza para explicar este proceso, imagen en la que Dios, alimentando tu alma, es comparado con la madre que alimenta al niño tierno:

> «Es pues de saber que el alma..., ordinariamente la va Dios criando en espíritu y regalando, al modo que la amorosa madre hace al niño tierno, al cual al calor de sus pechos le *alimenta*, y *con leche sabrosa y manjar blando y dulce* le cría, y en sus brazos le trae y le regala. Pero, a la medida que va creciendo, le va la madre quitando el regalo y, escondiendo el tierno amor, pone *el amargo acíbar* en el dulce pecho, y, abajándole de los brazos, le hace andar por su pie, porque, perdiendo las propiedades de niño, se dé a cosas más grandes y *sustanciales*» (1N 1,2).

Y obsérvese cómo en esta imagen aparece muy clara la pedagogía divina para alimentar y fortalecer tu alma o tu espíritu. Todo comienza con una "dieta blanda" (*manjar blando y dulce*), para ir progresivamente pasando a una "dieta dura" (incluso con *amargo acíbar*). Esta misma idea se ve muy claramente en el siguiente pasaje, donde Dios quita al alma *el pecho de la leche y blando y dulce manjar* de los principios, para darle *pan con corteza*, que es *manjar de robustos*: «...se gozan en el cielo de que ya saque Dios a esta alma *de pañales*, de que la baje de los brazos, de que la haga andar por su pie, de que también, quitándole el pecho de *la leche y blando y dulce manjar de niños*, la haga comer *pan con corteza*, y que comience a gustar *el manjar de robustos*» (1N 12,1). Y continuamos siempre con la misma metáfora, pues EL ALMA ES EL CUERPO, y como tal, necesita "crecer", "aprender a caminar", e incluso que la saquen "de pañales".

No todos los cuerpos pueden soportar una "dieta dura". Algunos se pasan la vida en "dietas blandas". Y así puede ocurrir con tu alma. Es el mismo Dios (¿quién mejor?) el que se ocupa de proporcionar a cada alma el tipo de dieta que necesita y que puede sobrellevar, cuidándose mucho de no poner una dieta o *manjar más fuerte y sólido* a quien no está preparado para ello: «Y así, también algunas [almas] alcanzan ternuras y suavidad de espíritu o sentido, y dáselo Dios porque no son *para comer el manjar más fuerte y sólido* de los trabajos de la cruz de su Hijo, a que él querría echasen mano más que a otra alguna cosa» (2S 21,3).

El *alimento o comida espiritual* que el mismo Dios se ocupa de proporcionarte, puede aparecer, metafóricamente, en forma de noticias y comunicaciones que vienen de Dios, y que también son parte de esa comida. De ahí que podamos afirmar que LAS NOTICIAS ESPIRITUALES SON COMIDA. No puede extrañarnos en absoluto esta metáfora, porque está presente en nuestras expresiones más cotidianas. Las "noticias espirituales" son ideas, y LAS IDEAS SON COMIDA [30]: y así sucede que ambas, ideas y comida, pueden ser digeridas, tragadas o devoradas, y también nos alimentamos de ideas. Piénsese en estas expresiones: *lo que me dijo me dejó muy mal sabor de boca, este artículo es duro de digerir, tienes que hincar el diente a los apuntes, esto es lo más jugoso o sustancial de su libro, es un lector voraz,* etc.

Veamos cómo para Juan de la Cruz, ciertas "noticias" que se pueden recibir de Dios a lo largo del viaje místico, son especialmente "sabrosas", es decir, son comida, y de la buena: «...son muy *sabrosas* para el alma..., el deleite que causan en ella estas que son de Dios no hay cosa a que le poder comparar, ni vocablos ni términos con que le poder decir, porque son *noticias* de Dios y deleite del mismo Dios» (2S 26,3) [31]. Y ciertos *sentimientos interiores espirituales*, no dejan de ser para el alma noticia «de gran bien y *provecho*», algo «*sabrosísimo* en el entendimiento», «*sabrosa* inteligencia sobrenatural» [32]. Y otras tantas comunicaciones de Dios son «palabras *sustanciales*» [33]. Las

---

[30] Cf. LAKOFF y JOHNSON, *Metáforas de la vida cotidiana*, o.c., p. 190; LAKOFF, G., y M. JOHNSON, «Conceptual metaphor in everyday language», en *Philosophical perspectives on metaphor*, Minneapolis, Univ. of Minnesota Press, 1981, p. 305.

[31] Ya desde el prólogo de *Subida*, Juan de la Cruz le advierte al lector que no escribirá «cosas muy morales y *sabrosas* para todos los espirituales que gustan de ir por *cosas dulces y sabrosas* a Dios, sino *doctrina sustancial y sólida*» (S.pr. 8).

[32] Cf. 2S 32,2-4.

[33] 2S 31,2.

"noticias" de Dios, se convierten en alimento y comida para tu espíritu. Como tu cuerpo, también tu alma necesita alimentarse.

Son esas *palabras sustanciales* las que alimentan tu vida y te dan fuerza. Las que te devuelven la paz más profunda y sanan tus heridas más interiores. Palabras tan poderosas que *imprimen en tu alma aquello que dicen* porque vienen de Dios. Palabras en las que "decir es hacer", porque funcionan como verdaderos actos de habla. Que son valiosas desde lo que permiten o hacen posible [34]. Son esas palabras interiores que sólo se oyen con los oídos del alma, o los oídos del corazón. Y que cambian tu vida. En adelante ya nada podrá ser igual. Y porque una sola palabra bastará para sanarte.

4. Llenarse de virtudes y bienes

«Por bienes morales entendemos aquí *las virtudes* [...], cuando se *poseen* y ejercitan [...] merecen algún gozo de su *poseedor*..., que no puede el hombre humanamente en esta vida *poseer* algo mejor [...], bien se puede gozar el hombre de *tenerlas* y ejercitarlas» (3S 27,1-3). Las virtudes se "poseen", se "tienen", y también hay un "poseedor". Que las virtudes, metafóricamente, las conceptualicemos como posesiones, responde a una metáfora más general: LOS ATRIBUTOS (O CUALIDADES) SON POSESIONES [35]. De ahí expresiones que todos usamos en la lengua de cada día, tales como *tiene un gran sentido del humor, ha perdido toda alegría, tiene un corazón de oro, se quedó sin esperanzas,* etc.

Como las virtudes son cualidades de la persona, en su sentido metafórico son posesiones. Si LAS VIRTUDES SON POSESIONES [36],

---

[34] «Su decir (el sanjuanista) no repite un pasado, sus enunciados no son verificables desde la relación a las cosas, sino desde lo que permite o hace posible» (POLO, T., «Decir "lo otro" que todavía habla: el lenguaje herido de los místicos», en *Rev. de Espiritualidad*, 53, 1994, p. 320).

[35] Cf. LAKOFF y JOHNSON, *Philosophy in the Flesh,* o.c., p. 195; LAKOFF, G., «The Metaphor System for Morality», a.c., p. 261.

[36] Eso sí, se trata de "posesiones" personales e intransferibles, y nadie puede hacerse "dueño" de la virtud de los demás. Véanse las diatribas del místico contra la "ira espiritual" de algunos, que «se aíran contra los vicios ajenos con cierto celo

con ellas va a ocurrir lo mismo que con tus "propiedades materiales" o "posesiones". Y así, las virtudes, puedes *adquirirlas, ganarlas, aumentarlas, conservarlas o perderlas*. Puedes estar *lleno de virtudes*, y esas mismas virtudes pueden *enriquecer* tu vida. Pero dejemos que hable San Juan: «...recogiendo el alma su gozo de las cosas sensibles, se restaura acerca de la distracción en que por el demasiado ejercicio de los sentidos ha caído, recogiéndose en Dios; y consérvase el espíritu y *virtudes que ha adquirido, y se aumentan de nuevo y va ganando*» (3S 26,2); «en lo cual está el santo temor que *conserva y aumenta* las virtudes» (1N 13,12).

Así pues, las virtudes, *se adquieren, aumentan, hay que conservarlas*. Y también hay que *ganarlas*: «Luego, bien se sigue que, por ir a oscuras, no sólo no ha *perdido*, sino muy *ganado*, pues aquí va *ganando* las virtudes» (2N 16,3). Y las virtudes «*ganadas y adquiridas* en las juventudes» (C 30,4) son las más valiosas, «por ser el tiempo de juventud cuando hay más contradicción de parte de los vicios para *adquirirlas*, y de parte del natural más inclinación y prontitud para *perderlas*» (C 30,4). Como las posesiones, las virtudes pueden ser más o menos valiosas, se *ganan*, pero también pueden *perderse*. Y cuando se llegue a la unión mística en este viaje que venimos contando, de tal manera enriquece al alma un toque o noticia de Dios, «que la deja *llena de virtudes* y bienes» (2S 26,6).

Y aunque la esperanza, en el camino místico, «es de lo que no se posee» (2S 6,3), y San Juan de la Cruz lo repite una y otra vez, en cuanto virtud, la esperanza es también una "posesión". Una cosa es el contenido y posible realización de nuestras esperanzas, y otra las esperanzas en sí mismas. Que las esperanzas son posesiones se refleja una y otra vez en nuestras expresiones más familiares: *tiene muchas esperanzas, ha perdido todas las*

---

desasosegado, notando a otros; y a veces les dan ímpetus de reprenderlos enojosamente, y aun hacen algunas veces, *haciéndose ellos dueños de la virtud*. Todo lo cual es contra la mansedumbre espiritual. Hay otros que, cuando se ven imperfectos, con impaciencia no humilde se aíran contra sí mismos; acerca de lo cual tienen tanta impaciencia que querrían ser santos en un día. [...] Aunque algunos tienen tanta paciencia en esto del querer [aprovechar], ¡que no querría Dios ver en ellos tanta!» (1N 5,3). Y no deje de notarse la ironía con retintín de esta última expresión.

esperanzas, me ha dado muchas esperanzas, la esperanza es lo último que se pierde, etc. Y para el mismo San Juan la esperanza es una posesión que no sólo se "tiene", sino que además se puede aumentar: «De donde, cuanto más la memoria se desposee, tanto *más tiene de esperanza*, y cuanto *más de esperanza tiene*, tanto más tiene de unión con Dios» (3S 7,2).

Y he aquí uno de esos encantadores consejos sanjuanistas que, a manera de incisos, aparecen dispersos por todas sus obras. Frente a las virtudes o "bienes morales" (como él las denomina), afirma el místico que su verdadero *valor* no está tanto en la *cantidad*, como en el amor que las motiva y envuelve:

> «Para enderezar, pues, el gozo a Dios en los bienes morales, ha de advertir el cristiano que el *valor* de sus buenas obras, ayunos, limosnas, penitencias, oraciones, etc., que no se funda tanto en la *cantidad* y cualidad de ellas, sino en el amor de Dios que él lleva en ellas; y que entonces van tanto más *calificadas*, cuanto con más puro y entero amor de Dios van hechas» (3S 27,5).

En cuanto posesiones, tus virtudes pueden aumentar y disminuir. Su aumento se corresponde con las llamadas escalas acumulativas [37]. Pero lo más curioso en Juan de la Cruz (y es una idea en la que insiste varias veces a lo largo de sus obras) es el juego de equilibrios que establece siempre entre *virtudes* y *vicios*. De tal manera que al aumentar las unas, automáticamente disminuyen los otros, y viceversa: «Así como un acto de virtud produce en el alma... suavidad, paz, consuelo, luz, limpieza y fortaleza, así un apetito desordenado causa tormento, fatiga, cansancio, ceguera y flaqueza. Todas las *virtudes crecen* en el ejercicio de una, y todos los *vicios crecen* en el de uno y los dejos de ellos en el alma» (1S 12,5). Y nótese ese encantador "dejos" [38].

Esto se ve muy claro cuando el Santo habla de los "gozos sensuales": «De gozarse [el alma] en olores suaves le *nace* asco de los pobres, que es contra la doctrina de Cristo...e *insensibili-*

---

[37] Cf. JOHNSON, M., *The Body in the Mind*, o.c., p. 122.
[38] «Lo último que queda de la cosa que se ha gustado llamamos dejo: buen dejo o mal dejo» (COVARRUBIAS OROZCO, S., o.c., s.v. DEJO.

dad espiritual, por lo menos *según la proporción* de su apetito. [...] Del gozo en el sabor de los manjares derechamente *nace* gula y embriaguez..., *críase*[39] derechamente gran *torpeza* en el espíritu y *estrágase* el apetito de las cosas espirituales, de manera que no puede gustar en ellas... Del gozo acerca del tacto... muchos más daños y más perniciosos *nacen*, y que más en breve *trasvierten el sentido del espíritu y apagan su fuerza y vigor.* ... y a los demás sentidos *embelesa y embota, según la cantidad del tal apetito... Finalmente... mengua en los ejercicios espirituales... y tibieza e indevoción»* (3S 25,4-8).

Erraríamos en nuestro análisis si de estas duras palabras de San Juan de la Cruz, nos quedáramos con el mero rechazo del goce de los sentidos. Sería contradictorio con toda su poesía, que es una continua invitación al goce de lo sensorial. Más bien, las palabras de nuestro autor son una invitación a educar nuestros sentidos de tal manera, que nunca nos esclavicen o nos distraigan de lo fundamental. Estaremos en la dirección adecuada si dicho "goce" nos encamina a un mayor crecimiento interior, a sentirnos más libres y gozosos, a abrirnos más generosamente a los demás.

Este juego de equilibrios a que hace mención San Juan de la Cruz, se fundamenta en la imagen de la BALANZA[40]. Téngase en cuenta que la imagen de la balanza es algo absolutamente cotidiano y que aprendemos de nuestros cuerpos. Balancearse es una experiencia de todos. Y también hablamos del equilibrio o desequilibrio del cuerpo: si tenemos más o menos ácido en el estómago, si nuestras manos están más frías o calientes, o si la boca está más o menos seca. Incluso el "equilibrio emocional" lo comprendemos por relación al "equilibrio físico": las emociones las experimentamos como líquidos en un recipiente (el cuerpo)[41], al que a veces se somete a presión, y entonces se necesita

---

[39] Nótese cómo los "vicios" *nacen, se cría...* Metafóricamente LOS VICIOS SON PLANTAS: y por eso, *nacen, crecen, echan raíces, son difíciles de arrancar, arraigan, etc.*

[40] Cf. JOHNSON, M., *The Body in the Mind*, o.c., pp. 74-95.

[41] Otra metáfora conceptual nos dice que LAS EMOCIONES SON FLUIDOS (Y EL CUERPO ES UN RECIPIENTE DE EMOCIONES), de ahí expresiones como: *está fuera de sí, rebosa felicidad, no cabe en sí de gozo, está lleno de alegría, tiene una alegría desbordante, no pude contener la emoción, etc.* (cf. SANTOS DOMÍNGUEZ, o.c., p. 191).

recuperar el equilibrio. Hablamos de "personas equilibradas", tenemos la experiencia de las "pesas", la balanza moral, y el mismo símbolo de la justicia, que también es una balanza. Todo es cuestión de balanzas y equilibrios, incluso el "ojo por ojo".

Y así en Juan de la Cruz: «Porque, cuando la afición [por alguna persona] es puramente espiritual, *creciendo ella, crece la de Dios...* y *creciendo en lo uno crece en lo otro*; porque eso tiene el espíritu de Dios, *que lo bueno aumenta con lo bueno...* [y si tal afición no es puramente espiritual] tiene los efectos contrarios; porque *cuanto más crece lo uno, tanto más decrece lo otro...* porque, *si crece aquel amor* [el no espiritual], luego verá que *se va enfriando en el de Dios...* y, por el contrario, *si crece el amor de Dios* en el alma, *se va resfriando en el otro...*» (1N 4,7). El juego de equilibrios, balanzas y contrabalanzas es continuo[42]. Si crece un amor disminuye el otro, si uno aumenta, el otro disminuye, o se enfría, o se resfría. De ahí la importancia de que a lo largo del viaje místico aumenten las posesiones, o sea, las virtudes de nuestra viajera, el alma[43]. Si bien sólo al final del viaje, ya en la unión, se alcanzará la plenitud, donde Dios dotará al alma de «multitud de *virtudes*, gracias y dones» (C 24,9). El viaje místico está lleno de beneficios. Es la inversión más rentable.

5. El amor no se paga sino de sí mismo

Llegar a "negocio" tan alto[44], *la tela es la que impide este grande "negocio"*[45], *en este "negocio" es Dios el principal agente*[46]... San Juan de la Cruz se refiere una y otra vez a la

---

[42] «Así, el que quiere amar otra cosa junto con Dios, sin duda es tener en poco a Dios, porque pone en una *balanza* con Dios lo que sumamente [...] dista de Dios» (1S 5,4).

[43] «Todo lo negativo, lo que nos duele o nos preocupa suele guardarse en el interior. Para asegurar el equilibrio, sin embargo, es necesario que las alegrías se muevan también por el espacio interior, iluminando esas estancias que los demás no ven» (ROJAS, E., *Los lenguajes del deseo. Claves para orientarse en el laberinto de las pasiones*, Madrid, Temas de Hoy, 2004, p. 161).

[44] 3S 2,2.

[45] L 1,29.

[46] L 3,29.

experiencia mística con el término "negocio". Como tal negocio u "ocupación", las connotaciones económicas se dejarán sentir a lo largo de todas sus obras. Veamos, por ejemplo, cómo amonesta a los malos directores espirituales: «Que no es pequeño peso[47] y culpa hacer a un alma *perder inestimables bienes... en negocio* tan subido como es el de las almas, donde se aventura casi *infinita ganancia* en acertar y casi *infinita pérdida* en errar» (L 3,57)[48]. Y repárese en términos tales como *negocio, ganancia, pérdida, bienes...* Todo es pura economía.

Da la impresión de que en la relación con Dios todo se juega en una simple cuestión de *ganancias y pérdidas*, algo que también está presente en nuestras relaciones cotidianas con los demás[49]. Cuando alguien dice *me las pagarás* o *esto te va a costar caro* o *ya te ajustaré las cuentas*, está expresando su enfado en términos mercantiles; y si alguien nos ha hecho un favor, mostramos nuestro agradecimiento mediante enunciados del tipo *te debo una, estoy en deuda contigo, ya te devolveré el favor*, etc. Es el *debe y haber* de la contabilidad personal. Así pues, la relaciones interpersonales las entendemos como una transacción comercial, o dicho en términos metafóricos: LAS RELACIONES PERSONALES SON UNA TRANSACCIÓN FINANCIERA. Y de esta metáfora se servirá Juan de la Cruz para expresar, en parte, su relación con Dios. Y por eso la misma experiencia o viaje místico se pueda concebir también, en parte, como un "negocio".

Sólo con una rápida lectura de los epígrafes del tercer libro de *Subida*, nos daremos cuenta de que hay tres términos que se retoman una y otra vez: *provechos, bienes y daños*. Es decir, y hablando en términos económicos: "costes" (*daños*) y "benefi-

---

[47] «No es pequeño *peso*...», LOS PECADOS SON CARGAS, en sentido metafórico, de ahí expresiones como: *Vive abrumado por el peso de sus culpas; Vive apesadumbrado...*

[48] Y en relación con los supradichos directores espirituales, he aquí la reflexión sanjuanista, estructurada como imagen alegórica, y que sirve de aviso-advertencia: «No cualquiera que sabe desbastar el madero sabe entallar la imagen, ni cualquiera que sabe entallar sabe perfilarla y pulirla, ni cualquiera que sabe pintarla sabrá poner la última mano y perfección. Porque cada uno de éstos no puede en la imagen hacer más de lo que sabe, y, si quisiere pasar adelante, sería echarla a perder» (L 3,57).

[49] Cf. SANTOS DOMÍNGUEZ, o.c., pp. 11-14.

cios" (*provechos y bienes*). Como en todo negocio, en el viaje místico, la relación *costes/beneficios* es fundamental. Pero Juan de la Cruz habla además de *ganancias, pagas, salario, pérdidas, deudas, costes, riesgos, beneficios*..., términos todos económicos, y que le sirven para comunicarnos su propia relación con lo divino. No es que él tuviera en mente ninguna metáfora o concepción económica al respecto, sencillamente era esta (y sigue siendo) la forma más fácil y cómoda de transmitir ideas o experiencias abstractas desde realidades concretas, que no otra cosa es la metáfora en perspectiva cognitiva:

> «Y así, con grande deseo desea el alma esposa todo esto, es a saber: que se vaya el cierzo, que venga el austro, que aspire por el huerto, porque entonces
>
> gana el alma muchas cosas juntas; porque
> gana el gozar las virtudes...
> gana el gozar al Amado...
> gana que el Amado mucho más se deleita en ella...
> gana también...» (C 17,8)

Las *ganancias* en el camino místico son evidentes. Y cuando se llegue a la "unión", entonces el alma «no solamente se siente *pagada* y satisfecha al justo, pero con grande exceso *premiada*» (L 2,23). Es la *paga*, incluso el *salario*, que el alma recibe por los "trabajos" realizados: «Y le son al alma tan sabrosos y de tan íntimo deleite estos toques, que con uno de ellos se daría *por bien pagada de todos los trabajos* que en su vida hubiese padecido» (2S 26,7), «el enamorado siempre vive penado en la ausencia..., esperando *la paga de la entrega que ha hecho*» (C 1,21). Y, por supuesto, como "amor con amor se paga", «No puede dejar de desear el alma enamorada... *la paga y salario de su amor*... y el amor no se *paga* sino de sí mismo» (C 9,7).

Y si en el camino espiritual hay *pagas, salarios y ganancias*, también puede haber *pérdidas*: «¡Oh, si supiesen los espirituales cuánto bien *pierden*... por no querer levantar el apetito de niñerías!» (1S 5,4). «Porque ya se sabe que en este camino, *el no ir adelante, es volver atrás, y el no ir ganando es ir perdiendo*» (1S 1,5). Recuérdese que la experiencia mística no sólo es un

negocio donde se puede *ganar o perder*, también es un viaje
cuyo destino es la unión, un viaje en el que se puede *ir adelante* (y en un sentido la mística es movimiento "hacia adelante"),
pero donde también se puede retroceder, se puede *volver atrás*.

Tenemos ya *ganancias y pérdidas*. Junto a ellas, es raro el
negocio que no haya tenido alguna vez más o menos *deudas*.
Precisamente cuando tu alma, herida de amor (y el amor de Dios
es siempre lo primero), se aventura por el camino místico, de lo
primero que se hace consciente es de la *deuda*, y *gran deuda*,
que con Dios tiene:

> «Cayendo el alma en la cuenta de lo que está obligada a
> hacer..., [de] la *gran deuda que a Dios debe*...le *debe* el servicio
> de toda su vida... le *debe* todo el resto... y que gran parte de la
> vida se le ha ido en el aire..., y que de todo esto *ha de dar cuen-
> ta*...» (C 1,1).

Evidentemente, de las *deudas* o de lo que *se debe*, tenemos
que *dar cuenta*. La mística es una cuestión de contabilidad. Así
como en un negocio es fundamental tener la cuentas claras y
equilibradas, en la relación con Dios ocurre otro tanto de lo
mismo.

El negocio de la mística también tiene sus *costes*. No basta
"orar con el corazón y la lengua", dice Juan, también "es menester obrar". No te vaya a ocurrir lo que a «muchos que no querrían que les *costase* Dios más que hablar, y aun eso mal, y por él
no quieren hacer casi cosa que les *cueste algo*; y algunos aun no
levantarse de un lugar de su gusto y contento por él, sino que así
se les viniese el *sabor* de Dios a la boca y al corazón» (C 3,2).
Junto a los "costes", repárese en la expresión "sabor de Dios":
Dios, metafóricamente, es comida para el alma, alimento espiritual[50].

---

[50] Lo que tú pones de tu parte, en este "negocio", es siempre muy poco en
relación a lo que recibes de Dios. Y Juan de la Cruz está convencido de que tienes que hacer muy poco caso de ese "poco": «Dios nos libre de nosotros. Dénos
lo que él se agradare y nunca nos lo muestre hasta que él quiera. Y, en fin, el que
atesora por amor, para otro atesora, y es bueno que él se lo guarde y goce, pues
todo es para él; y nosotros, ni verlo de los ojos, ni gozarlo, porque no desfloremos
a Dios el gusto que tiene en la humildad y desnudez de nuestro corazón» (Ep 23).

Y si en un negocio se pide un préstamo, necesariamente habrá que pagar unos *intereses*. No parecen abundar los préstamos libres de intereses. Las mismas relaciones humanas raramente están libres de "intereses". No pensemos que las relaciones con Dios son muy diferentes: «apenas hallarán uno que puramente se mueva a obrar por Dios sin arrimo de *algún interés* de consuelo o gusto y otro respecto» (3S 28,8). Y sin embargo, avisa San Juan, en el viaje místico sólo avanzarás si en tu relación con Dios no te mueves por *interés*. Más aún, cuando no existe "interés", puedes llegar a manejar a tu antojo al mismo Dios: «Porque Dios es de tal manera que, si le llevan por bien y a su condición, harán de él cuanto quisieren; más, si va sobre *interés*, no hay hablarle» (3S 44,3). Eso sí, siempre *por bien y a su condición*, no a la tuya. Y nótese el encantador sabor coloquial de las expresiones sanjuanistas.

Quien se decida a invertir (digamos en "Bolsa") ha de saber que no todos los negocios tienen el mismo índice de riesgo. Hay inversiones más o menos seguras, y las hay de alto riesgo. Normalmente la inversiones de alto riesgo suelen ser muy fluctuantes, y sufren grandes altibajos: en ellas se puede ganar mucho, pero también se puede perder mucho. Está claro que para Juan de la Cruz la mística es una inversión de "alto riesgo": «en este camino... [el alma] echará de ver cuántos *altos y bajos* padece, y cómo tras la *prosperidad* que goza, luego se sigue alguna *tempestad*... después de la *miseria*... se sigue *abundancia y bonanza*... para hacerla aquella *fiesta*, la pusieron primero en aquella *vigilia*. Y este es el ordinario estilo y ejercicio del estado de contemplación hasta llegar al estado quieto: que nunca permanece en un estado: sino *todo es subir y bajar*» (2N 18,3).

Aparte de los juegos de antítesis que aparecen en este texto sanjuanista (*altos/bajos, prosperidad/tempestad, miseria/bonanza, fiesta/vigilia, subir/bajar*), lo que sin duda resulta más interesante es que nos revela uno de los aspectos clave de las llamadas "noches" del alma. Es fundamental que fijemos aquí nuestra atención en la última parte de la cita: estamos en el "estado de la contemplación", la segunda noche del alma, y aquí todo sigue siendo inestabilidad, «hasta llegar al estado quieto», o sea, hasta llegar a la unión. La experiencia de la noche está sujeta a altibajos continuos. La noche es cualquier cosa menos un proceso estable. Y esto de tal manera que, incluso en los estados más avanzados, como es la "contemplación", «todo es *subir y bajar*», dirá el Santo, haciéndole al alma «anochecer y amanecer a menudo» (2N 1,1). En fin, toda inversión de alto riesgo es una aventura, y ninguna aventura tan fascinante como la del viaje místico. Sus beneficios, como veremos, son siempre fabulosos, redondos, de ensueño.

No hay más que recorrer los epígrafes de cada capítulo del tercer libro de *Subida*, prestando atención a los términos "provechos" y "bienes", para descubrir el cúmulo de beneficios que se reciben a lo largo del viaje místico. Recojamos, al azar, algún ejemplo ilustrativo de los beneficios (espirituales) que recibe tu alma: «*adquiere* libertad de ánimo, claridad en la razón, sosiego, tranquilidad y confianza pacífica en Dios...» (3S 20,2). Y el que para Juan de la Cruz es el «mayor bien... que es la tranquilidad del ánimo y paz en todas las cosas adversas y prósperas» (3S 6,3). Es la madurez psicológica. La capacidad para relativizar y tomar distancias. No puedes controlar lo que te sucede, pero sí puedes decidir lo que te afecta. Y aquí, de nuevo, una de esas sabias reflexiones sanjuanistas, a modo de consejo interpolado en la narración:

> «Porque claro está que siempre es vano el conturbarse, pues nunca sirve para provecho alguno. Y así, aunque todo se acabe y se hunda y todas las cosas sucedan al revés y adversas, vano es el turbarse, pues, por eso, antes se dañan más que se remedian. Y llevarlo todo con igualdad tranquila y pacífica, no sólo aprovecha al alma para muchos bienes, sino también para que en esas mismas adversidades se acierte mejor a juzgar de ellas y ponerles remedio conveniente» (3S 6,3)

Y otra más de las muchas listas de "beneficios" que aparecen en los escritos sanjuanistas, beneficios que va adquiriendo tu alma a lo largo de su viaje a la unión: «se hace mansa para con Dios y para consigo y para con el prójimo; de manera que ya no se enoja con alteración sobre las faltas propias contra sí, ni sobre las ajenas contra el prójimo, ni acerca de Dios trae disgusto y *querellas descomedidas* porque no le hace presto bueno» (1N 13,7).

Junto a la terminología económica, que nos sitúa en la dinámica metafórica de la mística comprendida como negocio, entra ahora en escena la terminología judicial: las "querellas", y no cualesquiera, sino las "descomedidas". Esto de renunciar a ponerle a Dios "querellas" *porque no le hace a uno presto bueno*, realmente tiene su gracia y su miga. Santa Teresa, que manejaba con una soltura envidiable todo lo relativo a las operaciones financieras de su tiempo, y que se vale una y otra vez de términos mercantiles para expresar su relación con Dios, no habla de "querellas", pero sí de "pleitos"[51].

Con todo, los mayores "beneficios", como es lógico, llegarán al final del camino místico, cuando se alcance la unión. Allí donde *comunica Dios al alma grandes cosas de sí, hermoseándola de grandeza, arreándola de dones y virtudes, vistiéndola de conocimiento de Dios, adornándola de bienes, con paz y deleite y suavidad de amor, abundancia, riquezas inestimables, descanso, recreación, conocimiento de secretos e inteligencias de Dios, sosiego y luz divina, siéntese llena de bienes y, sobre todo, goza de inestimable refección de amor...*[52] Y, cómo no, la invitación de San Juan, esta vez en forma de deprecación, a que busques las verdaderas "posesiones" ("virtudes) y los auténticos "bienes":

> «¡Oh almas criadas para estas grandezas y para ellas llamadas!, ¿qué hacéis?, ¿en qué os entretenéis? Vuestras pretensiones son bajezas y vuestras *posesiones* miserias. ¡Oh miserable ceguera de los ojos de vuestra alma, pues para tanta luz estáis ciegos y para tan grandes voces sordos, no viendo que, en tanto que buscáis grandezas y gloria, os quedáis miserables y bajos, de tantos *bienes* hechos ignorantes e indignos!» (C 39,7).

---

[51] «Plega a Su Majestad que nos le dé a probar [el amor de Dios] antes de que nos saque de esta vida [...]. Seguros podremos ir *con el pleito de nuestras deudas*; no será ir a tierra extraña, sino a la propia, pues es a la de quien tanto amamos» (CE 70,3) (cf. MARCOS, J. A., «Dios y las metáforas financieras en Santa Teresa. La mística como negocio», en *Monte Carmelo*, 107, 1999, pp. 487-508. Citamos siempre por la 5.ª edición de las *Obras completas de Santa Teresa de Jesús*, Madrid, Editorial de Espiritualidad, 2000, utilizando las siglas ya convencionales).

[52] Cf. C 14,1ss.

Y por si fuera poco, he aquí quién es "sabio" en este negocio de la mística: «El sabio pone sus ojos en la *sustancia y provecho* de la obra, no en el *sabor y placer* de ella; y así, no echa lances al aire, *y saca de la obra gozo estable sin tributo de sinsabor*» (3S 29,2). Las "obras" o virtudes son aquí concebidas, metafóricamente, como "comida", de ahí que puedan tener *sustancia, provecho, sabor o sinsabor*. Pero ante todo las "obras" son "inversiones" en el negocio místico. Y como tales, de ellas se "sacan" unos beneficios ("gozo"); y además ese tipo de beneficios que anhela todo inversor, es decir, un beneficio estable ("gozo *estable*"), pues nada es tan deseable para un negocio como la estabilidad. Si a todo ello se añade que dichos beneficios están libres de impuestos ("gozo estable *sin tributo*"), estaremos ante un negocio redondo. La mística es (entre otras cosas) eso, un negocio redondo.

4

La fascinación del amor: un viaje por los deseos

Y sepan que no tendrán ni sentirán
más necesidades que a las que quisieren
sujetar el corazón (Ep 16)

Si la experiencia mística se puede definir como un viaje o camino, y si la mística es movimiento dinámico a lo largo de ese camino, no ha de extrañarnos que nos encontremos también con dificultades para avanzar hacia la meta. Metafóricamente LAS DIFICULTADES SON IMPEDIMENTOS PARA EL MOVIMIENTO. Si quieres llegar al destino final tendrás que superar todos esos impedimentos u obstáculos. Alcanzar la libertad de movimiento supondrá, de hecho, hacer frente de alguna forma a los obstáculos que puedan aparecer en tu camino, obstáculos que tendrás que *superar, hacer frente, sortear, esquivar, eludir, rodear, pasar de largo...* Todo depende. Dichos obstáculos a lo largo del viaje místico adquieren, como iremos viendo, las más diversas y variadas conceptualizaciones metafóricas[1]. Nos adentramos, pues, en la dimensión afectiva de la persona. En la así llamada educación sentimental.

Lo que San Juan de la Cruz conceptualiza como "apetitos"[2] y "pasiones" son, fundamentalmente, obstáculos a "superar" en

---

[1] Cf. SANTOS DOMÍNGUEZ, o.c., pp. 15-16; LAKOFF, G., «What is a Conceptual System?», a.c., p. 60; LAKOFF y JOHNSON, *Philosophy in the Flesh*, o.c., pp. 187 y ss.

[2] San Juan utiliza una larga lista de sinónimos para designar este tipo de obstáculos del camino místico: "gusanillo, o asimiento, o afición" (1S11,4).

el viaje místico. Nuestro místico habla de *purificarlos, purgarlos, adormecerlos, amortiguarlos, mortificarlos, enjugarlos, reformarlos, sosegarlos, dormirlos*, etc. Fundamentalmente nos movemos en el espacio de la primera noche del alma, la llamada noche del sentido o sensorial. En la segunda noche o noche del espíritu, ya no tendrás que hacer frente a los posibles obstáculos o impedimentos al movimiento, entonces será suficiente con *sortearlos, rodearlos, dejarlos de lado* o, simplemente, *pasar de largo*. Por la sencilla razón de que no son tu meta, ni son el destino de tu viaje. Detenerte en ellos supondría, en el mejor de los casos, llegar tarde y con retrasos al final del camino, a la unión mística.

La palabra *apetito*, según el diccionario de Cuervo, es el "impulso vehemente que nos lleva a satisfacer deseos o necesidades", y etimológicamente significa "atacar", "intentar coger", "desear"[3]. Propiamente, lo que Juan de la Cruz designa como "apetitos" se aproxima mucho a lo que hoy entendemos por "deseos"[4] o "apegos" o "aficiones" o "adicciones" o "fijaciones". «Se trata de una estructura de replegamiento, atadura o "fijación" a las cosas, los gestos, los actos, y al mismo yo del sujeto, que representa el obstáculo fundamental en el proceso del avance hacia la plenitud divina. El quebrar esta estructura de atadura es el acto básico de liberación»[5]. Pero la libertad es siempre un destino indirecto, al que se llega tras cruzar por una

---

[3] Cf. Santos Domínguez, o.c., p. 145.

[4] Etimológicamente hay que relacionar la palabra "deseo" con el latín vulgar DESIDIUM, correspondiente al clásico DESIDIA, básicamente "estar sentado", de donde "indolencia, pereza". La presunta interpretación de la ociosidad como incentivo de la lujuria hizo que DESIDIUM tomara el sentido de "deseo erótico". (Cf. Corominas, J., y J. A. Pascual, *Diccionario crítico etimológico castellano e hispánico*, Madrid, Gredos, 1984, s.v. DESEO).

[5] Urbina, F., *Comentario a Noche oscura del espíritu y Subida al Monte Carmelo de San Juan de la Cruz*, Madrid, Marova, 1982, p. 35. Para Urbina, la traducción moderna del término "apetito" es "fijación", y lo explica así: «En psicoanálisis la "fijación" es una posibilidad en el desarrollo psíquico que tiene una función inmovilizadora del dinamismo afectivo, deteniéndolo en una etapa infantil y comprometiendo así, gravemente, el equilibrio, expansión y plenitud de la vida. En San Juan de la Cruz el "apetito" tiene una función paralizadora de la potencia afectiva reteniéndola en una etapa que el autor llama con frecuencia con la metáfora de la infancia, e impidiendo el avance, expansión y plenitud de la vida espiritual» (Ib., p. 34).

selva espesa, por cuyos senderos se irán desbrozando sentimientos, costumbres, hábitos, pasiones, ideas, la inteligencia, la afectividad, el deseo... Todo eso es lo que constituye tu ego, algo que tienes que aprender a integrar[6].

En el fondo, los apetitos o apegos, hacen referencia a todo aquello que te atrae de tal manera, que no te sientes libre para buscar en transparencia lo Real Último. Es decir, para encontrar tu "yo" más auténtico y para madurar como ser humano. San Juan de la Cruz habla pues, de "impedimentos" o "estorbos": «Y esto dice que le fue dichosa ventura -salir sin ser notada, esto es, sin que ningún apetito de su carne ni de otra cosa se lo pudiese *estorbar*» (1S 1,4). En nuestro mundo afectivo todo es tan imprescindible como incierto. No podemos vivir sin deseos, pero tampoco podemos fiarnos de ellos. Tenemos que aprender a educarlos.

Estamos, pues, ante obstáculos *a educar e integrar*. Para Juan de la Cruz esta idea es fundamental: no se trata de "carecer de las cosas", sino del "apetito (deseo-apego) de ellas":

> «Llamamos a esta desnudez noche para el alma, porque no tratamos aquí de *carecer de las cosas*, porque eso no desnuda al alma si tiene apetito de ellas, sino de la *desnudez del gusto y apetito de ellas*, que es lo que deja al alma libre y *vacía de ellas* aunque las tenga. Porque *no ocupan al alma* las cosas de este mundo ni la dañan..., sino la voluntad y *apetito de ellas*» (1S 3,4).

Y esta idea es clave en el viaje místico[7]. Lo malo es siempre el apego, la obsesión. De la misma manera que lo malo de tomar

---

[6] «El ego es un conglomerado de condicionantes que se han incorporado a nuestra psique a lo largo de la vida. Durante años vamos construyendo una identidad que llamamos *yo*. La casa paterna, la escuela, la religión, la sociedad, la pareja, los amigos, los ideales, miedos, deseos, prejuicios e ilusiones han aportado su contribución. Nos identificamos con ese conjunto de patrones. Defendemos nuestro *yo* con ira y miedo. Lo enjuiciamos y condenamos, en nosotros y en los demás. Nos enorgullecemos por él y nos culpabilizamos por él. Con todo ello, la ilusión del ego va en aumento. Pero en el fondo el *yo* carece de sustancia» (JÄGER, W., *La ola es el mar.*, o.c., p. 50).

[7] «El deseo de placer [en la comida, en la bebida, en la sexualidad...] es bueno siempre que esté orientado hacia el mejor desarrollo de la persona, y es malo cuando anula la libertad» (ROJAS, E., *Los lenguajes del deseo*, o.c., p. 22).

drogas es la adicción, la dependencia. En el ámbito afectivo, la obsesión produce un estrechamiento vital, reduce la autonomía, puede llegar a anular la libertad del sujeto[8].

Es decir, la voluntad humana ha de ir más allá de su forma ordinaria de desear. De ahí que el no estar apegado sea aquí la gran palabra. «Niega tus deseos y hallarás lo que desea tu corazón» (D 15). Sólo así podrás integrar el deseo y educar la voluntad. Sólo entonces podrás llenarte del ser de Dios, cuando te liberes de tus propios quereres o deseos con los que pretendes asegurarte la vida. Cuando no buscas tus propias seguridades, cuando no pretendes llenarte de ti mismo, entonces hay espacio para Dios. Será él quien llene y ocupe tu vida, tu ser y tu alma[9]. Siempre pendientes de revisar nuestros apegos y falsas seguridades, no sea que algo o alguien haya llegado a esclavizarnos, o esté en camino de hacerlo, "desviándonos el corazón" (1 Rey 11,4.9), y robándonos una confianza que sólo debemos poner en Dios. Es así como nos acercamos a nuestra propia plenitud personal.

No olvidemos que el alma es nuestra viajera en el camino místico, y que metafóricamente la concebimos como un "recipiente", de ahí que pueda estar "vacía" o que pueda ser "ocupada". Pero lo fundamental será que esté "libre", y avance hacia la unión "quitando quereres": «En este camino siempre se ha de caminar para llegar, lo cual es ir siempre *quitando quereres*... Y si no se acaba todo de *quitar*, no se acaba de llegar» (1S 11,6). «Lo primero es: desechad toda ansiedad. Este es el mensaje del sermón de la montaña; y es de importancia capital en el viaje místico..., las cosas más inútiles y superfluas para este viaje son el miedo, la ansiedad, la escrupulosidad, etc. Así pues, no te preocupes por tu vida, por lo que comerás, vestirás... Mira las flores... Sobre todo no estés inquieto por el futuro, pues el futuro cuidará de sí mismo. No mires con ansiedad, culpa o nostalgia tu pasado romántico. Rechaza estas ansiedades. No sirven de nada. Vive en el presente»[10].

---

[8] Cf. Marina, J. A., *El rompecabezas de la sexualidad*, Barcelona, Anagrama, 2002, pp. 154-156.

[9] Cf. Blommstijn, H., J. Huls y K. Waaijman, *The Footprints of Love. John of the Cross as Guide in the Wilderness*, Leuven, Peeter, 2000, p. 126.

[10] Johnston, W., *El ojo interior del amor. Misticismo y religión*, Madrid, Paulinas, 1984, p. 112.

La metodología que seguimos en la clasificación de los deseos es de naturaleza cognitiva, y parece coincidir con la pedagogía divina[11] que sigue Dios para ir encaminándote a la unión: «Y así, va Dios perfeccionando al hombre al modo del hombre, *por lo más bajo y exterior hasta lo más alto e interior*» (2S 17,4). Seguimos, pues, con un "exterior" y un "interior" (somos "recipientes"), pero ahora aparece una nueva terminología de carácter espacial, "lo bajo" y "lo alto". Metafóricamente concebimos que lo pasional está ABAJO (así ocurre en nuestro cuerpo), mientras que lo racional está ARRIBA. Esta metáfora responde a la estructuración del psiquismo humano. Es una concepción que está presente por doquier en nuestra vida cotidiana y, por supuesto, en nuestro lenguaje. Por eso utilizamos expresiones como *bajos instintos, bajas pasiones, estar deprimido, estar por los suelos*, etc. Y es que en sentido metafórico LO NEGATIVO ESTÁ ABAJO

San Juan de la Cruz ofrece en varias ocasiones diversas listas de obstáculos que frustran tu acercamiento hacia Dios[12]. En la perspectiva de la metáfora tradicional, se puede contemplar una amplísima enumeración de elementos de la naturaleza que nuestro místico identifica con los obstáculos a superar en el viaje místico: *aves ligeras, leones, ciervos, gamos, montes, valles, riberas, aguas, aires, ardores...*[13]. Es la misma concepción que descubrimos en la declaración del verso de *Cántico* "y pasaré los fuertes y fronteras": «Y estas fronteras ha de pasar el alma rompiendo las dificultades y echando por tierra... todos los apetitos» (C 3,10). Es evidente la idea de "movimiento", así como la concepción de los apetitos como "obstáculos". Pero lo que aquí nos interesa es la concepción metafórico-cognitiva de dichos obstáculos. Concepción automática e inconsciente, que está tan presente en la experiencia mística de San Juan como en nuestras expresiones más cotidianas.

En Juan de la Cruz, apetitos o apegos aparecen muy a menudo personificados, y se conciben como *animales salvajes, animales insaciables, fuerzas de atracción, calor-fuego, enemigos,*

---

[11] Cf. RUIZ, F., *Místico y maestro*, o.c., pp. 105-106.
[12] Cf. p. e., 1S 4,4-7.
[13] Cf. C 20, 5-14.

cargas, comida, fealdad, suciedad, debilidad, oscuridad, enfermedad, lazos... En todos los casos se trata de concepciones metafóricas omnipresentes en la lengua de cada día. «Lo significativo de este viaje es la visión de uno mismo, de la propia psique, con sus debilidades y su capacidad para el mal [...], las bestias rugientes, las serpientes viscosas, mujeres seductoras y demonios amenazantes, son parte de mí mismo [...] No prestando atención a ellas he llegado a dominarlas, o mejor, aceptarlas y aceptarme a mí mismo. Es el primer paso para la integración de la personalidad» [14].

Lo que San Juan de la Cruz te ofrece es precisamente eso, un proceso de sanación personal. La integración y educación del deseo en todas sus dimensiones: el poder, la sexualidad, el tener, el saber... Las noches del alma serán un tiempo para sosegarte, para sanarte, para liberarte. En una sociedad como la nuestra, en la que el consumo y la publicidad parecen invadirlo todo (la nuestra, se ha dicho, es la sociedad mejor informada de la historia, y al mismo tiempo una de las más desestructuradas psíquicamente), todos nos volvemos un poco más vulnerables. Incluso hay quienes afirman que «nos estamos convirtiendo en niños, pero además en niños lloricones. Niños, que por sentirse con derecho a todo y obligados a nada y con una negativa para asumir frustraciones, se sienten víctimas de inmediato cuando algo se les niega» [15].

De la mano de Juan de la Cruz puedes adentrarte en el mundo de tus deseos para integrarlos. Para alcanzar la estabilidad personal. Para acceder a la maduración del deseo. Como ocurre en cada momento del viaje místico, el AMOR, siempre presente, es la fuerza que te ayudará a superar todos los obstáculos:

> «Porque el amor es despojarse y desnudarse por Dios de todo lo que no es Dios» (2S 5,7).

Sólo el amor puede ayudarte a vencer en ti mismo todo lo que no sea el nuevo ser que va surgiendo al paso por las noches.

---

[14] JOHNSTON, W., *El ojo interior del amor*, o.c., p. 150.
[15] DOMÍNGUEZ MORANO, C., *Los registros del deseo. Del afecto, el amor y otras pasiones*, Bilbao, DDB, 2001, p. 65.

Y el modelo de referencia último es aquí el mismo Cristo, que en la cruz llegó al abandono total, bajó a la más profunda oscuridad, se redujo a nada[16], se le derrumbaron hasta los mismos atributos divinos. En la cruz, afirma Juan de la Cruz, el «Señor estuvo más aniquilado en todo..., quedando así aniquilado y resuelto así como en nada» (2S 7,11).

1.   Tiempo para sosegarse

La noche es el mejor tiempo para educarse en la tolerancia a la frustración y a la finitud, para pacificar tus propios deseos interiores. Si los apetitos son enemigos, la noche será una batalla, y el final estará lleno de serenidad y gozo. Y si el deseo, como el amor, es ciego, las noches del alma serán un proceso de iluminación. Y en la unión todo será tranquilidad y paz. Pues allí, en la unión, el mismo fuego del deseo se transformará en llama de amor viva. La desazón o inquietud interior que provocan los deseos quedará integrada al paso por las noches.

1.1.   *La noche es tiempo para apaciguar*

Entre los términos que se pueden rastrear en los escritos sanjuanistas para referirse a los deseos (o apetitos o apegos), hay un grupo que conserva ciertas afinidades y que constituye un peculiar campo semántico: *rienda, freno, brío, enfrenar, desenfrenado, apaciguar...* Es fácil relacionar todas estas palabras con los "animales", especialmente con los caballos, a los que hay que domar o domesticar. No muy diferente parece el caso de los "apetitos" y "pasiones" para nuestro místico:

> «El bien moral consiste en la *rienda* de las pasiones y el *freno* de los apetitos desordenados; de lo cual se sigue en el alma tranquilidad, paz, sosiego y virtudes morales, que es el bien moral. Esta *rienda y freno* no la puede tener de veras el alma *no*

[16] Cf. BARUZI, J., *San Juan de la Cruz y el problema de la experiencia mística*, Valladolid: Junta de Castilla y León, 1991, pp. 526-527.

olvidando y apartando cosas de sí, de donde le nacen *las afecciones*» (3S 5,1) [17].

Y San Juan también utiliza expresiones como *dar rienda al apetito* [18] o *dar rienda al gozo* [19]. La metáfora que subyace aquí es siempre la misma, LOS DESEOS O APETITOS SON ANIMALES, y de alguna manera tienes que controlarlos para poder avanzar por el camino místico. En el fondo es lo mismo que ocurre en nuestras sociedades, donde, en general, se considera positivo el control de la emociones [20]. Perder el control de uno mismo, es perder el control sobre las emociones [21]. Y no se olvide aquí el remedio total que nos ofrece el místico para no fracasar al respecto: *inclinarse no a lo más fácil, sino a lo más dificultoso; no a lo más sabroso, sino a lo más desabrido; no a lo más gustoso, sino antes a lo que da menos gusto...* [22] Y lo que sigue. Pero no se olvide que todo esto sólo es un "medio" (nunca un fin en sí mismo) para ganar la libertad.

San Juan de la Cruz llega a identificar, literalmente, los deseos con "bestias" [23]. No puede extrañarnos en absoluto esta concepción porque en nuestra cultura occidental está muy extendida la metáfora LAS PASIONES SON BESTIAS DENTRO DE LA PERSONA [24]. Según esto, una parte de la persona es un animal salvaje. Se supone que la gente civilizada mantiene en privado esa parte,

---

[17] *Téngase en cuenta que los deseos casi siempre dependen de un factor externo (estímulo exterior) que los dispara* (cf. ROJAS, E., *Los lenguajes del deseo*, o.c., p. 199). De ahí la importancia de "desconectar" estímulos (ese "olvidar y apartar"), como puro medio, para educar los deseos y madudar psicológica y espiritualmente.

[18] Cf. 3S 19,3.

[19] Cf. 3S 19,5.

[20] Cf. SANTOS DOMÍNGUEZ, o.c., p. 199.

[21] Piénsese en la metáfora del JINETE, y el uso que (intercambiando los papeles tradicionales) hace de ella el santo: «Porque, como *la carne* tenga *enfrenado* el espíritu, cuando los bienes espirituales de él se comunican también a ella, ella *tira la rienda y enfrena la boca* a este ligero *caballo del espíritu* y apágale su gran *brío*, porque, si él usa de su fuerza, la *rienda* se ha de romper» (L 2,13).

[22] Cfr. 1S 13,6.

[23] Cf. 1S 5,6.

[24] Cf. LAKOFF, G., y Z. KÖVECSES, «The cognitive model of anger inherent in American English», en *Cultural models in language and thought*, eds. D. Holland y N. Quinn, Cambride: University Press, 1987, p. 206.

es decir, que mantiene dentro ese animal. He aquí algunas expresiones cotidianas que dan razón de esta metáfora: *tiene un temperamento feroz, es peligroso cuando se enfada, se pone hecho una fiera*, etc.

Estas "bestias" que tenemos dentro, pueden estar "sosegadas" o "dormidas", pero también pueden "revivir", incluso en los procesos más avanzados del camino místico, donde el alma parece sentir «dentro como un *enemigo* suyo, que, aunque está como *sosegado y dormido*, se recela que vuelva a *revivir* y hacer de las suyas» (2N 7,6)[25]. En el mundo afectivo no hay nada garantizado: «En cualquier momento puede encenderse un fuego que se creía apagado, desencadenarse una tormenta en el día más apacible y clareado o venirse estrepitosamente abajo aquel edificio de aparente fortaleza, construido con empeño y trabajo durante años»[26].

Así pues, los deseos, en sentido metafórico, pueden ser "bestias", y "animales". En cuanto tales, se supone que tienen unas necesidades que satisfacer, y en ocasiones se muestran "insaciables". Esto nos remite al "apetito" que tienen los animales, y sus correspondencias con los apetitos o deseos humanos. De hecho una de las concepciones habituales del deseo sexual nos lleva a entenderlo como "hambre": EL DESEO ES HAMBRE y EL OBJETO DESEADO ES COMIDA[27]. Esta metáfora está presente en expresiones como *el apetito sexual, se le cae la baba cuando la ve, ella es tan dulce...* Y así, en cuanto obstáculos en el camino místico, LOS DESEOS SON ANIMALES INSACIABLES. Por eso, afirma Juan de la Cruz que los avarientos «no se pueden *ver hartos*, sino que antes su apetito *crece tanto más y su sed*» (3S 19,7).

El "apetito", pues, *crece, se aviva*[28], tiene *hambre y sed*[29], hay que *cebarlo*[30]. Los que tienen apetitos siempre *andan ham-*

---

[25] "Hacer de las suyas": «Hacer algo muy propio o característico de la persona de que se trata o alguna fechoría de las que frecuentemente hace» (MOLINER, M., *Diccionario de uso del español*, Madrid, Gredos, 1997, s.v. HACER).

[26] DOMÍNGUEZ MORANO, o.c., p. 36.

[27] Cf. LAKOFF, G., *Women, Fire, and Dangerous Things*, o.c., p. 409.

[28] Cf. 1S 6,3.

[29] Cf. 1S 7,3.

[30] Cf. 1S 6,2.

breando[31]. «Porque esta es la propiedad del que tiene apetitos, que siempre está descontento y desabrido, *como el que tiene hambre*» (1S 6,3). Que los apetitos sean "animales insaciables" se ve claramente en que «el apetito *no decrece* en aquello que se aumentó cuando se puso por obra... sino que... queda *crecida el hambre*» (1S 6,7). Somos seres permanentemente in-satis-fechos. Toda satisfacción abre inexorablemente a una nueva insatisfacción[32]. Es el pez que se muerde la cola. Una cadena que te encadena y que no te deja ser libre.

San Juan de la Cruz llega a comparar los apetitos con «las sanguijuelas, que siempre están chupando la sangre de las venas..., siempre dicen: ¡*Daca, daca*!» (1S 10,2). La poderosa iteración onomatopéyica que aquí recoge Juan es suficientemen-te expresiva por sí misma. De ahí la necesidad de una adecuada pedagogía o educación en la tolerancia a la frustración, pues la mejor de las vidas está llena de derrotas y fracasos. La frustra-ción hemos de asumirla como parte de la condición humana. Como parte de tu propia vida. De eso se ocuparán las noches. Si los deseos los podemos concebir como "animales insaciables", las noches místicas serán el momento adecuado para poner "a dieta" tu alma, y en la unión descubrirás una nueva satisfacción. Pero será conforme a una cadencia diferente.

1.2. *La noche es tiempo para luchar*

Y como los deseos pueden ser "enemigos" que obstaculizan el camino a la unión, Juan de la Cruz no se cansará de darte avi-sos precisamente para «*vencer* los apetitos» (1S 13,2). Los ape-titos o deseos aparecen así como enemigos a *vencer* y *hacer guerra*, y además hay que "vencerlos" a todos. En cuanto ene-migos, los apetitos *combaten al alma, la atormentan y afligen, la hieren y lastiman, la hacen guerra*, incluso pueden llegar a *vencerla, tomarla y poseerla*: LOS DESEOS SON ENEMIGOS. Para hacer frente a estos "enemigos", nos recuerda Juan que la única "fuerza" que tendrá éxito es el "amor".

---

[31] Cf. 1S 6,3.
[32] Cf. DOMÍNGUEZ MORANO, o.c., p. 38.

«Las pasiones y apetitos del alma... cuando no están *vencidos* y amortiguados, la cercan en derredor, *combatiéndola* de una parte y de otra» (C 40,4). Nótese que se trata de un "combate" en toda regla y por todos los flancos, un verdadero "cerco". Es una idea que se repite una y otra vez en la concepción sanjuanista de los apetitos, los cuales, al alma, *la atormentan y afligen, la hieren y lastiman*[33], *la hacen guerra*[34], e incluso llegan a *vencerla*. Juan de la Cruz los identifica expresamente con "enemigos": «Y así acaece que al alma donde estos *enemigos de apetitos* viven y *vencen*...» (1S 7,2). Y «el alma que de los apetitos *está tomada*» (1S8,1), «tantos más tormentos tiene cuantos más apetitos *la poseen*» (1S 7,2). El asedio es total: *se combate, se cerca, se toma, se posee, se vence...*

Ante tamaño enemigo, el místico propone *armar guerra* a los apetitos como medio para caminar y avanzar *más adentro* a lo largo del viaje místico[35]. Porque, además, «es malo el que no *vence* a los apetitos» (1S 6,6). Sólo superando y venciendo a los tales se podrá alcanzar *la verdadera libertad y gozar de la unión*:

> «"Estando ya su casa sosegada"... por el *vencimiento* y adormecimiento de todos ellos [los apetitos]..., de manera que ninguna *guerra hagan* al espíritu, sale el alma a la verdadera libertad, a gozar de la unión de su Amado» (1S 15,2).

En cuanto "enemigos", si los deseos te vencen, te esclavizan. Y sólo venciéndolos a ellos se alcanza la verdadera libertad. Así pues, según la metáfora sanjuanista LOS DESEOS SON ENEMIGOS[36], se puede proyectar el siguiente juego de correspondencias: *el enemigo son los deseos, ganar es controlarlos, perder es dejar que te controlen, la fuerza para la victoria procede del amor*[37].

---

[33] Cf. 1S 7,1.

[34] Cf. C 16,6.

[35] Cf. L 2,27.

[36] Cf. LAKOFF y KÖVECSES, a.c., p. 206.

[37] Los avisos que Juan de la Cruz inserta en 1S 13,6 (toda una ascética de liberación), aparentemente tan paradójicos, van encaminados, precisamente, a «reconquistar la libertad del amor frente a las pasiones que lo tienen encadenado al instinto, a la comodidad, al egoísmo... Haz así: cuando te encuentres ante una

E insiste el místico en que para avanzar por este viaje en que te has embarcado, para que nada "impida" la unión, y para que siempre se pueda "ir adelante", no basta vencer un apetito, hay que vencerlos todos: «de los apetitos voluntarios... basta uno que no *se venza* para *impedir*. [...] algunos hábitos de voluntarias imperfecciones en que nunca acaban *de vencer*, éstos no solamente *impiden* la divina unión, pero el *ir adelante* en la perfección» (1S 11,3). Y he aquí una lista ejemplificadora de esas "imperfecciones" o deseos: «como una común costumbre de hablar mucho, un asimiento a alguna cosa que nunca acaba de querer *vencer*, así como a persona, a vestido, a libro, celda, tal manera de comida y otras conversacioncillas y gustillos en querer gustar de cosas, saber y oír, y otras semejantes» (1S 11,4) [38].

Como se ve, la serie queda abierta para que el perspicuo lector añada lo que guste. Los dos diminutivos (*conversacioncillas y gustillos*) que aparecen casi al final cerrando la enumeración, no sólo aportan un sabor coloquial al discurso, sino que además apuntan en la dirección de esos pequeños apegos que no parecen nada, pero que en su pequeñez también pueden impedirte avanzar en tu viaje a la unión. Y es que el que «no *vence* el gozo del apetito no gozará de la serenidad de gozo ordinario en Dios» (3S 26,6). El final del viaje parece estar hecho de *serenidad y gozo*, de paz. Pero sobre todo de amor, un amor que desde los mismos comienzos del viaje está presente como la verdadera fuerza de movimiento.

> «*Para vencer* a los apetitos... era menester *otra inflamación mayor de otro amor mejor*, que es el de su Esposo, para que teniendo su gusto y *fuerza* en éste, tuviera valor y constancia

---

alternativa, con posibilidad de escoger entre varias cosas o acciones de por sí permitidas o indiferentes, de vez en cuando escoge lo que más te cuesta o menos te agrada. Así serás libre» (Ruiz, F., *Místico y maestro*, o.c., pp. 162-163).

[38] Véase esta otra lista de "obstáculos" donde ahora se acumulan los diminutivos: «... hasta que el alma llegue al estado de perfección... siempre le queda algún ganadillo de apetitos y gustillos y otras imperfecciones... imperfecciones de apetitos de saber cosas... se dejan llevar de algunos gustillos y apetitos propios... como poseer algunas cosillas... y algunas presunciones, estimaciones y puntillos en que miran y otras cosillas... como en comida, bebida, gusto de esto más que de aquello, y escoger y querer lo mejor... y otras imperfecciones que nunca se acabarían de decir» (C 26,18). La lista no está cerrada.

para fácilmente negar todos los otros. Y no solamente era menester *para vencer* la fuerza de los apetitos sensitivos tener *amor* de su Esposo, sino *estar inflamada de amor*» (1S 14,2).

Otro amor mayor y mejor... He aquí la clave para sanar tu vida y madurar en el mundo de los deseos, una ley psicológica fundamental: un afecto sólo se vence con otro afecto mayor, y el amor de Dios es el mayor y mejor de todos[39]. Esta es la verdadera educación sentimental.

Y es que la mejor terapia para integrar la dimensión afectiva de la persona se encuentra en el mundo de tus propios afectos, y en concreto, en el afecto del amor. O sea, la herida del amor de Dios es la que puede curar las demás heridas psico-afectivas de la persona. Lo mismo que te esclaviza te libera, y lo mismo que te enferma te cura: el deseo de Dios es lo que te cura y te libera. Allí donde el mundo de los deseos puede llegar a esclavizarte o enfermarte, «el deseo de Dios» (L 3,26) se convertirá en el antídoto o medicina que te libere y te sane. Es la dimensión positiva del deseo como motor de la aventura mística. En cierto sentido, necesitamos volver a experimentar de alguna forma la atracción por Jesús. Aprender de nuevo a ob-sesionarnos (etimológicamente "sentarse enfrente") sanamente con Jesús, para curarnos de tantas obsesiones que nos bloquean.

1.3.   *La noche es tiempo para apagar*

Todavía arde la llama de nuestra pasión, arde en deseos, se consume en deseos: todas estas expresiones nos remiten a una nueva metáfora, EL DESEO ES FUEGO, CALOR[40]. Esta comprensión tan habitual de las emociones, entendidas en general como "calor", nos ayuda a descubrir otra de las concepciones metafóricas de los apetitos y pasiones para nuestro autor. Si los LOS

---

[39] Y porque «ningún afecto de enamoramiento interhumano logra responder a todas las preguntas de la vida, no hay encuentro de mundo que aquiete todo el pensamiento y pacifique todo el corazón y colme toda la sed de trascendencia del ser humano» (PIKAZA, X., *Amor de hombre. Dios enamorado. San Juan de la Cruz: una alternativa*, Bilbao, DDB, 2004, p. 303).

[40] Cf. LAKOFF, G., *Women, Fire, and Dangerous Things*, o.c., p. 410.

DESEOS SON FUEGO, lo que hay que hacer es "apagarlos". De hecho es éste uno de los verbos que más reiteradamente usa San Juan al referirse a los apetitos.

Sólo "apagando" los apetitos se podrá "ir adelante" en el camino místico: «así es necesaria la mortificación de los apetitos para que haya provecho en el alma; [sin] la cual oso decir que, para *ir adelante* en perfección y noticia de Dios y de sí mismo, nunca le aprovecha más cuanto hiciere que aprovecha la simiente echada en tierra no rompida; y así, no quitan la tiniebla y rudeza del alma hasta que los apetitos *se apaguen*» (1S 8,4). Si el alma se puede concebir como un "recipiente", el apetito a su vez puede ser fuego que está dentro de la persona, del alma: «Y esto hace el apetito en el alma, que *enciende* la concupiscencia» (1S 8,3). El apetito es un pirómano, todo un incendiario.

Pero lo más común, en la concepción sanjuanista de los deseos como "calor", es que el fuego esté fuera, ardiendo, y que levante la temperatura del alma[41]. Cuando usamos expresiones del tipo *me hace hervir la sangre* o *explotó de rabia*, la metáfora que está detrás es LAS EMOCIONES SON LÍQUIDOS EN UN RECIPIENTE, y un agente externo es el que provoca el aumento de calor o temperatura. Si "apagas" ese agente externo, estarás aprendiendo a integrar los deseos a lo largo del viaje místico. San Juan de la Cruz habla de *apagar el gozo de las cosas sensuales*[42], *apagar el gozo y apetito de las cosas sensitivas*[43] o *apagar el gozo de las criaturas*[44]. Recuerda una vez más que lo único que le interesa al místico es ese *sabroso espíritu interior* que se alcanza en la unión. Si los deseos son fuego o calor, las noches serán un tiempo de "apagafuegos"[45] o cortafuegos, y la unión volverá a ser fuego, pero un *fuego amoroso, llama de amor viva*.

---

[41] Cf. Yu, N., *The contemporary theory of metaphor*, o.c., p. 51.
[42] Cf. 3S 25,1.
[43] Cf. 2S 26,7.
[44] Cf. 3S 20,4.
[45] Cf. 1N 11,4.

1.4. *La noche es tiempo para iluminar*

Estarás ciego para no verlo, ¿no sé si ves lo que quiero decir?, pues no lo veo, esto no está nada claro: todas estas expresiones, tan familiares, son de naturaleza metafórica. La metáfora que está detrás nos dice que ENTENDER ES VER, [46] de ahí que *no "ver"* lo que el otro quiere decir, suponga, sencillamente, *no "entenderlo"*. Si "entender es ver", también lo contrario será cierto, o sea que, NO ENTENDER ES NO VER, y por eso, el que no entiende, de alguna forma se queda "ciego" y a "oscuras". Y cuando afirmamos que algo está muy "oscuro", lo que queremos decir es que no lo entendemos. Todo parece encajar.

Esos obstáculos que son los "deseos" en el viaje místico, también pueden convertirse en un factor de "oscuridad", que como tal no te dejará avanzar hacia adelante. Juan de la Cruz afirma que los apetitos o deseos *"ciegan y oscurecen"* al alma, para añadir unas líneas más abajo: «el alma que de los apetitos está tomada, según el entendimiento está *entenebrecida*, y no da lugar para que ni el *sol de la razón natural ni el de la sabiduría de Dios sobrenatural* la embistan e *ilustren de claro*» (1S 8,1).

Si el "entendimiento" está *entenebrecido*, significa que está a oscuras. Piénsese que todos hablamos de *la luz del entendimiento (o de la razón)*, "luz" que, metafóricamente, identifica nuestro autor con el *sol de la razón*. Si esa "luz" o "sol" no iluminan, es porque tu entendimiento está anulado y por lo tanto no puede "ver". Pero los apetitos no sólo "oscurecen" la "luz" del entendimiento humano, también impiden la "luz" *sobrenatural* de Dios. Con ambas "luces" apagadas, mal podrás, amigo viajero, avanzar por el camino místico.

Y todo esto es consecuencia de unos deseos mal-educados, no integrados: «Y esto hace el apetito en el alma, que enciende la concupiscencia y encandila el entendimiento *de manera que no puede ver su luz*» (1S 8,3). Todo lo cual lo ilustra nuestro místico con las siguientes comparaciones: «Poco le sirven los ojos a la *mariposilla*, pues que el apetito de la hermosura de la

---

[46] Cf. LAKOFF, G., «The contemporary theory of metaphor», a.c., p. 240.

luz la lleva encandilada a la hoguera. Y así, podemos decir que el que se ceba de apetito es como el *pez encandilado*, al cual aquella luz antes le sirve de tinieblas para que no vea los daños que los pescadores le aparejan» (1S 8,3). El deseo, en este sentido, anula la "luz" de tu entendimiento. Todavía más, *anubla el juicio como niebla*[47], es *catarata o nube*: «Porque la *ceguedad* del sentido razonal o superior es el apetito que, como *catarata o nube*, se atraviesa y pone sobre el *ojo* de la razón» (L 3,72).

Así pues, el "ojo" de la razón está oscurecido por el apetito, y ha quedado en "tinieblas" para "ver" lo que te conviene:

> «Porque esto tiene el que está *ciego del apetito*, que, puesto en medio de la verdad y de lo que le conviene, no lo echa más de *ver* que si estuviera en *tinieblas*» (1S 8,7).

Más aún, el *apetito es ciego*: «*Ciega y oscurece* el apetito al alma, porque el apetito, en cuanto apetito, *ciego es...* Y de aquí es que todas las veces que el alma se *guía* por su apetito, se ciega» (1S 8,3). Si *el amor es ciego*, no es de extrañar que el "deseo", también pueda ser "ciego", y que como tal esté incapacitado para "guiarte" a lo largo del viaje místico. Allí donde el apetito es un "ciego", las noches de tu alma se convertirán en un proceso de iluminación. Y al final, en la unión, todo será luz[48].

2. Tiempo para sanarse

La noche es un tiempo de cura, donde vas sanando de todas tus enfermedades y heridas. Es un tiempo de dieta por el que has de pasar para recuperar la salud espiritual, para convertirte en una persona sana y saludable. Es un proceso de limpieza que hace más transparente tu mirada y más limpio tu corazón. Es toda una intervención de cirugía estética que te devuelve esa hermosura interior que sólo viene de Dios. Si las heridas de los deseos enferman tu alma, la herida del amor sanará tu espíritu.

---

[47] Cf. 3S 20,2.

[48] De ahí que "negar el apetito de las cosas" no sea más que un medio para "entender en espíritu las cosas y gozar de la verdad de ellas" (cf D 48).

2.1. *La noche es tiempo para sanar*

Los deseos o apetitos «*enflaquecen* [al alma] para que no tenga *fuerza* para seguir la virtud y perseverar en ella» (1S 10,1)[49]; «donde estos enemigos de apetitos viven y vencen, que lo primero que hacen es *enflaquecer* al alma» (1S 7,2). Los apetitos, pues, son un factor de "desnutrición" para nuestra propia interioridad, y terminan por "debilitar" y quitar las "fuerzas" al alma. Nuestro místico habla de "almas *flacas*"[50], de "espíritu *flaco*"[51], de "los muy *flacos*"[52] en el camino del espíritu, o de los que Dios tiene que tratar como a "niños *flacos*"[53]. En todos los casos, las connotaciones son siempre negativas.

En la lengua cotidiana hablamos también de personas "moralmente *débiles*", o de la "*debilidad* moral". Y es que MORALIDAD ES FORTALEZA[54], y por relación a la "fortaleza" o "debilidad" física, hablamos de la "fortaleza" o "debilidad" moral/ espiritual. Metafóricamente EL ALMA ES EL CUERPO. Si los apetitos son concebidos como un factor de debilidad, la noche va a ser un proceso de fortalecimiento, y la unión será fortaleza[55].

Conviene no olvidar que todas las concepciones metafóricas sobre la moralidad de que venimos tratando, se fundamentan en nuestra vida cotidiana[56]. De hecho se basan en experiencias que todos tenemos del bienestar, especialmente del bienestar físico.

---

[49] Las comparaciones que Juan de la Cruz trae a cuento para resaltar el poder negativo de los apetitos son, a este respecto, de una notable fuerza ilocutivo-intensificadora. Y así, los apetitos son *como los "renuevos" que nacen en rededor del árbol y le llevan la virtud para que él no lleve tanto fruto; son como las "sanguijuelas", que siempre están chupando la sangre de las venas; son los "hijos de la víbora", que, cuando van creciendo en el vientre de su madre, comen a su madre y mátanla, quedando ellos vivos a costa de su madre; así los apetitos no mortificados llegan a tanto, "que matan al alma en Dios"* (cf. 1S 10,2-3).

[50] Cf. 2S 21,2.

[51] Cf. 3S 22,2.

[52] Cf. 1N 14,5.

[53] Cf. 1N 1,3.

[54] Cf. LAKOFF, G., «The Metaphor System for Morality», a.c., p. 259.

[55] Piénsese que es aquí donde tienen cabida ciertos sintagmas nominales empleados por nuestro autor, tales como «espíritu robusto» (D 46) o «voluntad robusta» (Ep 16).

[56] Cf. LAKOFF y JOHNSON, *Philosophy in the Flesh*, o.c., pp. 290-291.

Por ejemplo, es mejor tener salud que enfermedad; es mejor que el aire que respiramos sea puro a que esté contaminado; es mejor ser fuerte que débil; es mejor controlar que ser controlado por otros; es mejor la libertad que la esclavitud; es mejor la luz que la oscuridad, etc. Todos hablamos de una moral recta, de una moral pura, de una moral corrupta... La moralidad, que es algo abstracto, la entendemos desde dominios concretos de nuestras experiencia: la salud, la fortaleza, la belleza, luz/oscuridad... Y lo mismo ocurre con los apetitos sanjuanistas.

Si es mejor la salud que la enfermedad, no ha de sorprendernos que los apetitos, dado su carácter negativo, sean causa de "enfermedad", de enfermedad espiritual o psíquica. La misma "debilidad" física suele estar unida a la "enfermedad". Es algo de lo que todos tenemos experiencia. Y lo mismo ocurre en la esfera del espíritu, donde también el alma puede estar «*debilitada y enferma* por el poco amor» (C 11,11). Y es que en el fondo de toda enfermedad psíquica o desarreglo emocional hay un componente muy constante de carencia afectiva. Si el "poco amor" nos debilita y enferma, el mucho nos puede curar y sanar. Por eso tu alma enferma, como el cuerpo, necesita también *remedio y medicina*[57], dirá el místico. Normalmente concebimos que MORALIDAD ES SALUD[58], y de ahí que todos hablemos de unas *relaciones saludables*, o de *personas sanas*.

Pues bien, si resulta que los apetitos *enflaquecen, debilitan y enferman* tu alma, lo que necesitas aquí es una cura o sanación: «todo es padecer en esta oscura y seca purgación del *apetito, curándose* de muchas imperfecciones» (1N 11,2).

> Y es que la noche no es sino «aquella divina *cura*, donde *sana* el alma de todo lo que ella no alcanzaba a remediarse» (1N 3,3).

Y avanzar por el camino místico no será otra cosa que ir recuperando la "salud" (del alma "enferma"), de tal manera que en ciertas etapas de la experiencia mística, la misma alma puede tener «indicio de la *salud* que va en ella obrando la dicha purga-

---

[57] Cf. 3S 22,6.
[58] Cf. LAKOFF, G., «The Metaphor System for Morality», a.c., p. 263.

ción y preanuncio de la abundancia que espera» (2N 7,4). Si los apetitos son "enfermedad" para tu alma, el paso por las noches místicas va a ser un proceso de "sanación", y sólo en la unión experimentarás la verdadera "salud" o salvación o sanación, que todo es lo mismo.

2.2. *La noche es tiempo de dieta*

También la "comida", en su sentido metafórico, se puede convertir en obstáculo que "impide" venir a Dios. Si podemos hablar de los apetitos como algo "dulce" o "amargo", es porque LOS APETITOS (DESEOS) SON COMIDA:

> «Porque el apetito, cuando se ejecuta, es *dulce* y parece bueno, pero después se siente su *amargo* efecto; lo cual podrá bien juzgar el que *se deja llevar de ellos*. Aunque no ignoro que hay algunos tan ciegos e insensibles que no lo sienten, porque, como no andan en Dios, no echan de ver lo que les *impide* a Dios» (1S 12,5)[59].

No son especialmente abundantes los juicios morales en la prosa de este santo ("ciegos e insensibles"), pero cuando aparecen son de una dureza y honestidad implacables.

Los deseos son, pues, "dulces" o "amargos", como la comida. En realidad, al afirmar que los deseos son "comida", nos basamos en una concepción metafórica más general del "deseo", concebido, precisamente, como "comida". Seguro que todos hemos oído -o quizás dicho- la contundente expresión ¡*está buenísima!*, pero casi es seguro también que no nos hemos parado a pensar en el porqué de esta expresión[60]. En realidad aquí hay otra metáfora, EL OBJETO DEL DESEO SEXUAL ES COMIDA (APETITO- SA): de ahí que hablemos del *apetito sexual*, o que usemos expresiones como *está para comérsela, es un bombón*, etc., etc.

---

[59] Y más de lo mismo: «Di esto al mundo, mas no lo quieras decir al mundo, porque no sabe de aire delgado y no te sentirá» (L 2,17).

[60] Cf. SANTOS DOMÍNGUEZ, o.c., pp. 211-212.

He aquí la sencilla razón por la cual los "deseos" son concebidos, en sentido metafórico, como "comida".

Y entre los alimentos, la bebida juega también un papel fundamental. Los deseos pueden ser "bebida". Veámoslo en esta larga cita sanjuanista: «pues tan pocos se hallarán que, por santos que hayan sido, no les haya *embelesado y trastornado* algo esta *bebida del gozo y gusto* de la hermosura y gracias naturales. [...], porque, por poco que se *beba del vino de este gozo*, luego al punto se ase el corazón, y *embelesa* y hace daño de *oscurecer* la razón, como a los asidos al vino; y es de manera que, si luego no se toma alguna *triaca* contra este *veneno* con que se eche fuera de presto, peligro corre la vida del alma» (3S 22,4-5). Nótese cómo el deseo es aquí *bebida*, y en concreto es *vino*. Las consecuencias de asirse a este deseo no parecen muy saludables, al decir del místico. No sólo es un "veneno", es que además "trastorna" al que lo bebe, "oscurece" la razón.

Si dicho apetito o "deseo" puede "trastornarnos"[61], o sea, "hacernos perder el juicio", se debe a nuestra concepción metafórica del amor o el deseo como una "locura": *estoy loco por ella, me hace perder el juicio, me vuelve loco*. Y si además "oscurece" la razón, se debe a que, como todo el mundo sabe, *el amor es ciego*[62]. Todo esto causan los "apetitos" sanjuanistas. Y mucho más. Si el deseo lo podemos concebir, metafóricamente, como "comida" (y además *dulce*), las noches por las que ha de pasar tu alma supondrán, sin más, "una puesta a dieta", y sólo al llegar a la unión podrás disfrutar de la más *dulce y sabrosa* comida.

2.3. *La noche es tiempo para limpiar*

«Lo que digo y hace al caso para mi propósito es que cualquiera apetito, aunque sea de la más mínima imperfección, *man-*

---

[61] «Es lo mesmo que emborracharse, porque al borracho se le trastorna el juicio» (COVARRUBIAS, S., o.c., s.v. TRASTORNAR).

[62] Piénsese una vez más en la metáfora ENTENDER ES VER. Si uno está "ciego", es porque sencillamente deja de "entender", por eso se le "oscurece" la razón.

cha y ensucia al alma» (1S 9,7). Es otra de las concepciones metafóricas de Juan de la Cruz en lo que respecta a los apetitos o deseos, los cuales *manchan y ensucian*. Por eso, la manera de hacerlos frente será *purificándolos, limpiándolos y enjugándolos*. Si LOS APETITOS SON SUCIEDAD, se debe a una concepción metafórica más general, en virtud de la cual concebimos que MORALIDAD ES LIMPIEZA[63].

Seguro que todos hemos empleado alguna vez expresiones del tipo *tiene una reputación sin mácula, no está jugando limpio, tiene un corazón puro*. En todos estos casos (*sin mácula, limpio, puro*) concebimos, metafóricamente, que lo "limpio" es lo moralmente bueno, según la metáfora que más arriba hemos enunciado. Y si moralidad es "limpieza", también será cierto lo opuesto, de tal manera que podemos afirmar que INMORALIDAD ES SUCIEDAD: *no digas palabras sucias, no saques ahora los trapos sucios, has manchado el buen nombre de la familia*. Los mismos pecados, en sentido metafórico, se conciben como "manchas", y por eso quien está sin pecado está "limpio". Recuérdese que hablamos de personas "sin mácula", y que la "in-maculada" concepción de la Virgen es tal por ser sin "mácula", es decir sin "mancha", sin pecado.

«Porque los apetitos *cansan* al alma, y la *atormentan*, y *oscurecen*, y la *ensucian*, y la *enflaquecen*» (1S 6,5). La lista no puede ser más completa, ni más devastadores los efectos sobre el alma. Fijémonos en los verbos empleados aquí por San Juan: si los apetitos "cansan" es porque metafóricamente son CARGAS; y si "atormentan" es porque son ENEMIGOS. Si "oscurecen" al alma es porque metafóricamente concebimos que NO ENTENDER ES NO VER; si "ensucian" es porque MORALIDAD ES LIMPIEZA (y los apetitos son "suciedad"); y si "enflaquecen" es porque MORALIDAD ES FORTALEZA (y los apetitos son "debilidad"). Pero todo esto lo veremos más adelante.

Ante tales apetitos, vendrá la "noche" a realizar su labor, pues entre otras cosas, para nuestro místico, noche es sinónimo de "purgación"[64], o sea, de purificación, de limpieza. Por eso

---

[63] Cf. LAKOFF, G., «The Metaphor System for Morality», a.c., p. 262.
[64] Cf. 1N 8,1.

hasta que no se "purgue" el alma de toda afición, no habrá «transformación pura de amor» (1S 4,3). Y de ciertos apetitos o imperfecciones «no se puede el alma *purificar* cumplidamente hasta que Dios le ponga en la pasiva *purgación* de aquella noche oscura» (1N 3,3). Y es esa noche la que te conduce a la libertad, pues, cuando allí «el alma se *purga* de las afecciones y apetitos sensitivos, consigue la libertad de espíritu» (1N 13,11). Y porque en último término sólo Dios es el principal agente en este proceso. Es él quien te aparta los obstáculos y quien limpia tu corazón. Y sólo allí, *en los dulces brazos del Amado* (nos cuenta Juan) es donde finalmente y del todo se *enjugan y apagan apetitos y pasiones*[65].

Y esta labor de *limpieza* que lleva a cabo Dios en tu vida adquiere, en la perspectiva del místico, una importancia y dimensión tal, que desborda y supera y sobrepuja el mismo hecho de la creación del hombre:

> «Por lo dicho se verá cuánto más hace Dios en *limpiar y purgar* una alma de estas contrariedades, que en criarla de nonada» (1S 6,4).

Así pues, el paso por la noche oscura, «*limpia al alma y la purifica*» (1N 1,3) de todas imperfecciones. Los apetitos son "suciedad", las noches del alma son lugares de paso, todo un *proceso de lavado, aclarado y centrifugado*, y allá al final, en la unión, (donde los "limpios" de corazón verán a Dios) todo será higiene (mental) y limpieza (del corazón). Y porque sólo así el limpio de corazón, «en todas las cosas halla noticia de Dios» (3S 26,6).

2.4. *La noche es tiempo para embellecer*

Hacer cosas feas suele estar muy mal visto en nuestra sociedad. Y también las *palabras feas* están censuradas. Se suele considerar que lo "feo" o la "fealdad" es negativo, mientras que la "belleza" es algo positivo. Esto responde a una nueva metáfora

---

[65] Cf. C 22,8.

cognitiva, según la cual MORALIDAD ES BELLEZA.[66] Todos hemos oído expresiones tales como *es una bellísima persona* (incluso dicho de quien es poco agraciado desde un punto de vista físico), lo cual, como todos sabemos, suele referirse a la "belleza" moral. La moralidad, que es algo abstracto, la concebimos siempre desde realidades concretas, físicas, en relación con nuestro propio cuerpo. Es la forma más cómoda y sencilla de entendernos y de comunicarnos. Y si alguien dice de alguien que *por dentro es una persona bien linda*[67] (expresión no extraña en la América latina), está usando, inconscientemente, el mismo tipo de metáfora.

La misma metáfora en su versión negativa nos recuerda que INMORALIDAD ES FEALDAD. Y aquí entran en escena los apetitos o deseos sanjuanistas, ya que «*afean* y ensucian los apetitos desordenados al alma que los tiene, la cual en sí es una hermosísima y acabada imagen de Dios» (1S 9,1). *Afear, fealdad del alma, alma fea*, son algunas de las expresiones que utilizará nuestro místico al tratar de los apetitos. Y la "fealdad" también tendrá sus grados: «Y para entender algo de esta *fea* desorden del alma en sus apetitos, baste por ahora lo dicho» (1S 9,7). Y así, los que se dejan llevar de los apetitos, dirá San Juan, «se hacen *feos*» (1S 4,8).

Y como ocurre siempre en el proceso místico, el "amor" vuelve a aparecer como la fuerza que te hace superar todos los obstáculos hasta llegar a la transformación. Es el "fuego de amor" el que quita todas las "fealdades" del alma:

> «Este divino fuego de amor de contemplación, que, antes que una y transforme el alma en sí, primero la *purga* de todos sus accidentes *contrarios*; hácela salir afuera de sus *fealdades*» (2N 10,2).

---

[66] Cf. LAKOFF, G., «The Metaphor System for Morality», a.c., p. 264.

[67] Personalmente me parece una expresión redonda. En ella confluyen varias metáforas e incluso algún que otro esquema de imagen. La "lindeza" nos remite a la metáfora MORALIDAD ES BELLEZA. Que dicha "belleza" esté "por dentro" nos recuerda dos cosas: primero, que metafóricamente concebimos a LAS PERSONAS COMO RECIPIENTES, con un "interior" y un "exterior", y segundo, que además consideramos que LO IMPORTANTE ES LO INTERIOR, de ahí que lo "lindo" esté "dentro".

El paso por la noche conllevará, pues, un proceso paulatino de embellecimiento (algo así como una intervención de cirugía plástica o estética sobre tu alma). Y la unión se convertirá en "hermosura" o belleza: «Y así, el alma que está aficionada a la hermosura de cualquier criatura, delante de Dios sumamente *fea* es; y, por tanto, no podrá esta alma *fea* transformarse en la *hermosura* que es Dios, porque la *fealdad* no alcanza a la *hermosura*» (1S 4,4).

3. Tiempo para liberarse

Salir de los propios deseos o apetitos supone librarse de uno más de los obstáculos que te impiden avanzar hacia el encuentro con Dios. Los deseos son fuerzas de atracción, si te dejas llevar por ellos pierdes tu libertad, te esclavizas. Y el viaje místico es, ante todo, un camino de liberación. Y su meta es la libertad. Para alcanzar esa meta tendrás que caminar ligero de equipaje. En este viaje no te está permitido ningún apego, ninguna forma de atadura, pues hasta la más pequeña puede impedirte el vuelo de la libertad.

3.1. *La noche es tiempo para salir*

Seguimos avanzando por el camino místico, y ahora aparecen nuevos obstáculos, nuevas dificultades que te impiden llegar a la unión: «Por tanto, es suma ignorancia del alma pensar que podrá *pasar a este alto estado de unión* con Dios si primero no *vacía el apetito de* todas las cosas naturales y sobrenaturales que le pueden *impedir*» (1S 5,2). Si podemos "vaciar" el apetito de ciertas cosas, es porque metafóricamente también puede ser concebido éste como un "recinto". Y en este sentido podemos afirmar que LOS APETITOS O DESEOS SON RECINTOS.

La idea de "recinto", entre otras cosas, nos remite a las dificultades, a los problemas. Piénsese en expresiones como estas: *¿cómo me he "metido en" este berenjenal?, estamos "en" esto juntos, está "metido hasta" el cuello.* Es decir, metafóricamente

LAS DIFICULTADES SON RECINTOS, y los apetitos son una más de las dificultades que te encuentras en tu viaje a la unión. Si quieres alcanzar la meta tendrás que "salir de" (en salida espiritual, metafórica) tus apetitos, de esas dificultades o impedimentos, para poder seguir avanzando. Recuérdese la expresión coloquial que tan a menudo utilizamos todos cuando tenemos algún problema o dificultad, *¿cómo puedo "salir de" esta situación?* Y así, de los apetitos, también hay que "salir": «En esta primera canción canta el alma la dichosa suerte y ventura que tuvo en *salir de... los apetitos* e imperfecciones que hay en la parte sensitiva del hombre» (1S 1,1).

Así que Juan de la Cruz nos avisa: «Pero todos los demás *apetitos* voluntarios, ahora sean de pecado mortal, que son los más graves; ahora de pecado venial, que son menos graves; ahora sean solamente de imperfecciones, que son los menores, *todos se han de vaciar* y de todos ha el alma de carecer *para venir a esta total unión*, por mínimos que sean» (1S 11,2). Si los pecados son "graves" (de GRAVIS, "pesado") eso significa que conllevan un "peso", en sentido etimológico. Si metafóricamente LOS PECADOS SON CARGAS, sólo vaciándote de esas "cargas" podrás caminar ligero hacia adelante, hacia la unión. De esta forma, allí donde los deseos aparecen como "recintos", la experiencia de la noche será un proceso de salida y vaciamiento, y la unión supondrá encontrarse con un "lleno" diferente. Será descubrir una nueva plenitud.

3.2. *La noche es tiempo para liberarse*

Cuando oímos expresiones del tipo *aquello me llevó a la depresión, se apoderó de él la angustia, se deja llevar por sus pasiones* o *fue presa del pánico*, la metáfora general que revelan es: LAS EMOCIONES SON FUERZAS FÍSICAS [68]. En todo caso, se pone de manifiesto una idea recurrente: nuestras emociones aparecen como fuerzas que aparentemente no podemos controlar. «Nosotros no somos totalmente dueños de nuestros deseos. Nuestro corazón se endurece y se hace incapaz de desear, o se pervierte

---

[68] Cf. LAKOFF, G., y M. JOHNSON, *Philosophy in the Flesh*, o.c., p. 72.

dejándose atraer por múltiples deseos que no son según el Deseo de Dios»[69].

Juan de la Cruz habla de *dejarse llevar* de los apetitos, de *arrojarse* a los apetitos, de *resistirlos*. En todos los casos está presente un tipo muy especial de fuerza, la *atracción*. Así pues, LOS DESEOS SON FUERZAS DE ATRACCIÓN. «Porque el apetito, cuando se ejecuta, es dulce y parece bueno, pero después se siente su amargo efecto; lo cual podrá bien juzgar *el que se deja llevar de ellos*» (1S 12,5). «Y de la manera que es atormentado y afligido el que cae en manos de sus enemigos, así es atormentado y afligido el alma que *se deja llevar de sus apetitos*» (1S 7,2).

Es significativo reparar en cómo describe nuestro místico la idolatría final de Salomón y la afición que tenía por las mujeres, donde concluye con las siguientes palabras: «Y pudo tanto este *arrojarse a sus apetitos*, que... poco a poco le fueron *cegando y oscureciendo* el entendimiento, de manera que le vinieron a acabar de *apagar aquella luz* de sabiduría que Dios le había dado» (1S 8,6). Lo relevante es que aquí sigue presente la concepción de los deseos como "fuerza de atracción"[70]. Y además aparecen las consecuencias que de ello se derivan: *ciegan, oscurecen, apagan*. Lo que "oscurecen" es tu propio entendimiento. Piénsese que metafóricamente ENTENDER ES VER. Si te quedas a oscuras es porque la "luz" de tu entendimiento ya no alumbra. Sucede esto cuando lo pasional anula lo racional. Pero de esto hablaremos más adelante.

Si los apetitos son "fuerzas de atracción", para poder avanzar por el camino místico será necesario hacer frente a esas fuerzas, superarlas, librarse de ellas. Sólo quien así lo hace se encontrará libre para seguir progresando hasta la unión. San Juan propone por eso "resistir" a los apetitos (cual "oponentes"):

[69] Y continúa el autor: «Necesitamos experimentar la atracción de Jesús que, al ser el deseado de Dios, es capaz por eso mismo de acumular una energía de sanación muy grande y revestirse de una fuerza de lo alto que le hace el sanador del deseo humano» (QUINZÁ, X., *Desde la zarza. Para una mistagogía del deseo*, Bilbao, DDB, 2002, p. 120).

[70] La misma SEXUALIDAD ES UNA FUERZA DE ATRACCIÓN, por eso utilizamos expresiones como *ella es devastadora, es muy atractiva, tiene magnetismo*, etc.

«porque en tanto que los *resiste*, gana fortaleza, pureza, luz y consuelo y muchos bienes» (1S 12,6). Si las consecuencias de "arrojarse" a los apetitos eran "ceguera" y "oscuridad", las consecuencias de "resistirlos", serán, entre otras, "luz" y "fortaleza". Si los apetitos son "fuerzas de atracción", las noches serán un proceso de liberación, mientras que la unión se concibe propiamente como experiencia de libertad. Más que ninguna otra cosa, el viaje místico es un camino de liberación, un viaje que tiene como meta la libertad.

3.3.   *La noche es tiempo para aligerar*

Si decimos que alguien está muy *apesadumbrado*[71], es porque tiene que *soportar* algún tipo de "peso" (a nivel psicológico). Y cuando damos el *pésame* a alguien, la razón es muy parecida: se supone que quien ha tenido que pasar por el duro trance de perder a un ser querido, ha de *aguantar* un "peso" muy peculiar (siempre psicológico). Nuestro "pésame" es una manera de ayudar a sobrellevar su propio "peso". Normalmente concebimos que LOS PROBLEMAS SON CARGAS, y por eso, cuando *se comparten* se hacen más ligeros, más llevaderos. Y nunca faltará quien se sienta *abrumado por el peso* de sus cargas. Pues bien, en el viaje místico, también LOS APETITOS O DESEOS SON CARGAS.

Juan de la Cruz utiliza en un momento determinado la expresión *cargados con la carga de vuestros apetitos*[72], para añadir algo más adelante, *y así, son pesada carga los apetitos*. En cuanto "cargas", hacen "pesada" al alma, convirtiéndose en un impedimento más para caminar hacia la unión: «El apetito de criaturas hace al alma *pesada* y triste para seguir la virtud» (1S 10,4). Los apetitos se convierten, pues, en obstáculos para avanzar por el camino místico. Si se quiere caminar ligero a la unión, al monte de la perfección, los viajeros que por aquí transcurran, no han de llevar «*carga* que les haga *peso*» (2S 7,3).

[71] Cf. SANTOS DOMÍNGUEZ, o.c., p. 188.
[72] Cf. 1S 7,4.

Y si los apetitos son "cargas", no ha de extrañarnos que *cansen y fatiguen* a quien se deja llevar por ellos:

> «Claro está que los apetitos *cansan y fatigan* al alma, porque son como unos hijuelos inquietos y de mal contento... Y como se cansa y fatiga el que cava por codicia del tesoro, así *se cansa y fatiga* el alma por conseguir lo que sus apetitos le piden» (1S 6,6).

Y San Juan recurre también a otro tipo de comparaciones, más desenfadadas, como la del enamorado que no se siente correspondido: «Y así como se cansa y fatiga el enamorado en el día de la esperanza cuando le salió su lance en vacío, así *se cansa* el alma y *fatiga* con todos sus apetitos y cumplimiento de ellos» (1S 6,6)[73].

Y los apetitos, finalmente, también "embarazan"[74] al alma, lo que supone un nuevo "impedimento", nuevo obstáculo para avanzar hacia el destino o meta del viaje místico. Por eso el alma ha de *desembarazarse de todo lo temporal*[75], o sea, de todos los "apetitos-cargas", para caminar ligera a la unión con Dios. Recordemos que en el proceso místico todo se estructura siempre de la misma manera. Allí donde los apetitos metafóricamente son "cargas", el paso por las noches se ha de convertir en el mejor momento para "aligerarte" de peso, para "liberarte" de esas cargas. Sólo así llegarás presto a la unión, donde experimentarás todo un "alivio"[76]. Única y verdadera fuente de liberación.

---

[73] Respecto a la expresión "salir el lance en vacío", piénsese que "lance" «es la suerte de arrojar la red, o en el mar o en el río» (COVARRUBIAS, O.C., S.V. LANCE). Está, pues, relacionado con el ámbito de la pesca. Hoy en día nos resultan a todos familiares expresiones como «pescar novio» o «cazar novio». La diferencia entre un caso y otro es muy sutil: la que va a "pescar" va al que pique, en cambio, la que va a "cazar" apunta hacia un objetivo muy definido. De nuevo, dos ámbitos muy concretos como son el de la pesca y de la caza, nos sirven para hablar de otras realidades (¿más abstractas?) como son la búsqueda de pareja.

[74] Cf. 1S 11,2.

[75] Cf. Epígr. de *Subida*.

[76] "Aliviar" procede del latín tardío ALLEVIARE, cuyo significado es "aligerar", relacionado a su vez con LEVIS, "ligero, leve".

3.4.   *La noche es tiempo para desatar*

«Dos veces trabaja el pájaro que se asentó en la liga, es a saber: en *desasirse* y, después de desasido, en *purgarse* de lo que de él se le pegó» (D 22). He aquí una nueva concepción metafórica de los apetitos o deseos, convertidos en nuevo obstáculo para avanzar por el viaje místico. No sólo atan al alma impidiéndole todo movimiento (y de ahí su necesidad de desasirse), sino que también la ensucian (y piense el lector en la concepción metafórica de los "apetitos" como "suciedad"). De ahí su necesidad de "purgarse" o "limpiarse".

Todo lo que es "lazo" o "atadura", se convierte en obstáculo para avanzar por el viaje místico. Sólo desde la experiencia de la libertad podrás hacer este viaje. Es lo mismo que ocurre con el movimiento físico, el cual sólo es posible cuando tu cuerpo no está "atado" a nada. En el movimiento de tu alma hacia la unión mística, cualquier asimiento te impedirá también llegar a puerto. Juan de la Cruz utiliza esta comparación para explicitarlo:

> «Porque el apetito y asimiento del alma tienen la propiedad que dicen tiene la rémora en la nao, que con ser un pece muy pequeño, si acierta a pegarse en la nao, la tiene queda, que no la deja llegar al puerto ni navegar» (1S 11,4).

El proceso místico también lo podemos concebir como un viaje por mar, donde "llegar a puerto" será alcanzar la meta-unión.

Que LOS DESEOS SON LAZOS o ataduras que no te dejan ser libre, está presente en expresiones tales como *vive esclavo de sus pasiones, no se puede liberar de sus deseos, ha caído en sus lazos*, etc. Recordemos aquello de los evangelios, *el que hace pecado es esclavo del pecado*. Allí donde los pecados "esclavizan", la "absolución" será una liberación de esa esclavitud, pues *absolver*, del latín SOLVERE, no significa otra cosa que "desatar, dejar suelto, dejar libre". Ir rompiendo con esos "apetitos-lazos", te permitirá ser cada vez más libre. «El espíritu asido a las cosas que no son Dios es esclavo; el espíritu libre es el inscrito en Dios y únicamente Dios [...] Desde un punto de vista metafísico,

Dios es para él [Juan] la única realidad. Y se entiende así que el renunciar a las cosas constituya un ensanchamiento, y no una limitación del ser»[77].

San Juan de la Cruz pone de relieve este carácter de los apetitos cuando usa verbos tales como *asir, sujetar, enlazar*[78], *atar, encadenar, cautivarse*[79]. Por eso habla el místico del alma «*sujeta a las pasiones y apetitos naturales*» (1S 15,1). Y a lo largo del camino místico descubres que incluso el gozarse el alma de las buenas obras, puede ser un obstáculo más para avanzar hacia la unión, pues «con la propiedad del vano gozo le *encadena*» (3S 28,9). Apetitos y pasiones son pues, *lazos* que no te dejan avanzar hacia adelante. La pasión puede ser un "lazo" que «*ata* al espíritu a la tierra y no le deja anchura de corazón» (3S 20,2). Y así, al que está asido a las pasiones «todo se le suele ir en dar vueltas y revueltas sobre el *lazo* a que está *asido* y apropiado su corazón» (3S 20,3). Y aquí Juan de la Cruz nos ofrece una vez más uno de sus preciados consejos:

> «Ha, pues, el espiritual de mirar mucho que no se le comience a asir el corazón y el gozo a las cosas temporales, temiendo que de poco vendrá a mucho, creciendo de grado en grado, pues de lo poco se viene a lo mucho, y de pequeño principio, al fin es el negocio grande; como una centella basta para quemar un monte y todo el mundo. Y nunca se fíe por ser pequeño el *asimiento*, si no le *corta* luego, pensando que adelante lo hará; porque si cuando es tan poco y al principio no tiene ánimo para acabarlo, cuando sea mucho y más arraigado, ¿cómo piensa y presume que podrá?» (3S 20,1)[80].

Una centella basta para quemar el monte y todo el mundo. Incluso de los más pequeños lazos o ataduras has de liberarte para hacer la experiencia mística, la experiencia de la libertad. Nuestro autor identifica los apetitos con *cordeles, lazos, liga,*

---

[77] Baruzi, J., o.c., p. 413.

[78] Cf. 3S 23,3.

[79] Cf. 2N 13,3.

[80] *Somos incapaces de soportar un exceso de realidad. Incapaces de llevar sobre nosotros el enorme peso de la realidad, nos damos a la fuga refugiándonos en el fútbol, el vino, la comida o el exceso de trabajo o actividad.* (Johnston, W., *Enamorarse de Dios*, o.c., p. 103).

lacillo[81], *hilo, pelo*, en toda una escala gradual donde la más mínima atadura sigue siendo un obstáculo para avanzar hasta la meta. Y se queja de los que no son capaces de quebrar un *hilo o pelo*, que los impide "ir adelante" o que incluso los hace "volver atrás": «Harto es de dolerse que haya Dios hécholes *quebrar* otros *cordeles* más gruesos de aficiones de pecados y vanidades, y por no *desasirse* de una niñería que les dijo Dios que venciesen *por amor de él*, que no es más que un *hilo* y que un *pelo*, *dejen de ir* a tanto bien. Y lo que peor es que no solamente *no van adelante*, sino que, por aquel *asimiento, vuelven atrás*» (1S 11,5). De nuevo aparece el amor (*por amor de él*) como fuerza para liberarse. Es el mismo amor que está presente a lo largo y ancho de todo el viaje místico.

Y de hecho, las *ansias de amor*[82] aparecen como fuerza integradora y transformadora del deseo a lo largo de la noche[83]. Y así, cuando vives de esas "ansias", cuando estás sanamente obsesionado, entonces:

> *En todas las cosas buscas al Amado;*
> *en todo cuanto piensas, luego piensas en el Amado;*
> *en cuanto hablas, luego hablas del Amado;*
> *cuando comes,*
> *cuando duermes,*
> *cuando velas,*
> *cuando haces cualquier cosa*
> *todo tu cuidado es en el Amado*[84].

Tanta repetición y paralelismo tiende a crear una peculiar atmósfera envolvente que termina por atrapar al lector. *Pensar, hablar, comer, dormir, velar...*, todas las acciones de la vida aparecen teñidas por la presencia del Amado, de Jesús. He aquí la

---

[81] Frente a las gracias naturales, reconoce nuestro narrador que «apenas hay quien se escape de algún *lacillo y liga* de su corazón en ellas» (3S 21,1).

[82] Cf. 1S 14,2 y 2S 1,2.

[83] Cf. M.ª S. ROLLÁN, *Éxtasis y purificación del deseo. Análisis psicológico-existencial de la Noche en la obra de San Juan de la Cruz*, Ávila, Diputación, 1991, pp. 32, 158 y 215.

[84] Cf. 2N 19,2 (cf. tb. 4A 9: «Ahora coma, beba, o hable, o haga cualquier otra cosa, siempre ande deseando a Dios y aficionando a él su corazón..., y en olvido de todas las cosas que son y pasan en esta mísera y breve vida»).

única "obsesión" que no nos esclaviza, sino que nos libera gozosamente.

E insiste Juan en *salir de los apetitos que* «así como *lazos, enlazan* al alma y la detienen que no salga de sí a la libertad de amor de Dios» (1N 13,14). Porque alcanzar esa "libertad" es la meta de la experiencia mística. Para ello no te quedará otro remedio que «dar un buen vuelo y acabar de *quebrar* aquel *hilo de asimiento*» (1S 11,4):

> «Porque eso me da que una ave esté *asida a un hilo delgado que a uno grueso*, porque, aunque sea delgado, *tan asida* se estará a él como al grueso, en tanto que no le *quebrare para volar*. [...] Y así es el alma que tiene *asimiento* en alguna cosa, que, aunque más virtud tenga, *no llegará a la libertad de la divina unión*» (1S 11,4).

En esencia, la experiencia mística (al igual que el evangelio) no es una cuestión de moralidad o buenas obras («aunque más virtud tenga»), sino de gratuidad y libertad. Lo demás son sólo medios para volar a la libertad del encuentro último con lo divino. Las buenas obras no te salvan, convéncete. Son más bien la respuesta agradecida de quien se sabe gratuitamente salvado, pues ante Dios no hay méritos: *Somos siervos inútiles, hemos hecho lo que teníamos que hacer* (Lc 17,10). Si los deseos pueden ser "lazos", el paso por la noche se convertirá en un fabuloso proceso de liberación sin límites, y la unión será la experiencia de la absoluta libertad en Dios.

5

Entre el olvido y la confianza:
un viaje por los pensamientos

Gozar de la paz, de la soledad
y del fruto deleitable del olvido de sí
y de todas las cosas (Ep 25)

En este viaje del alma a Dios, a la unión mística, no basta con educar la voluntad e integrar el deseo. Todos tenemos experiencia de caminar o conducir, y de encontrarnos con obstáculos que muchas veces nos limitamos a rodear, o saltar por encima, o pasar de largo. Algo parecido ocurre en el camino místico con ciertos obstáculos que te encuentras, y que simplemente has de optar por *sortear*, o si prefieres, *esquivar, rodear, soslayar, dejar de lado*. San Juan de la Cruz utiliza, a este respecto, una expresión afortunadísima, de una modernidad sorprendente: *pasar de todo eso*[1]. Para que el viaje místico tenga éxito, y nuestra alma-viajera pueda alcanzar la meta, ha de prescindir de cualesquiera «habilidades suyas, conviene a saber: *de su entender, gustar y sentir*»(2S 5,4)[2]. De la dimensión "afectiva" (vista

---

[1] Cf. 3S 41,1.

[2] «El hombre es deseo de gustar (placer), saber (conocimiento), poseer (dominio, fuerza) y ser (realizarse desde dentro de sí mismo). En otras palabras, el hombre es un proyecto de finitud. Pues bien, para trascender ese proyecto siempre fallido y hacer del hombre un ser en Dios, SJC sólo conoce un camino: que el hombre supere el nivel de sus deseos, desvinculándose así del afecto de las criaturas y abriéndose al afecto creador (esponsal) de lo divino. De ese proceso de desvinculación cósmica y de vaciamiento interior se ocupa todo el proceso intelectual de nuestro autor» (PIKAZA, X., *El "Cántico Espiritual" de San Juan de la Cruz. Poesía, biblia, teología*, Madrid, Paulinas, 1992, p. 124).

en el capítulo anterior) pasamos ahora a la dimensión "discursiva" de la persona. Del mundo de los deseos al mundo de los pensamientos.

La disposición para la unión, «*no es el entender* del alma, *ni gustar, ni sentir*, ni imaginar de Dios ni de cualquier otra cosa»(2S 5,8). Educada tu voluntad en lo que respecta al deseo (los *apetitos* sanjuanistas), ahora les toca el turno al entendimiento y la memoria. A lo largo del viaje místico descubres una forma de conocimiento diferente del que puedes obtener por la percepción o intelección ordinaria. Y quizás por eso el evangelio es rechazado por los sabios y prudentes, por lo que supone de oferta de una sabiduría distinta[3]. A Dios se llega cuando se deja de lado (o se transciende) el conocimiento categorial, el propio de la conciencia ordinaria. *Porque todo eso no es Dios*[4].

«El hombre quiere identificar a Dios con algo que le dé seguridad: una probada doctrina filosófica, una moral, unos mandamientos divinos, una piedad, unos ritos que le proporcionen una conciencia tranquila y satisfecha como el fariseo de la parábola, etc. Cuando se le exige dejar todos los "algos" y se le dice que la realidad misma de Dios está más allá de todos ellos, éste se convierte para él en una "nada" impalpable; no es ya seguridad a la que asirse, sino abismo en el que no puede hacer pie, nombre sin rostro, "noche oscura" en la que se borran los conocidos y transitados senderos»[5]. Sólo asumiendo esa "nada" e integrando el "vacío" podrás avanzar por el viaje místico. *Ya que eso no es Dios*.

El que se aferra, jamás conserva. Quien por aquí camina tendrá que aprender a dejarlo todo. Nada te separará tanto de Dios como una piedad que esté segura de sí misma, la piedad farisai-

---

[3] Cf. Mt. 11,25 y ss.

[4] En el éxodo bíblico, las tentaciones del desierto, son identificadas por nuestro místico con los obstáculos a superar o sortear a lo largo del viaje místico: el apetito de las ollas de carne de Egipto impide el gusto delicado del maná espiritual de la palabra de Dios; otra tentación era la necesidad de representarse a Dios por imágenes tangibles o sensibles; y una tercera, la de la conquista de la tierra prometida, afirmándose en su propia fuerza y llegando a ser un pueblo como los demás (Cf. URBINA, F., *Comentario a...*, o.c., p. 61).

[5] GUERRA, S., «La oscura cercanía del Dios de Jesús», en *Rev. de Espiritualidad*, 228, 1998, p. 383.

ca (*parábola del publicano y el fariseo*[6]). Los fariseos afirman que son obedientes, pero de hecho no es así (*parábola de los dos hijos*[7]); se alzan contra sus mensajeros (*parábola de los viñadores homicidas*[8]); son despiadados hacia sus hermanos pobres (*parábola del hijo pródigo*)[9]. Así pues, ni actos piadosos, ni obras morales. Todo *eso no es Dios*. Ante Dios no hay méritos. El que cree tiene que olvidarse del bien que ha hecho[10]. Ningún apego está permitido. Y sólo al final del viaje el místico se sumerge otra vez en las cosas. Pero entonces será conforme a una cadencia nueva[11].

Hay pues que desnudar al alma «en *su entender, y en su gozar, y en su sentir*» (2S 7,7). La insistencia sanjuanista en la misma idea es abrumadora[12]. Y unas líneas más abajo de la cita precedente, explicita cuál es la finalidad de todo este proceso: *para que no quede "embarazada" para el angosto camino*. Realmente Juan de la Cruz está obsesionado con esto de evitar todo tipo de "embarazos". Es un término que asalta una y otra vez sus escritos. Porque esta es la palabra clave: "no embarazar" al alma en su camino o viaje a la unión. Ya desde el breve epígrafe que aparece al comienzo de *Subida*, se refiere Juan a ese

[6] Lc. 18,9.14.

[7] Mt. 21, 28-32.

[8] Mc. 12,1-2.

[9] Lc. 15,11-31 (cf. JEREMIAS, J., *Teología del Nuevo Testamento*, Salamanca, Sígueme, 1985, p. 146).

[10] «... y tu Padre, que ve en lo secreto, te recompensará» (Mt. 6,4).

[11] «Cuando vayas abandonándote al Espíritu, notarás que debes desprenderte más y más de todo lo que hasta entonces te ha dado seguridad, de todas las necesidades creadas en ti por la sociedad de consumo. Y no sólo de eso. Deberás desapegarte también de la salud, la fama, los bienes materiales. El desapego más costoso será el relacionado con tus amigos, tu trabajo, el deseo de que te reconozcan. Y a medida que te desprendes de todo ello, sentirás una terrible inseguridad, como si estuvieras desintegrándote psicológica y hasta físicamente. En ocasiones te parecerá que toda tu persona se desmorona» (p. 90). En esas circunstancias, «si tus ojos se llenan de lágrimas, déjalas correr. Llora cuanto quieras y sigue diciendo adiós. Estas lágrimas debieran haber corrido muchos años atrás. Sólo ahora resbalan por tus mejillas. Deja, pues, que sigan haciéndolo. Es esa una maravillosa purificación de la memoria, que te hará libre. Sí, a ello seguirá una gran liberación» (p. 91) (JOHNSTON, W., *Enamorarse de Dios*, o.c., pp. 90-91).

[12] «Y así, grandemente *se estorba* un alma para *venir a* este alto estado de unión con Dios cuando *se ase* a algún *entender, o sentir, o imaginar, o parecer, o voluntad, o modo suyo, o cualquier otra cosa u obra propia*» (2S 4,4).

no embarazarse en lo espiritual. «Su lucha contra la identificación de Dios con nuestras imágenes intelectuales y afectivas la toma como una guerra a la idolatría» [13]. Pues *eso no es Dios*.

Superados los obstáculos de la noche del sentido, de lo sensorial, de todo aquello que en sentido metafórico consideramos que está ABAJO [14], ahora tienes que *sortear* los obstáculos de la noche del espíritu, en buena medida de lo racional-espiritual, lo que en sentido metafórico consideramos que está ARRIBA, pues también estos son obstáculos que "impiden el camino":

> «Donde es de notar que no sólo los bienes temporales... *impiden... el camino* de Dios, más también *los consuelos y deleites espirituales*, si se tienen *con propiedad* o se buscan, *impiden el camino*» (C 3,5).

Donde la oración condicional que cierra la cita precedente es la clave de todo. Y así «es suma ignorancia del alma pensar podrá pasar a este alto estado de unión con Dios si primero no vacía el apetito de todas las *cosas naturales y sobrenaturales* que le pueden *impedir*» (1S 5,2) [15]. Ya que *eso no es Dios*.

Por lo tanto, no te aferres demasiado a los momentos gratificantes, a las emociones místicas o a los sentimientos espirituales. Si lo haces, te quedarás estancado en ellos y te perderás lo siguiente. Recuerda que estás haciendo un viaje interior por los paisajes del alma, si te detienes más de la cuenta a disfrutar de los goces que se te han regalado hoy, no podrás gozar de lo que te espera para mañana. Cada día ha de ser una aventura por estrenar.

---

[13] RUIZ, F., *Místico y maestro*, o.c., p. 119.

[14] Cf. 2S 17,4.

[15] «A los ojos del cristiano no es sorprendente que sean objeto de tamaña renuncia los bienes de la creación, pero es que también lo son, y aun con una resolución mayor, los bienes sobrenaturales, todo cuanto es en algún sentido un "efecto" de Dios en el mundo y en el hombre y que como "efecto" es distinto de Dios: virtudes, carismas, iluminaciones, consolaciones, visiones, etc. [...] Tamaña purificación y despojo es algo inaudito en la Iglesia desde los días de Evagrio Póntico, y cabe preguntarse si semejante transparencia de todas las formas históricas respecto al Absoluto no anticipa ya el espíritu de la Ilustración y obliga a una confrontación con Hegel» (BALTHASAR, H. U. VON, «Juan de la Cruz», en *Gloria. Una estética teológica*, vol. 3, Madrid, Encuentro, 1987, p. 121).

El sintagma *noticias de Dios*[16], abarca tanto las cosas "naturales" como las "sobrenaturales", todo lo cual se conceptualiza como obstáculos a sortear en el viaje místico. Por una parte hace referencia a las "noticias" que nuestra mente puede formarse sobre Dios, y este es su significado en cuanto genitivo de materia; por otra parte hace referencia a las "noticias" que nuestra mente puede recibir de Dios, y este es su significado en cuanto genitivo de origen o de procedencia. Así pues, *noticias de Dios*, abarca tanto lo que podemos alcanzar de Dios desde la especulación mental, como lo que "desde" Dios puede recibir el místico a lo largo de su viaje interior. Da la impresión de que se nos invita a hacer este viaje "sin noticias de Dios":

> «Por grandes comunicaciones y altas y subidas *noticias de Dios* que un alma en esta vida tenga, no es aquello esencialmente Dios ni tiene que ver con él» (C 1,3).

Consuelos y deleites espirituales, y cosas sobrenaturales, son los obstáculos que has de "sortear" en tu viaje a la unión. Y esto, por la sencilla razón de que no son tu meta[17]. En el viaje místico, hay que caminar *no entendiendo, no gustando, no sintiendo*[18]. Lo que San Juan denomina "noticias sobrenaturales" son, en realidad, "ideas supracategoriales". Si nuestra mente sólo entiende lo que puede "categorizar" (y esta es la más importante de todas las capacidades humanas)[19], lo que es "supranatural" o "supracategorial", se escapa a nuestras concepciones mentales. Y de hecho, no existen palabras "reveladas", ni en el mundo bíblico ni en el ámbito de la experiencia mística.

---

[16] Cf. C 1,3; L 3,6; 3S 3,1; 2N 18,5, etc.

[17] Los avisos sanjuanistas dirigidos a los espirituales son especialmente incisivos en este aspecto: «Con decir: cosas santas son, se aseguran más y no temen la *propiedad y asimiento* natural. Y así, se engañan a veces harto, pensando que ya están llenos de devoción porque se sienten tener el gusto en estas cosas santas, y, por ventura, no es más que condición y apetito natural» (3S 38,1). «En lo cual yo condeno la *propiedad de corazón y el asimiento* que tienen» (1N 3,1).

[18] «Por tanto, trasponiéndose a todo lo que espiritual y naturalmente puede saber y entender, ha de desear el alma con todo deseo venir a aquello que en esta vida no puede saber ni caer en el corazón, y, dejando atrás todo lo que temporal y espiritualmente *gusta y siente* y puede gustar y sentir en esta vida, ha de desear con todo deseo venir a aquello que excede todo sentimiento y gusto» (2S 4,6).

[19] Cf. LAKOFF, G., *Women, Fire, and Dangerous Things*, o.c., p. 7.

De ahí que afirme Juan que «ninguna *noticia ni aprehensión sobrenatural*, en este mortal estado, le puede servir [al alma] de medio próximo para la alta unión con Dios. Porque todo lo que puede *entender* el entendimiento, y *gustar* la voluntad, *y fabricar* la imaginación, es muy disímil y desproporcionado, como habemos dicho, a Dios» (2S 8,5). Una vez más, *eso no es Dios*.

Y por eso, para ir a Dios (nivel supracategorial), has de hacerlo *no entendiendo, no gustando, no sintiendo*. Tu mente ha de superar su forma ordinaria de pensar. Se trata de ir más allá de lo meramente conceptual. «¡Abandonarse a la intuición, dejar fluir la vida! Es la más grande verdad y el único camino para acertar. ¡El pensar bloquea el movimiento de la vida y por lo mismo la paraliza! Un escarabajo observa maravillado a un ciempiés. En un momento dado no puede reprimir una pregunta: ¿Cómo te las arreglas para poner siempre al mismo tiempo el pie noventa y cuatro y el pie diecisiete? El ciempiés nunca se había parado a pensar en ello. Pero ahora, ante la pregunta del escarabajo, él mismo se sintió con curiosidad de saber cómo hacía eso. Lo pensó, después se puso a andar de nuevo... y ya no acertó»[20]. El pensamiento te bloquea. Más allá de todo pensamiento, la unión mística o estado teopático, te desvelará una nueva dimensión noética[21].

Las conceptualizaciones metafóricas que dan razón de las expresiones de que se sirve nuestro autor para describir este momento del viaje místico son, fundamentalmente, las tres siguientes: ENTENDER ES COGER, ENTENDER ES VER y LAS IDEAS SON COMIDA.

---

[20] GUERRA, S., *San Juan de la Cruz y la búsqueda de Dios en nuestro tiempo*, Salamanca, Cabildo de la Catedral, 1992, p. 79.

[21] Si, como decíamos más arriba, la capacidad de categorizar es la más importante de la mente humana, paradójicamente esa es también su gran limitación. Y por eso, en cierto sentido, la experiencia del místico (en su dimensión de suprarracionalidad) es como una prolepsis de lo que nos sobrevendrá con la muerte y con la consiguiente ruptura de todas las barreras espacio-temporales. Sólo entonces nos liberaremos de las limitaciones impuestas por la mente y su discurso. Es la liberación por transcendimiento (*toda ciencia trascendiendo*) de lo meramente discursivo o conceptual, para acceder así a un nuevo estado de percepciones. Quizás ésta sea una de las intuiciones claves de la experiencia mística.

1. Gozando del olvido de sí

Que el mundo conceptual o de las ideas (el mundo de los pensamientos) se pueda convertir en obstáculo para avanzar por el camino místico, se puede ver de una manera más clara a través de las concepciones metafóricas que están presentes en nuestro lenguaje familiar, las mismas que hacen acto de presencia en el lenguaje místico. Y así, cuando Juan de la Cruz afirma que el alma no se ha de "embarazar" de las «noticias y *aprehensiones* del entendimiento» (2S 10,1), es porque dichas "noticias" o "ideas"[22], metafóricamente las podemos concebir como "objetos", que a su vez, metafóricamente y en cuanto "objetos", podemos "coger" o "aprehender". La misma etimología de "aprehender", nos lleva a PREHENDERE, que significa "coger", "atrapar".

En nuestra vida diaria, de manera automática e inconsciente, concebimos que LAS IDEAS SON OBJETOS. Y en cuanto "objetos", se pueden *dar, coger, intercambiar, tener, perder, encontrar, dar vueltas, quitar.* Repárese en expresiones como las que siguen: *me has "quitado" esa idea, "dame" alguna idea, "he encontrado" nuevas ideas, "cogí" esta idea de un libro,* etc. Apropiarse de un objeto es "cogerlo", y lo mismo ocurre con las "ideas". Por eso, metafóricamente, ENTENDER ES COGER, lo cual se ve muy claro cuando decimos *al menos "he cogido" la idea principal, es un concepto "resbaladizo", "se me ha escapado" esa idea, no sé si "coges" lo que quiero decir.* Si las ideas son "objetos", y el entendimiento puede "cogerlas", en cuanto objetos también podrán convertirse en un obstáculo más hacia la unión. Así pues, dirá el místico, para progresar en este viaje, hay que ir *no entendiendo,* o si se prefiere, *no cogiendo, no poseyendo*[23].

---

[22] Somos conscientes de que ambos términos no son equipolentes en sentido estricto. "Noticias" es siempre un concepto más amplio en San Juan de la Cruz, que afecta al nivel ontológico de la persona, mientras que "ideas" se circunscribe al nivel epistemológico o gnoseológico.

[23] «Esperar es ir más allá del universo y más allá del Dios que se está haciendo en mí. El Dios que yo espero es incomprensible. No está ligado a ninguna de las formas de mi pensamiento. Concebirlo sería detenerme en una comunicación y no esperar más allá de la estabilidad que ésta me impone» (BARUZI, J., o.c., p. 521).

> «Ninguna cosa criada, ni pensada, puede servir al entendi-
> miento de propio medio para unirse con Dios, y cómo todo lo
> que el entendimiento puede *alcanzar*, antes le sirve de *impedi-
> mento* que de medio, si a ello se quisiere asir» (2S 8,1).

San Juan de la Cruz se mueve aquí en el nivel conceptual o categorial del conocimiento, allí donde el "entendimiento" puede "coger" (*alcanzar*, dice él) ideas por sí mismo, bien sea de su entorno (*cosa criada*), bien sea a través de la reflexión o la especulación mental (*cosa pensada*). Lo que parece claro para él es que el conocimiento que aquí se puede adquirir, las ideas que podemos captar a través de estas dos vías, se pueden convertir en "impedimento" a lo largo del viaje místico. La oración condicional que cierra la cita es clave: dichas ideas serán un obstáculo sólo si llegas a "asirte" a ellas.

No se trata pues aquí, como ocurría ante los apetitos, de *"hacer frente a"*. Basta con no "asirse", "sortear", prescindir de dichas ideas para que no embaracen al alma en su viaje. «Por tanto, para venir a esta unión de amor de Dios esencial, ha de tener cuidado el alma de no se ir arrimando a visiones imagina- rias, ni formas, ni figuras, ni particulares inteligencias, pues no le pueden servir de medio proporcionado y próximo para tal efecto, antes le harían estorbo» (2S 16, 10). Por eso lo relevante será aquí el desprendimiento, el desarrimo, la ausencia de apego, la inexistencia de ataduras, y no la mera eliminación de las cosas. Y el vacío supondrá no apegarse al pensamiento, aunque en él se pueda pensar. No apegarse a las palabras o representa- ciones mentales, aunque unas y otras se puedan usar y tener. Lo importante será *no estar apegado*[24].

Para sortear los obstáculos del conocimiento conceptual, nuestro místico le ofrece al lector el siguiente consejo: «en todas las cosas que oyere, viere, oliere, gustare o tocare, *no haga archivo ni presa* de ellas en la memoria, sino que *las deje luego olvidar*... dejando la memoria libre y desembarazada, no atándo- la a ninguna *consideración*... dejándola libremente *perder en olvido*, como cosa que *estorba*, pues todo lo natural, si se quiere ayudar de ello en lo sobrenatural, antes estorba que ayuda»

---

[24] Cf. JOHNSTON, W., *El ciervo vulnerado*, o.c., p. 91.

(3S 2,14). *No hacer archivo ni presa, dejar olvidar, perder en olvido*: se trata de superar el nivel conceptual, más propio de la "meditación", para entrar en la contemplación (nivel supraconceptual), donde ya no hay que eliminar "ideas", sino sencillamente no hacer "archivo" de ellas. Sólo desde el olvido te podrás abrir al futuro de un Dios siempre insospechado.

Se busca así purificar la memoria frente a los viejos recuerdos negativos del pasado:

> *Procurando tú guardar tu alma en el "olvido" de todo* (Caut. 8). *Y gozar del olvido de sí y de todas las cosas* (Ep 25).

Esto conllevará todo un proceso de sanación de la mente, de la psique, del alma. El *no hacer archivo* o *perder en olvido*, es la forma de superar todo "rencor" en el viaje místico. Pues sólo superando el rencor se abre camino la verdadera sanación del espíritu. En el fondo, el perdón es una forma de sanación a nivel personal, y de sanación de las relaciones interpersonales. Téngase en cuenta que la etimología de la palabra "rencoroso" (del latín RANCIDUS), daría también en castellano la palabra "rancio". Y "rancio" no significa otra cosa que "amargo": es lo que ocurre con ciertos comestibles que con el paso del tiempo se echan a perder por guardarlos demasiado (v. g., el "tocino"). También tú, cuando «guardas rencor», terminas por "echarte a perder", por pudrirte interiormente y vivir amargado[25].

«Si no perdonáis a los hombres sus ofensas, tampoco vuestro Padre perdonará las vuestras» (Mt 6,15). Esto no significa que nosotros hemos de perdonar antes para que así Dios nos perdone, ya que su perdón es previo, gratuito e incondicionado[26]. Los "mandatos" evangélicos no son nunca una carga o imposición que venga de Dios, son más bien nuestro camino de reali-

---

[25] «El paisaje del resentimiento está habitado por el rencor, pero conviene subrayar que la antesala del resentimiento es la envidia. Las dos notas más características del resentimiento son sentirse dolido y no olvidar» (ROJAS, E., *Los lenguajes del deseo*, o.c., p. 124).

[26] Así aparece, de una manera impresionante, en la parábola del hijo pródigo (Lc 15, 11-32). Sobre cómo actúa Dios al perdonar, dirá San Juan de la Cruz: «Tú, Señor, vuelves con alegría y amor a levantar al que te ofende, y yo no vuelvo a levantar y honrar al que me enoja a mí» (D 46).

zación más verdadera, más auténtica y humana. Y es que perdonar a los demás y ser comprensivos con los "delitos" de los otros, es lo único que puede liberarnos del peso psicológico de nuestros propios "delitos". Cuando no somos comprensivos con los "delitos" de los demás (cuando no perdonamos o guardamos rencor), no es a Dios al que por eso "ofendemos". El problema es que así estamos actuando en contra de nuestro bien, y es esto lo único que le "ofende" a Dios. Y como cualquier madre o padre, Dios sólo quiere que no nos hagamos daño a nosotros mismos [27].

Perdonar (*no hacer archivo, olvidar*) es la forma de "sanar" tu propio interior, tu mente, tu espíritu, la persona toda. Y así logras ir más allá de tus viejos rencores. Sólo desde el perdón y el olvido puedes superar los miedos y temores que te bloquean, y que no te dejan ser libre. El miedo es como una herida en tus emociones. Los miedos se curan como se cura una herida o el corte de tu mano. Si decides ignorar el corte de tu mano, terminará por infectarse. Pero si lo prestas atención y lo dedicas tiempo, se curará. Lo primero es darse cuenta (*cayendo el alma en la cuenta...*) de qué miedos hay en tu vida: ¿es miedo al futuro, a la soledad, a sentirte rechazado? Después usa el sentido común. No dejes que el miedo se infecte. Deja de lado tus miedos (casi todos infundados) y dedica tus energías a las otras emociones. Lograrás así curarte sin esfuerzo, casi de una manera natural. La noche será precisamente un fabuloso proceso de cura y sanación, y la unión mística te devolverá un espíritu verdaderamente sano y saludable.

Los miedos guardan una estrecha relación con nuestros pensamientos, y por lo tanto con nuestra mente, con el entendimiento sanjuanista. El mismo San Juan de la Cruz habla de *la turbación que nace de "los pensamientos"* (3S 6,1). El miedo o turbación sólo está en nuestra mente, desde donde proyectamos

---

[27] «Dios está dispuesto a perdonar incluso las mayores deudas, pero existe una sola condición previa: los seres humanos también tienen que perdonar a sus deudores. Éste es el mensaje vital dirigido a la comunidad» (THEISSEN, G., *La redacción de los evangelios y la política eclesial. Un enfoque socio-retórico*, Estella, Verbo Divino, 2002, p. 84). Cf. a este respecto la parábola del empleado malo (Mt 18, 23-35) o la del juicio final (Mt 25, 31-46).

imágenes de lo que pensamos que puede ocurrir. Los miedos o temores (o "ansiedad", como diríamos hoy) son las "fieras" del camino a las que no merece la pena temer. San Juan de la Cruz nos ofrece una lista abierta de algunos de esos "miedos": miedo a *perder los amigos, el crédito, el valor, la hacienda*, miedo a las *habladurías, burlas, dichos, mofas, menosprecios...*[28], etc., etc. La lista queda abierta. Y ejemplifica algunos de los "miedos" que pueden paralizarnos. Miedos o "fieras" que, fundamentalmente, están en nuestro pensamiento.

San Juan de la Cruz hablará pues de «constancia y valor para "no bajarse a coger las flores", y ánimo para "no temer las fieras"» (C 3,10). No apegarse a nada. No temer nada. Las invitaciones sanjuanistas a quitarse los miedos y echar fuera los temores son continuas. Y en este sentido, una de sus expresiones favoritas, que se reitera con leves variantes en sus escritos, es que los miedos nos hacen *temer donde no hay que temer*[29]. El miedo es lo que no nos deja ser auténticos. Los miedos no sirven más que para paralizar y acobardar a quien los tiene: «No sea boba ni ande con temores que acobardan al alma»[30], le dice en carta a una compañera religiosa.

Todavía más, Juan de la Cruz está convencido de que buena parte de lo que hoy conceptualizamos como neurosis y trastornos psicológicos de la persona (temores, angustias, depresiones, obsesiones, miedos...) están relacionados con la memoria. Y nos ofrece una lista ejemplificadora a tal efecto: *tristezas, aflicciones, gozos vanos, penas, agitación, temor, odio*[31], etc. Son los "fantasmas del tiempo" que nos visitan por culpa de la memoria, y que San Juan nos invita a borrar por medio del olvido.

> «Todos los más engaños que hace el demonio y males al alma *entran* por las noticias y discursos de la memoria; la cual, si se oscurece a todas ellas y se aniquila en olvido, *cierra* totalmente *la puerta* a este daño del demonio y se libra de todas estas cosas, que es gran bien» (3S 4,1).

---

[28] Cf. C 3,7.
[29] Cf. L 3,62; 3S 16,4; 3S 25,6...
[30] Ep 3. [A Ana de San Alberto, priora de Caravaca.]
[31] Cf. 3S 3,3 y 3S 4,2.

Es la terapia del olvido, la amnesia como sanación. Eso sí, se trata de un olvido entendido siempre como puro medio (nunca fin en sí) para que se cure el psiquismo humano de las malas pasadas que le juega la memoria[32]. Por eso, para avanzar por este viaje (como para ser feliz) no hay mejor receta que la mala memoria. Y no se olvide esto. Necesitas liberarte de las ataduras al pasado a que te lleva la memoria, abriéndote así al misterio de la esperanza. Y una vez más otro de los consejos sanjuanistas:

> «Por lo cual, mejor es aprender a ponerse [...] en silencio y callando para que hable Dios [...] haciendo a la memoria que quede callada y muda, y sólo el oído del espíritu en silencio a Dios, diciendo con el profeta: *Habla, Señor, que tu siervo oye* [...] No pierda el cuidado de orar y espere en desnudez y vacío, que no tardará su bien» (3S 3,4-6).

El "oído a solo Dios": he aquí una nueva clave, un nuevo antídoto frente a las enfermedades de la memoria. Porque el recuerdo de Dios, es lo que puede sanarnos frente a los viejos "recuerdos" que nos sientan mal. Curiosamente, lo mismo que nos enferma, es lo que nos sana. El "recuerdo" de solo Dios te cura de otros recuerdos. Es la "memoria del Criador"[33] de la famosa redondilla sanjuanista. El "haz memoria de Jesucristo" tan paulino (2 Tim 2,8). La *memoria Dei,* en definitiva. Y esa "memoria eterna de Dios" (L 2,34) es la que sana nuestra propia "memoria".

La esperanza es otro de los antídotos de Juan de la Cruz frente a las malas pasadas que nos juega la memoria[34]. «La esperanza [...] aparta la memoria de lo que se puede poseer, y

---

[32] Cf. BORD, A., *Mémoire et espérance chez Jean de la Croix,* Paris, Beauchesne, 1971, pp. 155 y 165.

[33] Recuérdese la redondilla del Santo: *Olvido de lo criado / memoria del Criador / atención a lo interior / y estarse amando al Amado.* He aquí toda una concatenación de antídotos claves frente a los males de la memoria: *olvido, memoria (y atención) y amor.*

[34] «Así el olvido que borra el "tiempo" inerte, es sólo protensión a un tiempo vivo, jamás llegado ni pasado, cuya única memoria es la esperanza» (BALLESTERO, M., *Juan de la Cruz: de la angustia al olvido. Análisis del fondo intuido en la Subida del Monte Carmelo,* Barcelona, Ediciones Península, 1977, p. 214).

pónela en lo que espera» (2N 21,11). *Poner la memoria en lo que se espera*, para sanar de lo que se desespera, para sanar de las heridas del pasado. He aquí otra terapia clave. Necesitamos, pues, olvidarnos de las ataduras al pasado a que nos lleva la memoria y la propia densidad del pasado. Esa liberación de toda forma de "posesión" frente al pasado nos sitúa ante el misterio de la esperanza, la cual es también liberación de toda forma de "posesión" frente al futuro [35]. Si se espera, no se posee. Y somos más fuertes cuando esperamos que cuando poseemos. En realidad, el olvido abre un primer hueco a la espera, una primera ventana a la "advertencia amorosa", una primera puerta a la "noticia general".

> *Se queda el alma a veces como en un olvido grande. Y la causa de este olvido es la sencillez de esta noticia [o "advertencia amorosa en general de Dios" [36]], la cual, "ocupando" al alma, la pone limpia de todas las aprehensiones y formas de la memoria, y así la deja en olvido y sin tiempo [37].*

He aquí la que para Juan de la Cruz es la terapia definitiva frente a los males o enfermedades de la memoria. Allí donde la "noticia o advertencia amorosa" (y metafóricamente LAS NOTICIAS O IDEAS SON OBJETOS) "ocupa" al alma (y metafóricamente EL ALMA ES UN RECIPIENTE), ya no hay espacio para los viejos recuerdos negativos del pasado.

Y es que todos tenemos viejos rencores nada fáciles de sanar. Viejas heridas que siguen supurando a pesar de nuestro esfuerzo personal por perdonar y olvidar. Heridas aparentemente cerradas, pero de hecho sólo cerradas en falso. Heridas que sólo Dios puede curarnos con su amor. Pues allí donde el esfuerzo humano resulta inútil frente a los viejos rencores del pasado,

---

[35] «Le lien de l'»espérance et de la mémoire par la notion de non-possession est subtil et profond: le dépouillement, la pauvreté assurent le dynamisme de la vertu comme celui de la puissance» (BORD, A., o.c., p. 248).

[36] 2S 14,6.

[37] Cf. 2S 14,10-11. Se trata de una experiencia muy próxima a la unión mística, pues «cuando Dios hace estos toques de unión en la memoria, súbitamente le da un vuelco en el cerebro [...] Y entonces, a causa de esta unión, se vacía.... la memoria.... de todas las noticias, y queda olvidada y a veces olvidadísima» (3S 2,5).

será la noche en su dimensión de terapia pasiva quien podrá sanarnos. Es decir, sólo el Dios-médico puede ponernos ese drenaje tan necesario para limpiar y sanear viejas heridas de antaño. Es Dios el único que puede sanar nuestras heridas más profundas y liberarnos así de nuestros rencores.

Podemos hablar, en un sentido, del olvido como terapia activa, intencionalmente buscada. Y de ahí la terminología utilizada por San Juan de la Cruz: *aniquilar en olvido, dejar olvidar, perder en olvido, no hacer archivo...* Es el esfuerzo consciente por borrar del disco duro de la memoria todo aquello que nos pueda hacer daño. Pero llega un momento en el que todo esfuerzo resulta inútil. Da la impresión de que el psiquismo humano llega a inmunizarse frente al olvido como terapia activa. Y entonces lo único que nos puede sanar es el olvido como terapia pasiva[38]. Es el drenaje que Dios nos pone. Es el olvido místico. Un olvido que brota como una experiencia gratuita y no forzada cuando el místico se siente invadido por la *noticia amorosa* de un Dios que lo ocupa todo. Allí donde la "advertencia o noticia amorosa" lo llena todo (llena tu vida, tus vacíos, tus pensamientos), brota de una manera natural la terapia del "olvido"[39].

Si las ideas son "objetos", y entender es "coger", no parece que sea posible en este nivel del conocimiento categorial "aprehender" a Dios, que en sí pertenece al nivel supracategorial. Por eso Juan de la Cruz se ha dado cuenta de que para avanzar por este viaje hasta el destino final, el conocimiento racional o discursivo es un obstáculo más que se ha de dejar de lado. Dios no es tus ideas sobre Dios[40]. Está en un nivel distinto, al que se

---

[38] Como muy bien saben los psicólogos, ante ciertos recuerdos, apegos o adicciones inconscientes, ningún esfuerzo humano es suficiente. Necesitamos la purificación pasiva que sobreviene a través de la noche oscura del alma (cf. JOHNSTON, W., *Mística para una nueva era. De la teología dogmática a la conversión del corazón*, Bilbao, DDB, 2003, p. 162).

[39] «Esas noticias amorosas quedan como impresas en el alma, que no necesita seguir discurriendo; no piensa, le llena la atención y noticia amorosa de Dios» (PIKAZA, X., *El Cántico Espiritual*, o.c., p. 127).

[40] En las siempre atinadas y vívidas palabras de J. JIMÉNEZ LOZANO: «Juan de la Cruz no sólo resulta ser un maestro de la sospecha que sigue interrogándonos, como Marx, Nietzsche y Freud, sobre la consistencia de nuestras verdades, nuestro conocimiento y nuestra conciencia de lo real, haciéndonos mirar el revés del tapiz y de la trama hecha de engaños, ilusiones e intereses o disfraces, sino que lo

accede sólo desde la fe. Si entender es "coger", no entender será "no coger", y esta es la manera de acercarse a lo Real Último: «si [el alma] se emplea en *cosas aprehensibles*, como son las *noticias* de la memoria, no es posible que esté libre para lo *incomprensible*, que es Dios; porque, para que el alma vaya a Dios antes ha de ir *no comprendiendo que comprendiendo*» (3S 5,3). Y es que no hay salvación ni en las seguridades intelectuales ni en los grandes conceptos.

Nada particular o categorizable, es decir, nada que pueda "aprehender" nuestra mente, es válido para llegar a la unión mística. Si quieres avanzar por este camino, habrás de ir *no entendiendo, no cogiendo*. Juan de la Cruz exige desasimiento, pero no de Dios, sino de los pensamientos, ideas y sentimientos sobre Dios [41]. Según el mensaje bíblico, Dios está por encima de todo: ideas, ídolos, imágenes y palabras de todo tipo. «La perenne tentación del hombre (como la de Israel) ha sido siempre meter a Dios en una caja o en una categoría y así poder controlarlo. El saber conceptual es una forma de domesticación que se ha de abandonar en favor del conocimiento no conceptual, una nueva manera de conocer y de amar que penetra en el silencio de la nube o de la noche oscura» [42].

En fin, ante los recuerdos que nos sientan mal, nada mejor que el olvido, la esperanza y la atención amorosa. Es la receta

hace más radicalmente que estos maestros de la modernidad, ahora ellos mismos sospechados. Y ello, por una sencilla razón: porque estos maestros de la sospecha no habían tenido más remedio que absolutizar o transcendentalizar los presupuestos mismos de su sospecha crítica, mientras que en Juan de la Cruz la sospecha crítica es ajena a su propio pensamiento, que no es un sistema, ni una filosofía, y tiene su fuente en un desnudamiento de toda seguridad y afirmación, absolutamente de todo, sólo a cuyo final —"y en el Monte nada"— se nos entregaría lo real y no sólo su conocimiento» («Prólogo a la Edición Castellana de J. Baruzi», en *San Juan de la Cruz y el problema de la experiencia mística*, o.c., p. 16).

[41] «El hombre, ocupado por los granos de arena de la playa, mora de continuo a orillas del mar infinito del misterio» (K. Rahner). Es decir, entretenidos con lo categorial, o sea, jugando con las palabras o con nuestras ideas sobre Dios ("los granos de arena..."), nos hemos distraído y hemos olvidado lo esencial (aunque de hecho lo tengamos delante de nuestros ojos), que es ese "mar infinito del misterio". Y ese mar infinito es la experiencia de la contemplación, no hecha de palabras ni de conceptos.

[42] Cf. JOHNSTON, W., *La música callada. La ciencia de la meditación*, Madrid, Paulinas, 1980, p. 213.

múltiple de San Juan de la Cruz frente a las "enfermedades" de la memoria. Es verdad que para vivir a fondo el perdón y el olvido, la esperanza y el amor, habrá que pasar por *noches, sequedades, sufrimientos...* Y es que no hay verdadera libertad sin noche, como no hay resurrección sin cruz. Pero la memoria selectiva se ocupará de reducir ese trance al mínimo, porque la intensidad de lo logrado será tal, que lo único que se podrá cantar al final será la *dichosa ventura* o la *llama de amor viva que tiernamente hiere.* Y porque en la mística sanjuanista hay un optimismo trascendente que lo envuelve todo.

2. Abriendo los ojos a la luz no esperada

Hemos visto que, en sentido metafórico, "entender es coger". Otra de las metáforas habituales para explicar la capacidad intelectiva del hombre responde a expresiones tan corrientes como: *¿lo ves o no lo ves?, no veo por dónde va tu argumento, estarás ciego para no verlo,* etc. En todos estos casos "ver" equivale a "entender". Y la metáfora que descubrimos detrás nos dice que una realidad tan abstracta, como es la capacidad intelectiva humana, se puede conceptualizar vía otra realidad tan absolutamente concreta y física como es la "vista": ENTENDER ES VER [43]. Y de hecho, según una vieja tradición neoplatónica, ver equivale a conocer.

El alma «que estuviere *a oscuras y se cegare* en todas *sus luces* propias y naturales, *verá* sobrenaturalmente, y la que a alguna *luz suya* se quisiere arrimar, tanto más *cegará y se detendrá* en el camino de la unión» (2S 4,7). Esta breve cita sanjuanista, de una densidad y condensación fabulosas, resulta especialmente relevante. Recuerda que estás haciendo un viaje muy particular, un viaje cuyo destino es la unión mística. En un momento determinado de este camino, tu entendimiento ya no puede guiarte. Te guiará la fe. Pero de esto hablaremos más largo y tendido a su tiempo. Lo que ahora nos interesa es que si

---

[43] San Juan de la Cruz se adelantó unos cuantos siglos a esta concepción metafórica que nos ha enseñado la moderna semántica cognitiva: «Pues, como habemos dicho, EL ENTENDERLO ES VERLO» (2S 23,2).

queremos seguir avanzando y sorteando obstáculos en nuestro viaje, tendremos que hacerlo "a oscuras, ciegos, sin luces propias". Veamos qué puede significar todo esto.

Si ENTENDER ES VER, lo contrario también tiene que ser cierto, es decir, no entender (y en este camino hay que ir "no entendiendo", al decir del místico) será, sencillamente, no ver. O sea, NO ENTENDER ES NO VER. Y por eso, cuando no entendemos algo usamos expresiones del tipo *esto no está claro, sus ideas son muy oscuras, hay que estar ciego para no verlo*. Quizás ahora se entiendan mejor las expresiones sanjuanistas de caminar "a oscuras y ciegos", ya que no significan otra cosa que caminar sin la *luz del entendimiento* [44]. Quedarse a "oscuras" es "no ver", y no ver es "no entender". Al encuentro con lo divino se ha de ir a "oscuras", es decir, prescindiendo del entendimiento y discurso racional. Cuando se prescinde de la "luz" natural del entendimiento en el camino místico, aparece en su lugar la "luz" divina, que es la luz de la fe. La que nos permite ver la verdad de la vida, lo más genuino del ser humano.

Lo que parece claro es que caminar "a oscuras" no es otra cosa que prescindir de las seguridades del discurso racional, de la "luz" del entendimiento:

> «Porque otras ciencias con la luz del entendimiento se alcanzan; mas ésta de la fe, sin la luz del entendimiento se alcanza..., y con la luz propia se pierde, si no se oscurece» (2S 3,4).

Todo lo sensorial y lo racional-discursivo entra en hibernación por razones terapéuticas. Se pasa por una anestesia general de lo que era «todo» para la persona, y entonces no te queda más que la experiencia de la «nada» y el «vacío». El frío del invierno te ha sorprendido y te ha obligado a parar por algún tiempo para reconsiderar el camino. Sólo desde la fe y la confianza más absolutas es posible ahora caminar sin la vieja "luz" de la razón,

---

[44] Y esta expresión nos remite a otra metáfora conceptual: LAS IDEAS SON FUENTES DE LUZ, de ahí *la luz del entendimiento, las ideas brillantes/luminosas, un análisis esclarecedor o encendérsele a uno la bombilla* (cf. SANTOS DOMÍNGUEZ, o.c., p. 128).

como un ciego y a oscuras. La oscuridad explica la inefabilidad de la experiencia mística.

Pero no sólo tienes que prescindir de tu propio entendimiento en este viaje, también tienes que dejar de lado las comunicaciones divinas. Por eso, frente a posibles "visiones", el místico avisa «del peligro y *embarazo* para ir adelante» (2S 17,1) que hay en ellas, ya que pueden *embarazar e impedir*[45] para la unión: «Y así, es lo más acertado y seguro hacer que las almas *huyan* con prudencia de las tales cosas» (2S 19,14). En una poderosa sintaxis acumulativa (y en polisíndeton), a modo de consejo disuasorio, afirma a este respecto San Juan de la Cruz: «Por lo cual, justamente se enoja Dios con quien las admite, porque ve es temeridad del tal meterse en tanto peligro y presunción y curiosidad y ramo de soberbia y raíz y fundamento de vanagloria y desprecio de las cosas de Dios, y principio de muchos males en que vinieron muchos» (2S 21,11). Verdaderamente implacable Juan de la Cruz[46].

La actitud del místico frente a las llamadas "locuciones" divinas no es muy diferente. Son nuevos obstáculos, y por eso advierte «para no ser engañado ni *embarazados* con ellas: que no hagamos caudal de nada de ellas» (2S 29,12). E insiste en caminar "a oscuras", y no por "mucha razón":

> «Digo, pues, que esto puede *estorbar mucho* para ir a la divina unión, porque aparta mucho al alma, si hace caso de ello, del abismo de la fe, en que el entendimiento ha de estar *oscuro, y oscuro* ha de ir por amor en fe, y no por mucha razón» (2S 29,5).

No olvidemos que una de las constantes del camino místico, ya señalada varias veces, es la continua presencia del amor en todas las etapas: "ha de *ir por amor en fe*". Y otra más de las

---

[45] Cf. 2S 16,5.

[46] No tanto en otras ocasiones, donde contrapone dichas "visiones" a lo que es realmente valioso en este camino, la caridad y la humildad: «cómo es mucho más precioso delante de Dios una obra o acto de voluntad hecho con caridad, que cuantas visiones y comunicaciones pueda tener del cielo» (2S 22,19); «todas las visiones y revelaciones y sentimientos del cielo y cuanto más ellos quisieren pensar no valen tanto como el menor acto de humildad» (3S 9,4).

quejas sanjuanistas, también frente a las "locuciones" divinas, donde nuestro autor comienza apelando al asombro, y cierra, tras una larga enumeración en polisíndeton, en interrogación retórico-apelativa, interpolando, mediado el texto, citas directas a modo de ecos pletóricos de ironía:

> «Y espántome yo mucho de lo que pasa en estos tiempos y es que cualquiera alma de por ahí con cuatro maravedís de consideración, si siente algunas locuciones de estas en algún recogimiento, luego lo bautizan todo por de Dios, y suponen que es así, diciendo: "Díjome Dios", "respondióme Dios"; y no será así, sino que, como habemos dicho, ellos las más de las veces se lo dicen. [...] y no habrá sido poco más que nada, o nada, o menos que nada. Porque lo que no engendra humildad y caridad y mortificación y santa simplicidad y silencio, etc., ¿qué puede ser?» (2S 29, 4-5) [47].

Vas, pues, avanzando por el viaje místico. Y vas sorteando los obstáculos del "yo" racional. Lo único importante es alcanzar la meta. Para ello tendrás que ir *no entendiendo, ciego y a oscuras*, guiado sólo por la fe, impulsado sólo por el amor. Ahora, la vieja ciencia de antaño y el discurso racional ya no te sirven. La razón de la oscuridad es la sobreabundancia de una nueva luz, la de la fe. Lo racional ha sucumbido ante lo fiducial. A las largas consideraciones, les sucede una simple mirada. El fariseo que comenzó este viaje ha ido, lentamente, retirándose hasta el fondo del templo. Te has quedado en silencio y sin palabras ante lo Real Último. Pero en medio de esa aparente pobreza experimentas una riqueza nueva e insospechada que ya sólo viene de Dios.

Es la experiencia de una certeza nueva en medio de la oscuridad. La luz del propio entendimiento desaparece ante la luz divina: «En este sosiego se ve el entendimiento levantado con extraña novedad sobre todo natural entender a la divina luz, bien así como el que, después de un largo sueño, *abre los ojos a la luz que no esperaba*» (C 15,24). Abrir lo ojos a una nueva luz que viene como caída del cielo, inesperadamente, sin saber

---

[47] Recuérdese la archicitada «Porque en darnos, como nos dio, a su Hijo...» (2S 22,4).

cómo y sin esfuerzo, gratuitamente y sin buscarla. Una nueva confianza y seguridad *más cierta que la luz del mediodía*, incluso en medio de la noche. Radical *confianza ciega* ("fe oscura") que te lleva a tomar conciencia de tu verdadera realidad, a afirmar que por primera vez estás comenzando a *ver*[48].

Es la misma confianza que el Jesús resucitado devolvió a sus discípulos, quitándoles todos sus miedos. Así lo vio Juan de la Cruz:

> «El que entró a sus discípulos corporalmente, las puertas cerradas, y les dio paz [...], entrará espiritualmente en el alma, sin que ella sepa ni obre el cómo [...] y la llenará de paz, declinando sobre ella, como el profeta dice, como un río de paz, en que le quitará todos los recelos y sospechas, turbación y tiniebla» (3S 3,6).

Recuérdese que, metafóricamente, EL ALMA ES UN RECIPIENTE, y sólo así se comprende que se pueda "entrar" en ella, o "llenarla" de paz, o "vaciarla" de recelos, turbación y tiniebla.

Entrar en el alma..., llenarla de paz..., quitarle los miedos... La experiencia que aquí nos cuenta San Juan de la Cruz es idéntica a la que tuvieron los primeros discípulos con el Jesús resucitado: *entró donde estaban reunidos, les dio la paz, les devolvió la alegría, les quitó los miedos...* (Jn 20,19-20). Dicha experiencia les hizo ver que Jesús seguía realmente vivo en sus vidas. Pues bien, la misma e idéntica experiencia es la que tuvo y nos cuenta San Juan de la Cruz: *entrar en el alma..., llenarla de paz..., quitarle los miedos...* La misma experiencia que puede hacer toda mujer, todo hombre, de todo tiempo y lugar.

San Juan de la Cruz fue capaz, en un primer momento, de saborear las Escrituras y empatizar con ellas. Y de ahí brota lo fundamental de su experiencia mística, pues Dios se nos revela también a través del psiquismo humano. O dicho con otras pala-

---

[48] «Es decir, que, por una parte, la certeza de la experiencia es el resultado del contacto del sujeto con la luz superior de la realidad contemplada. De ahí que, por no ser el resultado del concurso de los sentidos ni de la inteligencia discursiva, la certeza que produce no se vea amenazada por su fragilidad» (MARTÍN VELASCO, J., *El fenómeno místico*, o.c., p. 353).

bras, y aplicando aquí la "mayéutica histórica" de Torres Queiruga[49]: la genialidad religiosa de San Juan de la Cruz le hizo "caer en la cuenta" de que la verdadera experiencia de la resurrección consiste en hacer la vivencia de un Dios que *entra en tu alma, te llena de paz, te quita los miedos*... Pero sólo es para que te des cuenta de que Dios ya estaba en tu alma (más todavía, es *el centro de tu alma*[50]), y siempre había querido llenarte de paz, y siempre había querido quitarte los miedos... Lo que sucede es que hasta ahora no habías caído en la cuenta[51].

Sólo necesitamos una cosa: "caer en la cuenta"[52] de que el Resucitado está ahí. De que siempre ha estado y estará ahí. De manera idéntica a como lo estuvo con los primeros discípulos. «No lo vemos, pero él nos ve; no lo tocamos, pero le sabemos presente, afectando nuestras vidas y afectado por ellas. Por eso podemos hablar con él en la oración y colaborar con él en el amor y en el servicio»[53]. Y gracias a lo que San Juan de la Cruz llamó «fe oscura» (sintagma equivalente a lo que en nuestra vida cotidiana designamos como "confianza ciega"), sabemos que, más que nunca, está con nosotros. Llenándonos de su paz. Haciendo que se desvanezcan todos nuestros miedos.

[49] Teoría que, lógicamente, tiene su origen en Sócrates, y que nuestro autor traslada al campo de la revelación bíblica. Según esto habría dos elementos: «la palabra externa del mediador (del "maieuta") y la remisión del oyente a su propia realidad. El mediador con su palabra y con su gesto les hace descubrir a los demás la realidad en la que *ya* están metidos, la presencia que *ya* los estaba acompañando, la verdad que desde Dios *ya* eran o están siendo» (*La revelación de Dios en la realización del hombre*, o.c., p. 132).

[50] Cf. L 1,12.

[51] «Dios no se reveló a Moisés en los "milagros" con los que la fabulación posterior pintó su presencia salvadora: la revelación se produjo cuando Moisés "cayó en la cuenta" de que en la rebeldía que sentía contra la opresión injusta del faraón estaba manifestándose la "voz" de Yahvé. En el propio sentimiento, en cuanto expresión del acto creador y salvador de Dios, supo leer que éste está siempre diciéndonos que se compadece de toda opresión y de todo sufrimiento. Dios no cambió "en sí mismo", en el sentido de que él empezase entonces a ser compasivo y misericordioso; pero cambió "para Moisés" -y desde él para el pueblo y para nosotros.» (A. TORRES QUEIRUGA, *Repensar la resurrección. La diferencia cristiana en la continuidad de las religiones y de la cultura*, Madrid, Trota, 2003, p. 120).

[52] Piense el lector en el «Cayendo el alma en la cuenta» con que casi principia *Cántico espiritual*.

[53] A. TORRES QUEIRUGA, *Repensar la resurrección*, o.c., p. 326.

3.　Saboreando la entera dulzura

Si metafóricamente concebimos que LAS IDEAS SON COMIDA[54], entonces, en cuanto tales, se podrán "tragar", "digerir", "preparar", incluso se podrán "vomitar". Podrán ser "dulces", "amargas", "jugosas", "sustanciosas": *es un artículo muy jugoso, tengo atragantado lo que me dijo, no hacía más que vomitar palabras, no hay quien digiera esas ideas*, etc. De los que se dejan llevar por la "gula espiritual", afirma Juan de la Cruz que «tienen más codicia en *comer* que en comer limpia y perfectamente; como quiera que fuera *más sano*... tener la inclinación contraria» (1N 6,4). Piénsese en una expresión tan habitual como *el alimento espiritual*. Igual que para tu cuerpo hay una comida "sana", también ha de haberla para tu espíritu.

Nuestro místico va a proponerles a todos los que se dejan llevar por la "golosina" espiritual, seguir una dieta "sana", y si es necesario "sin sabor" o sea, sin sal. Y si los tales nunca se "hartan" de leer libros, es por la concepción metafórica de los libros como recipientes de ideas, y a su vez de las ideas como "comida": «Todo se les va en tener *gusto* y consuelo de espíritu... nunca se *hartan* de leer libros... [y así] crecerán en esta *gula y golosina* espiritual en males sin cuento. Por lo cual, conviene mucho a éstos entrar en la noche oscura... para que se purguen de estas niñerías [...] porque el alma que se da al *sabor*, naturalmente le da en rostro todo *sinsabor* de negación propia» (1N 6,6-7). Y repárese en las continuas correspondencias entre lo espiritual y lo físico: lo primero es lo abstracto, lo segundo es lo concreto. Es esto último lo que nos permite hablar de lo primero: y así, hablamos de *ejercicios espirituales* por relación a los *ejercicios físicos*, y lo mismo ocurre con *la gula espiritual o la avaricia espiritual* o *la ira espiritual*.

La concepción metafórica de LAS IDEAS COMO COMIDA es una constante frente a las así llamadas "noticias" o "comunicaciones" espirituales, frente a "consolaciones" o "sentimientos", y por eso San Juan avisa a los que «andan a *cebar* y vestir su naturaleza de consolaciones y sentimientos espirituales... [y] en ofre-

---

[54] Cf. LAKOFF y JOHNSON, *Philosophy in the Flesh*, o.c., p. 241.

ciéndoseles algo de esto *sólido...*, en sequedad, *en sinsabor...* huyen de ello como de la muerte, y sólo andan a buscar *dulzuras y comunicaciones sabrosas* en Dios. Y esto es... *golosina* del espíritu» (2S 7,5)[55]. Así pues, tu alma, como tu cuerpo, ha de seguir una dieta rigurosa para avanzar por este camino del espíritu, una dieta *sólida, de sinsabor y desabrida*, afirma el místico. Por aquí se ha de caminar *no gustando*, renunciando a *dulzuras, golosinas y cosas sabrosas*. Y avisa Juan frente a los que buscan esto último, pues en realidad lo que hacen es:

> «... buscarse a sí mismos en Dios, lo cual es harto contrario al amor. Porque buscarse a sí mismo en Dios es buscar los regalos y recreaciones de Dios, mas buscar a Dios en sí es no sólo querer carecer de eso y de esotro por Dios, sino inclinarse a escoger por Cristo todo lo más *desabrido*, ahora de Dios, ahora del mundo; y esto es amor de Dios» (2S 7,5)[56].

Si las "ideas" o "noticias" espirituales las podemos conceptualizar como "comida", para que dicha "comida" no se convierta en un obstáculo a lo largo del viaje místico, tendrás que aprender a caminar *no gustando*. Y si fuera necesario, poniendo tu alma a dieta. Lo único importante será alcanzar la meta, y para ello harás lo posible por evitar las distracciones del camino. Por muy apetitosa que sea la "comida", no es ese tu destino. Y

[55] «Los sentimientos *sabrosos* de suyo no encaminan al alma a Dios, antes la hacen asentar en sí mismo» (Ep 13). Nótese que en cuanto "sabrosos", metafóricamente los identificamos con "comida", y que además se convierten en obstáculos para progresar en el viaje místico. La carta completa más arriba citada, de fecha 14 de abril de 1589, es una fabulosa condensación analítica de la idea de "desapego" en su más ancha y profunda significación sanjuanista.

[56] Y un par de páginas más adelante se despacha Juan con la que sin duda es la queja o crítica más amarga y despiadada que se puede encontrar en sus obras. Y repárese en el extraordinario poder deíctico del demostrativo "de éstos", donde el lector tiene la sensación de que literalmente les está señalando con el dedo: «... porque veo es muy poco conocido Cristo de los que se tienen por sus amigos. Pues les vemos andar buscando en él *gustos y consolaciones... De éstos* hablo, que se tienen por sus amigos; que esotros que viven allá a lo lejos, apartados de él, grandes letrados y potentes, y otros cualesquiera que viven allá con el mundo en el cuidado de sus pretensiones y mayorías —que podemos decir que no conocen a Cristo, cuyo fin, por bueno que sea, harto amargo será—, no hace de ellos mención esta letra» (2S 7,12). ¡Y menos mal que de éstos últimos "no hace mención"!

así, sorteando este nuevo obstáculo, te irás acercando a la unión. Porque es allí donde gustarás la "entera *dulzura*". «Mas hay muchos que no quieren carecer de la *dulzura y sabor* de la memoria de las *noticias*; y, por eso, no vienen a la suma posesión y *entera dulzura*» (3S 7,2).

Dios siempre es más que tus ideas, sentimientos o emociones. Si quieres caminar a su encuentro último, tendrás que hacerlo *no entendiendo, no sintiendo, no gustando*. Sólo así podrás avanzar con libertad. Y si dejas de lado "posesiones" y "dulzuras", es para encontrar al final la *suma posesión y la entera dulzura*. Es algo que se puede percibir con meridiana claridad en el poema *Cántico*. Hasta la décima estrofa no aparece ni un solo adjetivo, en las estrofas 13 y 14 se amontonan. La apresurada velocidad de la búsqueda ha desaparecido en la unión. «El poeta, en la purgación del sentido y en la espiritual, iba veloz, como el alma enamorada. En nada, en ningún encanto (y en ningún espanto) se detenía... Pero ahora ha encontrado al Amado. Y su voz se remansa y se explaya en anchura de gozo, y las cosas, las flores bellas del mundo, ya tienen un sabor y un perfume»[57].

Tus ideas o sentimientos o gustos o pensamientos sobre Dios, siempre estarán más acá de lo que es Dios. Mientras busques saber o sentir o gustar o pensar a Dios, con lo único que te encontrarás será con un objeto a la medida de tus gustos o sentimientos o pensamientos. Un Dios creado a tu imagen. Un ídolo. Pero Dios siempre está más allá, más adelante, más arriba, allí donde «la inteligencia *oscura y general* está en una sola [noticia], que es la contemplación que se da en la fe» (2S 10,4)[58]. Porque es la "fe" la única que puede conducirte hasta el final de

---

[57] Cf. ALONSO, D., *La poesía de San Juan de la Cruz (Desde esta ladera)*, Madrid, Aguilar, 1958, p. 141.

[58] *Porque Dios es libertad absoluta, nos revela él así que todas nuestras imágenes sobre Dios (¡no su realidad misma!) son realmente productos y proyecciones humanas. Y es desde la propia realidad de Dios desde donde son rechazadas y privadas de fuerza todas nuestras imágenes proyectivas de Dios (p. 125). Porque qué sea Dios en última instancia y qué pueda ser en última instancia lo "humanum", la humanidad, no lo sabemos nosotros y lo reservamos para Dios, o, mejor dicho, esto es lo que Dios mismo se reserva divinamente para sí, frente a todo nuestro pensar, hacer y cavilar* (p. 127) (cf. SCHILLEBEECKX, E., *Los hombres relato de Dios*, Salamanca, Sígueme, 1994).

este viaje, y no la luz de tu entendimiento ni el poder discursivo de la razón. Y sólo allí, al final del viaje, surge la experiencia de una conciencia inmensamente más amplia que la racional.

Si la contemplación es noticia *oscura y general*, se debe a que se da en un nivel supraconceptual o supracategorial. Un nivel en el que la luz de tu entendimiento se apaga (de ahí la "oscuridad"), y por eso caminas *no entendiendo*, guiado ahora por la "fe", que es la nueva "luz" que ha sustituido a la del entendimiento. Y un nivel en el que tu capacidad racional de categorizar se anula, donde tu mente ya no puede captar ideas "particulares"[59] susceptibles de ser incluidas en una de sus categorías, sino sólo ideas "generales", que se escapan a tus concepciones y percepciones mentales, que desbordan el mundo categorial: «La sabiduría de Dios... ningún modo ni manera tiene, ni cae debajo de ningún límite ni inteligencia *distinta ni particularmente*, porque totalmente es pura y sencilla» (2S 16,7). *Inteligencia oscura y general*[60].

---

[59] Recordemos que entre las señales que marcan el paso de la meditación a la contemplación están *no poner la imaginación en cosas "particulares"* (cf. 2S 13,3), o *estarse a solas con atención amorosa en Dios sin "particular" consideración* (2S 13,4). Otras expresiones sanjuanistas de similar tenor: *vaciarse de inteligencias "particulares"; vacar a los "actos" de entender; no entender nada "distintamente"*... (L 3,47-48).

[60] Cf. C 39,12.

6

Tiempo para sanarse:
un viaje por las noches

> *Está puesta "aquí" en "cura" esta alma*
> *para que consiga su "salud",*
> *que es el mismo Dios* (2N 16,10)

En este viaje por el que nos conduce el místico, poco a poco se van cubriendo nuevas etapas. El alma, que es la viajera en este camino, ha ido superando y sorteando obstáculos. La meta, el destino, está siempre más adelante. Avanzar por el camino supone ir adentrándose por diferentes lugares, *entrar, pasar, salir de* ellos. Y a la vez, meditar y reflexionar sobre lo que nos vamos encontrando en el camino, para más tarde contemplar el paisaje con mirada agradecida. Caminar siempre hacia adelante, conscientes de que ni nuestras meditaciones más hondas, ni nuestras contemplaciones más profundas son todavía Dios. Si la contemplación es "la mirada del hombre a Dios", la unión mística será "la mirada de Dios al hombre". Sólo aquí se alcanza el final del viaje, sólo aquí se llega a la meta.

«Dice, pues, el alma que "con ansias, *en amores inflamada*" *pasó y salió en* esta noche oscura del sentido a la unión del Amado» (1S 14,2).

Si el alma puede "pasar" y "salir" de la noche, es porque metafóricamente las noches místicas se conciben como "lugares" o "espacios" delimitados. Y el *amor* aparece como la constante y continua "fuerza" que está siempre presente en todas las etapas y momentos del viaje místico, en todos y cada uno de los lugares por que ha de pasar el alma. Y así, si el alma avanza por este camino es gracias a «la *fuerza y calor* que para ello le dio el amor»[1]. El amor es "fuerza", y por eso se sienten *atraídos* los enamorados; el amor es "calor", y en él nos sentimos *cálidamente* acogidos. Son esa fuerza y ese calor que proceden del mismo Dios las verdaderas "causas" del movimiento dinámico del alma hacia la unión mística[2].

Al describir nuestro autor los distintos estados místicos o noches por las que el alma va pasando, la reiteración de los verbos de movimiento es abrumadora. Se puede *entrar en* la noche, y se puede *salir de* la noche; es posible *pasar por* la noche, y *estar en* la noche. Dios es quien *mete al alma en* la noche, o la *saca de* la noche. Todos estos verbos nos revelan que, metafóricamente, las NOCHES SON ESPACIOS O LUGARES. Y además "lugares" de paso, de tal manera que San Juan llega a identificar el término "noche" con "tránsito"[3]. Todo un espacio de sanación o lugar terapéutico, como lo fue el "desierto" para Jesús, adonde fue llevado por la fuerza del Espíritu[4]. La noche es tiempo de sanación. Es el tránsito o paso del alma a la unión, a Dios: «...muchos que comienzan a *entrar en este estado* [...] en el cual, cuando van ellos menos entendiendo, *van entrando más en* la noche del espíritu..., *por donde han de pasar* para unirse con Dios sobre todo saber» (2S 14,4).

La metáfora por la que concebimos que LAS NOCHES MÍSTICAS SON ESPACIOS DE SANACIÓN, se fundamenta en otra metáfora más general según la cual LOS ESTADOS SON LUGARES[5]. Los "estados" constituyen el dominio abstracto de esta metáfora, y abarcan una amplia gama de estados sociales, mentales, psicológicos o místicos. Que los "estados son lugares" se puede ver

---

[1] 1N. Declar.2.

[2] «Esta es la clave para entender las experiencias evocadas en la noche sanjuanista: la influencia amorosa de Dios como fuerza purificadora» (BRÄNDLE, F., *Biblia en San Juan de la Cruz*, Madrid, EDE, 1990, p. 65).

[3] «Por tres cosas podemos decir que se llama noche a este *tránsito* que hace el alma a la unión de Dios» (1S2,1); «... las causas por qué se llama esta *noche tránsito*» (1S 13,1).

[4] «A continuación el Espíritu le empuja al desierto, y permaneció en el desierto cuarenta días, siendo tentado por Satanás» (Mc. 1,12-13).

[5] CF. SANTOS DOMÍNGUEZ, o.c., pp. 100-102.

fácilmente si comparamos una serie de expresiones que están presentes en nuestra lengua de cada día, y que nos permiten descubrir las correlaciones entre "lugares" y "estados". Y así, podemos decir que "Pedro *está en* la Coruña" o que "Pedro *está en* la miseria"; "*Está fuera de* casa" o "*Está fuera de* peligro"; "*Salió de* casa" y "*Salió de* la locura (de la depresión)"; "*Atravesó* la ciudad" y "*Atravesó* una mala racha". Y lo mismo vale para los estados místicos o noches del alma.

Todo el proceso místico, como venimos reiterando, es concebido, metafóricamente, como un VIAJE. Esto implica que tenemos dos ámbitos íntimamente relacionados: el "espacio" y el "movimiento". Como las "noches del alma" son los "lugares" por los que ésta va pasando en su viaje a la unión, si ahora relacionamos espacio con movimiento, podremos obtener las siguientes deducciones: el inicio de un estado místico o "noche" supone el acceso a un lugar («Y esto fue dichosa ventura, *meterla Dios en* esta noche..., en la cual ella no atinara a *entrar*» —1S 1,5); cambiar de estado o noche es cambiar de un lugar a otro (*el alma "sale de" la noche del sentido y "la pone" Dios "en" la noche del espíritu*[6]); y el final de un estado o noche, será salir de un lugar (tras la noche del sentido «*salió* el alma a comenzar el camino y vía del espíritu» —1N 14,1).

Queda pues claro que las noches del alma son los diferentes "lugares" o "espacios" (íntimos e interiores) por los que has de ir pasando en tu viaje a la unión. En ellas "mete" Dios al alma, o simplemente eres tú el que vas "entrando": «los que después han de *entrar en* la otra [noche] más grave del espíritu, para *pasar a* la divina unión de amor» (1N 14,1). Por ellas, las noches, has de ir "pasando": «para que una alma llegue al estado de perfección, ordinariamente *ha de pasar* primero por dos maneras principales de *noches*» (1S 1,1). De ellas, las noches, también puedes "salir", o simplemente te "saca" Dios (dirigiéndose el autor a Ana de Jesús): «a la cual nuestro Señor ha hecho la merced de *haberle sacado de* esos principios y llevádola más adentro al seno de su amor divino» (C pr.3).

[6] Cf. 2N 1,1.

Juan de la Cruz promete, casi al comienzo de *Subida*, hablar de tres "noches": «Las cuales *tres noches* han de pasar por el alma, o, por mejor decir, el alma por ellas, para venir a la divina unión con Dios» (1S 2,1). Por momentos vacila en cuanto a la terminología adecuada para referirse a las distintas noches, y en símil con la noche natural habla de *primera noche o prima noche; segunda noche o media noche; y tercera noche o al despidiente*[7]. Y junto a "noches", habla también de "estados" o "vías". Tres eran tres: *vía purgativa (principiantes); vía iluminativa (aprovechados); y vía unitiva (perfectos)*[8]. Se trata de la división tradicional, la más usual en la literatura espiritual del momento.

Al avanzar por el "viaje" místico que nos cuenta Juan de la Cruz, nos percatamos de que en realidad sólo hay dos noches, *la sensitiva-sensorial y la espiritual-racional*[9], o si se prefiere, la del sentido y la del espíritu: «La primera purgación o *noche* es amarga y terrible para el sentido... La segunda no tiene comparación, porque es horrenda y espantable para el espíritu» (1N 8,2). Por lo tanto tendríamos "dos noches" y tres "estados" por los que va pasando el alma en este viaje. Si hablamos de tres estados, la secuencia sería como sigue: *primera noche (del sentido), segunda noche (del espíritu) y la unión*. Pero si hablamos de "noches", en realidad, y a pesar de las promesas ternarias sanjuanistas, sólo nos quedan dos. Son estas dos noches (estados o lugares) las que nos ocuparán en las páginas que siguen. En la primera noche domina la *meditación*, pero al mismo tiempo se va ya realizando la transición a la *contemplación*. En la segunda noche el alma va adentrándose por los caminos de la *contemplación oscura*.

1. Primera noche del alma: la noche de lo sensorial

«Parece queda claro cómo se llama *noche* la mortificación de ellos [los apetitos] y cuánto convenga *entrar en* esta noche

---

[7] Cf. 1S 2,5. En 2S 1,2, a la tercera noche la denomina "antelucano".
[8] Cf. C Arg.1-2.
[9] Cf. 1N 8,1.

para ir a Dios» (1S 12,1). La noches místicas son, metafóricamente, "lugares" en los que entras, y lugares por los que pasas para llegar a la unión. Todo cambio supone un "movimiento", por eso, cambiar de noche será cambiar de lugar. Como veremos más adelante hay toda una serie de "señales" a lo largo de este viaje que marcan el paso de un estado a otro. La fe, como es lógico, está presente durante todo el camino místico. Es quien te GUÍA en este viaje. Pero sólo desarrollará toda su potencialidad en la segunda noche, en la contemplación. Aquí todavía puedes contar para caminar, junto a la luz de la fe, con la "luz" del entendimiento. Y por supuesto, el amor es siempre la "fuerza" que te mueve. La noche se muestra, en todo caso, como un fabuloso "proceso" de sanación y liberación.

> «Para ir *en la noche* del sentido y desnudarse de lo sensible, eran menester *ansias de amor* sensible para acabar de salir» (2S 1,2).

El amor envuelve toda la experiencia mística. Es la fuerza de movimiento del alma-viajera a lo largo de su camino. Según la metáfora LAS CAUSAS SON FUERZAS [10], el amor se convierte en la fuerza que te hace avanzar. El amor, en la experiencia mística, se puede contemplar desde una doble perspectiva: en un sentido, es el amor del hombre que busca a Dios, en otro sentido más profundo y anterior, es el amor de Dios que desde siempre ha estado buscando al hombre. Es este último el importante, un amor que se convierte en "fuerza de atracción" y causa de movimiento.

1.1. *Noche es proceso*

Para que se vaya «encendiendo en el espíritu este amor divino» (1N 11,2), tienes que pasar por todo ese fabuloso proceso de metamorfosis radical que es la noche, verdadero proceso terapéutico y auténtica experiencia de liberación. Es allí, en la noche, donde el alma va *"curándose" de imperfecciones, "purgando" y "sujetando" la parte inferior, "oscureciéndose" en*

---

[10] Cf. LAKOFF, G., «The internal structures of the Self», a.c., p. 63.

*cuanto a los discursos, saliendo del "lazo" de la parte inferior,
"apagando" los gustos de arriba y de abajo, "enfrenados" y
"enjugados" los apetitos* [11]. Recuérdese que los apetitos son obstáculos a superar en el camino místico. O quizás mejor habría
que decir a "integrar" y "educar".

En el fondo, todos somos *seres separados, desfondados,
heridos*. Se trata de una realidad física, porque biológicamente,
por el nacimiento, nos hemos separado del cuerpo de la madre,
y nacer es como ser expulsados del paraíso. Pero se trata también de una realidad espiritual, estamos *separados* del fundamento de nuestro ser original. *Heridos* por Dios, hemos salido
en su búsqueda con la herida sin cicatrizar [12]. Sólo aceptando
nuestra condición de seres *heridos y separados*, aprendemos a
madurar psíquica y espiritualmente. Es decir, en el «reconocimiento de una ausencia inscrita en el corazón de nuestro
deseo» [13], comenzamos a educar los *deseos* que pudieran esclavizarnos, reconstruimos nuestras pequeñas ruinas interiores en
torno al deseo fundamental de Dios, y experimentamos por primera vez la fuerza de un amor que nos libera.

Juan de la Cruz insiste una y otra vez en el carácter de "proceso" que define toda la noche, incluso llega a utilizar la palabra
"reformación". Dicho proceso tendrá como finalidad superar
todo aquello que pueda suponer un obstáculo para avanzar hacia
el encuentro con lo divino. Es este el caso de los "apetitos", que
en el camino místico no son nunca un obstáculo a eliminar, sino
a reformar, reorientar, purificar... Lo importante es que dejen de
convertirse en impedimentos para avanzar con libertad hacia la
meta. Y aquí la labor de la noche es fundamental: «la noche que
habemos dicho del sentido se puede y debe llamar cierta *reformación y enfrenamiento* del apetito» (2N 3,1) [14].

---

[11] Cf. 1N 11,2-4.

[12] «Es que todo en su raíz es ya tragedia: nacemos de una herida, de un gran
desgarramiento; no existe medicina que nos pueda curar, porque la misma forma
de existencia es ya ruptura, enfermedad originaria» (PIKAZA, X., *El Cántico Espiritual*, o.c., p. 142).

[13] DOMÍNGUEZ MORANO, o.c., p. 41.

[14] Una amplia enumeración de las diversas concepciones de la noche como
"proceso", se puede rastrear en C 20,1.

La noche es, pues, un proceso:

> «Resta, pues, que decir aquí que esta *dichosa* noche, aunque oscurece al espíritu, no lo hace sino para *darle luz* de todas las cosas; y, aunque lo humilla y pone miserable, no es sino para *ensalzarle y levantarle*; y aunque lo empobrece y vacía de toda posesión y afición natural, no es sino para que divinamente se pueda extender a *gozar y gustar de todas las cosas* de arriba y de abajo, siendo con *libertad de espíritu* general en todo» (2N 9,1).

Se trata además de un "proceso" que se ha de entender en clave de pura positividad, como se ve por sus efectos: *luz, ensalzar, levantar, gozo, libertad en todo*... Incluso la misma noche es calificada de "dichosa".

La "oscuridad" de que habla Juan de la Cruz, no viene de Dios, ni la "humillación", ni el "vacío". Un Dios que sólo sabe amar, es incapaz de producir cualquier tipo de negatividad. Lo que ocurre es que cuando nos sentimos envueltos por la "luz" de Dios, se iluminan nuestras propias zonas oscuras. Cuando experimentamos la verdadera "libertad", la que viene de Dios, descubrimos nuestras propias esclavitudes. La experiencia de la noche nos hace transparentes a nosotros mismos. El amor de Dios se convierte así en acusación implícita de nuestra propia historia de desamor.

En su sentido metafórico, la noche puede ser, pues, un *proceso de limpieza*. Recuérdese que una de las concepciones metafóricas de los apetitos, nos llevaba a identificarlos con la "suciedad", o con las "manchas". De ahí que el paso por la noche suponga "limpiar" y "enjugar": «Dios hace merced aquí al alma de *limpiarla y curarla* con esta *fuerte lejía y amarga purga...* *enjugándole* las afecciones sensitivas y espirituales» (2N 13,11). La metáfora conceptual que explica y da razón de estas expresiones nos dice que MORALIDAD ES LIMPIEZA.

Y siempre hay una suciedad más profunda, manchas más difíciles de quitar, a las que se ha de hacer frente con "jabón y fuerte lejía" para poder llegar a la "pureza" (limpieza) de la unión: «Mas todavía se quedan en el espíritu las *manchas* del hombre viejo... las cuales si no salen por el *jabón y fuerte lejía de la purgación* de esta noche, no podrá el espíritu venir a la *pureza* de la unión divina» (2N 2,1). Así pues, tenemos aquí todo el proceso místico a nivel metafórico: los apetitos son "suciedad", la noche es un proceso de "limpieza", y la unión será "pureza".

La noche es también un proceso en el que se pone a "dieta" al alma. Si los apetitos pueden concebirse como "comida", incluso "golosina", en la noche no quedará otro remedio que poner al alma «*en dieta y abstinencia* de todas las cosas, *estragado* el apetito para todas ellas» (2N 16,10)[15]. Si los apetitos eran "comida-golosina", la noche implicará poner "a dieta" al alma, y la unión, curiosamente, volverá a ser "comida", incluso "dulce" y "deleitosa", pero en un sentido nuevo:

> «De esta manera sale el alma de sí misma y de todas las cosas criadas a la *dulce y deleitosa* unión de amor de Dios» (2N 16,14).

Si los apetitos son "enfermedades", la noche será un proceso de "sanación"[16]. Si los apetitos son suciedad, la noche será un proceso de "limpieza". Si los apetitos son animales salvajes, la noche será un proceso de "pacificación". Y así sucesivamente. Juan de la Cruz «creyó en la eficacia de una apercepción reguladora. Desde el comienzo, nos precipitó en una atmósfera nueva. *En una noche oscura*: esas primeras palabras de las canciones místicas, resumen el mundo que se crea en nosotros»[17].

1.2. *Noche es meditación: el gusto y sabor de discurrir*

En buena parte del viaje místico, y especialmente en esta primera noche, la *meditación* juega un papel fundamental. Y San

---

[15] Y he aquí la comparación con la que ilustra esta idea nuestro autor: «Bien así como para que sane el enfermo, que en su casa es estimado, le tienen tan adentro guardado, que no le dejan tocar del aire ni aun gozar de la luz, ni que sienta las pisadas, ni aun el rumor de la casa, *y la comida muy delicada y muy por tasa, de sustancia más que de sabor*» (2N 16,10).

[16] Cf. CHOWNING, D., «El camino de sanación en San Juan de la Cruz», en *Rev. de Espiritualidad*, 59, 2000, pp. 253-333. Un estudio modélico, y referencia obligada a este respecto.

[17] BARUZI, J., o.c., p. 395.

Juan de la Cruz entiende la meditación como un «acto discursivo por medio de imágenes, formas y figuras, fabricadas e imaginadas por los dichos sentidos; así como imaginar a Cristo crucificado, o en la columna, o en otro paso, o a Dios con grande majestad en su trono...» (3S 12,3). El hecho de que la "meditación" se convierta en espacio o proceso de sanación nos remite a la etimología de la palabra: y es que "meditar" procede de MEDITARI, que a su vez viene de MEDERI, que significa "cuidar", "curar". El mismo origen tiene el término "médico"[18].

La meditación discursiva es, pues, una parte fundamental del camino o proceso místico. En esta primera noche del alma, el entendimiento sigue ocupando un lugar relevante. La meditación es en realidad un proceso mental, y por eso, en esta primera noche, tu capacidad intelectiva, la luz de tu entendimiento, no está todavía oscurecida o anulada. Eso te ocurrirá cuando pases a la contemplación en la segunda noche del alma:

> «Y así, en la noche del sentido todavía queda alguna *luz*, porque queda el *entendimiento y la razón*, que *no se ciega*» (2S 1,3).

Pero a medida que vayas avanzando por el camino místico, irás dejando de lado la meditación para dar paso a la contemplación. Apegarse entonces a la meditación, podría convertirse en un obstáculo para avanzar a lo largo de este fascinante viaje interior.

«Y así, a medida que *va llegando* más el espíritu acerca del trato con Dios, se va más desnudando y vaciando de las vías del sentido, que son los del *discurso y meditación imaginaria*» (2S 17,5). Al ir progresando en el camino de la noche, automáticamente, se da una paulatina disminución de la meditación discursiva, y apegarse a la misma conllevaría retrasos en este viaje. Y es que «*las cosas del sentido y el conocimiento que el espíritu puede sacar de ellas* son ejercicio de pequeñuelo. Y así, si el alma se quisiere asir a ellas y no desarrimarse de ellas, nunca dejaría de ser pequeñuelo niño y siempre hablaría de Dios como pequeñuelo, y sabría de Dios como pequeñuelo, y pensaría de

---

[18] Cf. COROMINAS-PASCUAL, O.C, S.V. MEDITAR.

Dios como pequeñuelo; porque, asiéndose a la corteza del sentido, que es el pequeñuelo, nunca vendría a la sustancia del espíritu» (2S 17,6). La iteración casi encantatoria del término "pequeñuelo" contribuye a reforzar, poderosamente, el carácter disuasorio de todo el pasaje sanjuanista.

1.3.   *De la meditación a la contemplación:*
señales de un tránsito

La superación del nivel de la meditación discursiva supone pasar a un nuevo estado, el de la contemplación. Y de hecho, el entrar aquí supone que «siempre va adelante el *no poder discurrir*» (1N 9,9). Cambiar de estado místico es cambiar de lugar, literalmente "dejar" uno y "entrar en" otro: «para atreverse seguramente a *dejar* el estado de la meditación y del sentido y *entrar en* el de la contemplación y espíritu» (2S 13,5). Para atreverse a esto, afirma Juan de la Cruz que tienen que darse una serie de señales, y además todas juntas. No perdamos nunca la imagen que estructura todo el proceso místico, la del viaje o camino. Si haciendo un viaje por carretera siempre nos encontramos con "señales" (de tráfico) que nos indican el cambio de un lugar a otro (incluso el paso de un estado a otro), no debería extrañarnos que en el viaje místico ocurra otro tanto de lo mismo.

San Juan de la Cruz nos ofrece una detallada lista de las "señales" que marcarán el paso de un estado a otro (de un "lugar" a otro), o sea, de la meditación a la contemplación, de la noche de lo sensorial a la noche de lo racional. Es lo que se ha denominado "el primer umbral crítico" [19], cuya superación supondrá una ruptura de nivel, entrando en un nuevo estado de percepciones. La intención que le mueve a San Juan a ofrecer dichas señales es evitar que te pierdas en este camino ante la novedad del trueque. Precisamente es el carácter de novedad intransferible que posee la experiencia mística lo que hace de ella un camino siempre nuevo para cada persona. Con todo, las "señales" que nos ofrece San Juan de la Cruz, apoyado en su propia experiencia, serán de gran ayuda.

---

[19] Cf. URBINA, F., *Comentario a...*, o.c., p. 98.

La primera "señal" es que ya no se puede:

> «... meditar ni discurrir con la imaginación..., antes halla ya *sequedad* en lo que antes solía fijar el sentido y *sacar gusto*. Pero, en tanto que sacare *jugo* y pudiere discurrir en la meditación, no la ha de dejar» (2S 13,2).

Repárese en las expresiones que le sirven a nuestro autor para explicar el proceso de la meditación, tales como *sacar gusto o sacar jugo*, ambos sintagmas procedentes del dominio de la "comida". Y es que metafóricamente, MEDITAR ES ALIMENTARSE, y LAS IDEAS SON COMIDA. Se trata de metáforas que se cuelan en nuestro lenguaje cotidiano a través de expresiones tales como *no puedo tragarme lo que dijo, es un lector voraz, no hay quien digiera estas ideas, sus palabras me dejaron muy mal sabor de boca*, etc.

Si ya no *sacas gusto ni jugo* de la meditación es porque esa "comida" ya no es tan "sustanciosa" como solía, y entonces tendrás que dejarla para buscar nuevos alimentos o nuevos manjares. Pasar de la meditación a la contemplación supone, pues, cambiar de "manjar". Y avisa aquí San Juan: «De donde yerran muchos espirituales, los cuales, habiendo ellos ejercitádose en llegarse a Dios por imágenes y formas y meditaciones, cual conviene a principiantes, queriéndolos Dios recoger [a bienes] más espirituales interiores e invisibles, quitándoles ya *el gusto y jugo* de la meditación discursiva, ellos no acaban ni se atreven... En lo cual trabajan ya mucho, y *hallan poco jugo o nada...*, y no *gusta el alma de aquel manjar...* sino de otro más delicado» (2S 12,6). Así pues, cuando esa "comida" de la meditación pierda su *jugo o gusto*, señal será de que estás pasando al estado de la contemplación.

Una nueva señal por la que descubres que estás cambiando de estado a lo largo del viaje místico, surge ante experiencias de *sinsabor, sequedad y novedad*. Juan de la Cruz habla de una sensación de *sinsabor en las cosas de Dios*, o de *sinsabor y sequedad*[20], o de *sequedad y sinsabor*[21]. Nótese que ese "sinsabor"

---

[20] Cf. 1N 9,3.
[21] Cf. 1N 9,4. Y para dichas señales, cf. tb. L 3,33-4 y D 123.

hace ante todo relación a la meditación discursiva, que metafóricamente hemos concebido como "comida". Cuando esa comida pierde su "sabor" (se ha vuelto sosa), estamos ante una nueva señal que apunta hacia algún cambio. *Sequedades y sinsabores* remiten a la terrible revolución interna que se está operando en ti mismo: «Queda atrás el sabor dulce de la oración. La meditación se hace imposible e incluso odiosa. Las funciones litúrgicas parecen una carga insoportable. La mente no puede pensar. La voluntad parece incapaz de amar. La vida interior se llena de oscuridad, sequedad y dolor»[22].

La reiteración de los términos *sequedad o sequedades* nos remite a otra señal de cambio:

> «Sacando [Dios] al alma de la vida del sentido a la del espíritu, *que es de la meditación a la contemplación*, donde ya no hay poder obrar ni *discurrir* en las cosas de Dios..., padecen los espirituales... *sequedades*» (1N 10,1).

Dichas "sequedades", metafóricamente, nos remiten a la incapacidad para discurrir. Y de hecho, el término "dis-currir" procede de "correr" y "corriente". Cuando el entendimiento, metafóricamente concebido como una "corriente de agua", no puede "dis-currir" es porque se ha quedado "seco". Y así, todos hablamos de "sequedad" de ideas, o de "corrientes" de ideas.

Junto al *sinsabor y la sequedad*, Juan de la Cruz habla también de "novedad" y desconcierto. Desconcierto causado precisamente por la novedad de la experiencia. Cualquiera que recorra por primera vez un camino nuevo tendrá la misma sensación. El viaje místico, no sólo es siempre nuevo, sino que además es incurablemente personal. Si nosotros mismos, cuando hacemos un viaje en coche a un lugar nuevo y por caminos nuevos, en ocasiones nos perdemos e incluso volvemos atrás, nada ha de extrañarnos que por ese misterioso y fascinante camino interior de la mística ocurra otro tanto de lo mismo. Especialmente cuando se va avanzando más, o se va accediendo a lugares remotos e

---

[22] MERTON, T., «La experiencia interna: la contemplación infusa», en *Separata Cistercium, L* (1998/3), p. 907.

ignotos, por caminos sin camino[23]. Se tiene entonces la sensación, nos recuerda el místico, de que se *vuelve atrás*[24], o de que *se va perdido en el camino*[25], o de que *no se hace nada.*

Todo esto se debe a la absoluta novedad de la experiencia que estás haciendo, al adentrarte en nuevos estados o al transitar por nuevos lugares: «Y como ellos no saben el misterio de aquesta *novedad,* dales imaginación que es estarse ociosos y no haciendo nada» (2S 12,7); «mas el espíritu... si no siente luego al principio *el sabor* y deleite espiritual, sino *sequedad y sinsabor,* es por *la novedad del trueque...,* y porque también *el paladar espiritual* no está acomodado... para tan sutil *gusto»* (1N 9,4). Dicha "novedad" no supone sólo desorientación, como veíamos más arriba. Implica también un cambio de "alimento", por eso se habla de "sabor espiritual" o de "sutil gusto". Es el nuevo "manjar" de la contemplación. Pero todo necesita su tiempo, y por eso el mismo "paladar espiritual" se ha de ir acomodando poco a poco a la nueva realidad[26].

Es asombroso hasta qué punto todos los momentos claves del proceso místico, en sí mismo experiencia "abstracta", se conceptualizan vía realidades concretas, físicas y espaciales. Lo acabamos de ver con referentes tales como la "comida" o el "camino". Y por supuesto, del espíritu sólo podemos hablar en relación al "cuerpo", de ahí la expresión "*paladar* espiritual".

---

[23] En pura prosa poética: «Es el "invierno" del alma, en todo parecido al de la naturaleza. Ésta se retira y vuelve a la intimidad de su principio; los días se acortan y ceden sus horas al imperio de la noche y de la oscuridad. Se modifica el movimiento de los seres y las cosas y el tiempo parece ofrecer otra medida. Los pájaros se callan, los árboles se desnudan y la vida corre a ocultarse en el corazón de la tierra; la nieve cubre los senderos, se borran las huellas habituales de la vida y desaparecen los familiares indicadores del camino; sólo se escucha de vez en cuando el ruido de alguna rama que se rompe con el peso de la nieve. Después se entra en el gran silencio» (GUERRA, S., «La salida hacia dentro: camino de interioridad», en *Rev. de Espiritualidad,* 232-3, 1999, p. 461).

[24] Cf. 1N 9,3.

[25] Cf. 1N 10,1.

[26] Al que está realizando este viaje «le cambian todo el sistema largamente programado de su trato con Dios a través de imágenes, ideas, sentimientos, verificaciones. Dios margina las mediaciones subjetivas anteriores e introduce un nuevo sistema de comunicación que la conciencia no detecta. De ello se sigue vacío, inseguridad, miedo, agitación» (RUIZ, F., *Místico y maestro,* o.c., p. 211).

Pues bien, frente a novedades, trueques, desconciertos o desorientaciones en este viaje, Juan de la Cruz, una vez más, te
presta uno de sus encantadores y sustanciosos consejos, verdaderamente de antología:

> «Los que de esa manera se vieren, conviéneles que se con
> suelen perseverando en paciencia, no teniendo pena; confíen en
> Dios, que no deja a los que con sencillo y recto corazón le bus
> can [...] Sólo lo que aquí han de hacer es dejar el alma libre y
> desembarazada y descansada de todas las noticias y pensamien
> tos, no teniendo cuidado allí de qué pensarán ni meditarán, *con
> tentándose* sólo en una advertencia amorosa y *sosegada* en Dios,
> [...] como que no va allí más que a estarse a su placer y anchura
> de espíritu» (1N 10,3-5) [27].

Otra de las señales que te ofrece el místico para percatarte de
este cambio de estado, de este abandono de la meditación, es del
siguiente tenor: «cuando ve no le da ninguna gana de poner la
imaginación ni el sentido en otras cosas *particulares*» (3S 13,3).
Aparentemente parece la "señal" más chusca, especialmente por
eso de *no le da la gana*. En realidad no es así, porque la clave
está en el término "particulares". Veamos cómo insiste nuestro
autor en la misma idea en otros momentos: «si el alma gusta de
estarse a solas con atención amorosa a Dios, *sin "particular"
consideración*, en paz interior y quietud y descanso» (2S 13,4).

Prescindir de *cosas "particulares"*, estar *sin "particular"
consideración*: la idea que se reitera una y otra vez es la misma.
La experiencia final de la contemplación queda resumida en
«noticia *general*». Y es "general" porque desborda nuestra capacidad intelectiva, porque si se pudiera "entender", entonces sería
"particular", es decir, conceptualizable, categorizable, etiquetable [28]. Cuando una idea o noticia se escapa o no entra dentro de
nuestras categorías mentales, entonces es "general". Y por eso al

---

[27] «Suprarracionalidad o supraconceptualidad es el mundo dominado y guiado por esa fuerza interior que ha hecho callar y avergonzar al entendimiento discursivo, al pensamiento humano» [GUERRA, A., «Noche de San Juan de la Cruz:
supraconceptualidad y anchísima soledad», en *Teresianum*, XLI (1990/II), p. 450].

[28] Piénsese en la metáfora LAS CATEGORÍAS SON RECIPIENTES. Cf. en 1N 9,8:
«por medio del discurso, que componía y dividía las noticias». Es el proceso de
categorización. Insistiremos en esto más adelante.

pasar de la meditación a la contemplación, al superar el nivel categorial, desaparece lo "particular". Esto supone superar los modos discursivos *excediendo y saliendo* de la capacidad natural[29].

Se trata de algo que parece estar muy claro para San Juan de la Cruz, y en lo que insiste varias veces: «...el manjar interior, el cual manjar es principio de *oscura y seca* contemplación para el sentido; la cual contemplación..., da al alma inclinación y gana de estarse a solas y en quietud, *sin poder pensar en cosa particular ni tener gana de pensarla*» (1N 9,6). Es la ausencia del pensamiento conceptual o categorial ("particular") lo que da paso a la contemplación[30]. Que curiosamente, y como ocurría con la meditación, sigue conceptualizándose como "comida", y se sigue haciendo uso de términos tales como "manjar" o "manjar interior". Sólo desde lo concreto nos es permitido hablar de lo abstracto, sólo desde lo físico podemos hablar de lo espiritual, sólo desde el cuerpo podemos hablar del alma. La contemplación, en su carácter supracategorial es, además, si atendemos a las razones dadas, "oscura y seca".

Si entender es "ver", ahora ya no funciona el entendimiento, ya "no se ve", de ahí que la contemplación sea "oscura"; si discurrir es una "corriente de agua", ahora ya no se "dis-curre", no hay "corriente", de ahí que la contemplación sea "seca". Todo es metáfora. Salir de la primera noche del alma y entrar en la segunda, supone, fundamentalmente, pasar de la meditación a la contemplación. Porque el estado de contemplación es «cuando [el alma] *sale del* discurso y [entra en el] estado de aprovechados» (1N 9,7). «Estando ya esta casa de la sensualidad *sosega-*

---

[29] Cf. L 3,31. Recuérdese la concepción metafórica de la MENTE COMO UN RECIPIENTE. Porque precisamente aquí está la razón de que podamos "exceder" o "salir de" ella.

[30] «Porque el misticismo no es discursivo. No es cuestión de pensamiento, razonamiento y lógica, sino de trascender todo pensar, para entrar en lo que hoy llamaríamos un estado alterado de conciencia. Aquí se está en el vacío, en la oscuridad, en la nube del no saber, precisamente porque no se conoce a través de imágenes y pensamientos claros ni con los ojos del cuerpo. Hay un gran silencio interior, pero es un silencio rico, y por eso lo llamamos música callada. Hay tiniebla conceptual, pero el ojo interior está lleno de luz» (JOHNSTON, W., *El ojo interior del amor*, o.c., p. 15).

da, esto es, *mortificada*, sus pasiones *apagadas* y los apetitos *sosegados y adormidos...*, *salió* el alma a comenzar el camino y vía del espíritu, que es el de los aprovechantes y aprovechados..., o de la contemplación infusa» (1N 14,1).

La nueva y por eso desconcertante experiencia de la contemplación supone acceder a un nuevo lugar en el viaje místico. Un nuevo estado en el que tus preocupaciones racionales y los viejos proyectos de tu vida normal, ahora carecen de peso y de fundamento, incluso los *estimas como pérdida y basura*[31]. Ya no hay ninguna realidad importante salvo Dios. Se abandona el *ejido*[32] y, perdido el místico a las cosas importantes y a lo que la sociedad precia y estima, andando como enamorado, se despreocupa de otros pasatiempos y asuntos. Se hace perdidizo para así ganar lo único que ahora se estima valioso. Habiendo llegado a lo vivo del amor de Dios, todo lo demás carece de importancia. O mejor dicho, todo lo demás adquiere un valor nuevo[33].

Un nuevo estado, metafóricamente, es un nuevo "lugar", de ahí que la preposición locativa EN esté siempre presente en la variedad de condensadas y sintéticas expresiones que dan razón de cómo sea dicha contemplación: *estarse a solas con atención amorosa "en" Dios, "en" paz interior y quietud y descanso*[34]; *estarse a solas y "en" quietud, sin poder pensar en cosa particular*[35]; *comienza Dios a comunicarse con acto de sencilla contemplación*[36]; *reposar el alma y dejarla estar "en" su quietud y reposo*[37]; *contentándose sólo "en" una advertencia amorosa y sosegada en Dios*[38]. Has entrado en un nuevo estado o lugar. Experiencia de quietud creativa en la que todo parece como *caído del cielo*.

---

[31] Cf. Flp. 3,8.

[32] Cf. C 29,5-6.

[33] Se adquiere algo así como un «temple de peregrinación y extrañez de todas las cosas, en que le parece que todas son extrañas y de otra manera que solían ser» (2N 9,5).

[34] Cf. 2S 13,4.

[35] Cf. 1N 9,6. «Traiga advertencia amorosa en Dios, sin apetito de querer sentir ni entender cosa particular de él» (D 87).

[36] Cf 1N 9,8.

[37] Cf. 2S 12,6.

[38] Cf. 1N 10,5.

2. Segunda noche del alma: la noche del entendimiento

Terminado el viaje por la primera noche, la así caracterizada por el místico como *amarga y terrible*, entramos ahora en la segunda noche, *horrenda y espantable*[39] (¡menos, menos!). Es la llamada "noche del espíritu": «Un alma que Dios ha de *llevar adelante*, no luego que *sale de* las sequedades y trabajos de la primera purgación y noche del sentido, *la pone Su Majestad en* esta noche del espíritu» (2N 1,1). Ir "adelante", avanzar hacia la meta, es la única preocupación del místico. Por eso, tras "salir de" un estado o lugar, se accede a otro. Es el mismo Dios quien "pone" al alma en este nuevo estado.

Las noches del alma son siempre estados transitorios, lugares de paso a lo largo del viaje místico. Y así, para llegar a la unión, «conviénele al alma *entrar en* la segunda noche del espíritu, donde... le han de hacer caminar *en oscura y pura fe*» (2N 2,5). He aquí uno de los elementos clave en esta parte del viaje: la presencia de la fe en toda su potencialidad, como verdadera "luz" que te guiará hasta la unión. Y además una fe "oscura". Como más adelante veremos, es esta fe la que se convierte en la verdadera "guía" a través de la noche del entendimiento.

Recordemos una vez más que los estados místicos o noches del alma, metafóricamente se conciben como LUGARES[40]. Los "lugares" son regiones delimitadas en el espacio que, como tales, poseen un interior, un exterior, y unos límites. Existen diversos tamaños o dimensiones, e incluso una dimensión de verticalidad y otra de profundidad.

Pues bien, en relación con las "noches" místicas, surgen una y otra vez en los escritos sanjuanistas, verbos de movimiento que delatan esta concepción espacial de la "noche": *entrar en* la noche, *salir de* la noche o *pasar por* la noche. Incluso se llega a hablar de que el alma «*entra en límite* sobrenatural que no tiene modo alguno, teniendo en sustancia todos los modos» (2S 4,5). Y aquí, las ideas de movimiento y espacialidad (*salir, venir,*

---

[39] Cf. 1N 8,2.
[40] Cf. LAKOFF y JOHNSON, *Philosophy in the Flesh*, o.c., p.180.

aquí, allí, lejos, bajo, alto, de donde, de, sobre) parecen atrapar al lector mediante la acumulación de verbos, adverbios, adjetivos, conjunciones y preposiciones, categorías gramaticales todas ellas con unos mismos e insistentes valores, y todo ello en apenas dos líneas: «De donde el venir aquí es el salir de allí, y de aquí y de allí saliendo de sí muy lejos, de eso bajo para esto sobre todo alto» (2S 4,5). Sólo superando el caos de las noches místicas se llega al cosmos de la unión.

2.1. *El amor es fuerza*

Ya hemos insistido en que el amor es siempre la constante de este viaje. No sólo es "fuerza" de movimiento. En realidad, en su dimensión más profunda, la experiencia de la noche es «sabiduría de Dios amorosa» (2N 5,1). Si Dios es amor, entonces el amor (y sólo el amor) es el todopoderoso. Hasta tal punto esto es así, que podríamos hablar de la *noche del amor*. De ese amor tan poderoso que es capaz de vencer todos los obstáculos: «El amor nunca está ocioso, sino en continuo movimiento» (L 1,8). La parábola del samaritano compasivo [41] es la historia impresionante de un amor sin límites ni fronteras, que se extiende incluso a los propios enemigos.

Y es ese amor de Dios, nunca ocioso, el que al final realiza la transformación de tu alma a lo largo de este viaje, el que te abre al amor sin barreras a todo prójimo. Y cuando se llega a la meta, al destino final, el amor sigue siendo la clave de todo, y por eso Juan de la Cruz habla de «la unión de amor de Dios» (2N 5,1). El misticismo comienza y termina con la experiencia de ser y saberse amado. Tu verdadera fuerza no radica en que ames a los demás, sino en el absoluto convencimiento de que eres amado gratuitamente por Dios. Y por eso, gratuitamente puedes amar a los otros.

Dicho amor se concibe metafóricamente como fuego, calor. San Juan de la Cruz se refiere, en esta segunda noche, al *divino "fuego" de amor de contemplación* [42], *oscura noche de "fuego"*

---

[41] Cf. Lc. 10,30-37.
[42] Cf. 2N 10,2.

amoroso[43], *"fuego" purgativo de amor*[44], *inflamación y "calor" de amor*[45], *"encendimiento" de amor*[46], etc. Metafóricamente el amor es una cuestión de temperatura, de termómetros. Y así concebimos que la parte alta de la escala, la de mayor temperatura, se corresponde con el amor más intenso. Y viceversa. Un amor convertido en "fuego", es a su vez fuerza que transforma y purifica al alma en su viaje a la unión[47]. Piénsese aquí en la imagen sanjuanista del "fuego y el madero"[48].

La fuerza del amor aparece reflejada de una manera asombrosa en la fascinante parábola del "tesoro escondido" en el campo. Quien lo ha encontrado, «lleno de alegría»[49], vende todo lo que tiene, y compra ese campo. El amor se convierte así en la emoción más poderosa, en la única fuerza que nos capacita para avanzar por el viaje místico. Y si la noche termina por volverse luminosa es porque está *inflamada con ansias de amor*. Son las *heridas espirituales de amor* las que hacen al alma *salir fuera de sí y entrar en Dios*. Aquí radica su fuerza. Nada importa ya salvo el "tesoro". Nada se sabe ya salvo el "amor".[50]

Juan de la Cruz habla también de la *pasión de amor* o del *amor apasionado*:

[43] Cf. 2N 12,1.
[44] Cf. 2N 12,2.
[45] Cf. 2N 12,5.
[46] Cf. 2N 12,6.
[47] «Comprendiendo que el amor purifica, podemos ver cómo el ámbito de la intimidad puede llenarse de alegría o de tristeza. De alegría, porque el amor es un asunto gozoso, ¿y quién más extático que el amante? De dolor porque (en palabras del Dr. D. H. Lawrence) "el amor es el gran suplicante". Siempre nos está pidiendo que dejemos lo inferior por lo superior; siempre está urgiendo a que dejemos lo superficial por lo esencial; siempre acuciándonos a proseguir en una exploración constante» (JOHNSTON, W., *La música callada*, o.c., p. 242).
[48] «Porque el fuego material, en aplicándose al madero, lo primero que hace es comenzarle a secar, echándole la humedad fuera y haciéndole llorar el agua que en sí tiene; luego le va poniendo negro, oscuro y feo, y aun de mal olor, y yéndole secando poco a poco, le va sacando a luz y echando afuera todos los accidentes feos y oscuros que tiene contrarios al fuego; y, finalmente, comenzándole a inflamar por de fuera y calentarle, viene a transformarle en sí y ponerle tan hermoso como el mismo fuego»(2N 10,1).
[49] Cf. Mt. 13,44.
[50] Cf. C 1,17-19.

> «Siéntese aquí el espíritu *apasionado en amor mucho*, por-
> que esta inflamación espiritual hace *pasión de amor...*, y así,
> engendra en el alma *pasión fuerte de amor...*, mas *el calor y
> fuerza y temple y pasión de amor o inflamación*» (2N 11,2).

Y es esta "pasión" la que se convierte en motor y fuerza de
movimiento a lo largo del viaje místico, «y así *mueve* las afecciones pasivamente» (2N 13,3). Es aquí donde tu vida cobra
«fuerza y brío» (2N 13,5), convirtiéndose así el amor en la causa
que te impulsa a avanzar de un estado a otro, de una noche a
otra, hasta llegar a la unión: *el amor es la inclinación del alma y
la fuerza que tiene para ir a Dios*[51]. Metafóricamente, las CAU-
SAS SON FUERZAS[52], y por eso, los cambios de estado se conciben
como movimiento de una región delimitada a otra, movimiento
propulsado gracias a la fuerza del amor[53].

Todo el juego de verbos de movimiento de que se sirve el
místico entran aquí en escena: verbos de movimiento activo o de
movimiento pasivo, de movimiento causado por la aplicación de
una fuerza constante, o de movimiento causado por la aplicación
de una fuerza instantánea. En el último caso, se originará un tipo
de movimiento impulsado, o propulsado, como ocurre con el
"vuelo" místico. Lo importante es que el amor siempre es causa
y fuerza, quien *da fuerza* y quien *pone las fuerzas*[54], dirá nuestro narrador. Y una vez más, otro de esos incisos sanjuanistas tan
rebosante de sinceridad como cargado de experiencia, donde se
pone de relieve la "fuerza" y potencia del amor:

> «Pero esto tiene la *fuerza* y vehemencia de amor, que todo
> le parece posible y todos le parece que andan en lo mismo que
> anda él; porque no cree que hay otra cosa en que nadie se deba

---

[51] Cf. L 1,13.

[52] Cf. LAKOFF y JOHNSON, *Philosophy in the Flesh*, o.c., pp. 184-185.

[53] Amar no es un sentimiento, sino una acción. Una acción creadora de lo
bueno. Cuando se dice en las Escrituras que "Dios es amor", no se está refiriendo
a un corazón derretido, sino a un comportamiento amoroso, a una actividad. «Mi
Padre está trabajando siempre» (Jn 5,17). El cristianismo es una cuestión de conocimiento práctico. A Dios no se le puede conocer: sólo se le puede realizar
(1Jn 2,3; 1Jn 4,8) (MARINA, J. A., *Por qué soy cristiano*, Barcelona, Anagrama,
2005, pp. 121 y 125).

[54] Cf. 2N 9,3.

emplear, ni buscar sino a quien ella busca y a quien ella ama, pareciéndole que no hay otra cosa en que querer ni en qué se emplear sino aquello, y que también todos andan en aquello» (2N 13,7).

Es la misma experiencia de la incomprensible bondad de Dios que experimenta el hijo perdido cuando vuelve al hogar, como sabemos por la parábola del padre misericordioso. Justo lo mismo que experimentó Zaqueo cuando Jesús decide albergarse en su casa, pues esa inconcebible bondad de Jesús termina por sobrecoger a Zaqueo, provocando un vuelco radical en su vida[55]. Ante la experiencia de la fuerza del amor de Dios, todo le parece posible a Juan de la Cruz: *¿Cómo no van a andar todos en aquello?* Y es que la fuerza del amor de Dios es tal, que su bondad alcanza incluso a los desagradecidos[56].

El amor de Dios es la fuerza que, a lo largo del camino místico, no sólo "atrae" al alma hacia la unión, sino que incluso llega un momento en que el alma «se ve *enamorada* sin saber cómo y por qué» (1N 11,1). El amor siempre es un misterio. Una magia que te envuelve. Una fuerza que te controla y que no puedes controlar. Sólo desde el amor humano podemos hablar del amor divino. De ahí que el alma también se "enamore". Y "enamorarse" es ya, de por sí, entrar en un nuevo y peculiar estado, el del "amor", a su vez un nuevo "lugar". De ahí que hablemos de *en*-amorarse, y de ahí que los en-amorados vivan como fuera de la realidad cotidiana, en otro estado o lugar.

2.2. *La fe es guía*

Si el amor es la "fuerza" en el viaje místico, la fe es quien te GUÍA. Es la misma fe de siempre, la fe que estaba presente en los demás momentos de este viaje interior. Pero es ahora, en la segunda noche, cuando va a desarrollar todas sus potencialidades, adquiriendo una relevancia y dimensiones nuevas. Es *fe oscura*, que se convierte en *medio* y *guía* y *luz* para encaminar-

---

[55] Cf. Lc. 19,1-10.
[56] Cf. Lc. 6,35.

te a la unión. Si en la primera noche del alma todavía estaba presente la "luz" del entendimiento, ahora, al adentrarte en esta nueva noche, la luz de tu entendimiento desaparece, y es sustituida por una nueva "luz", la luz de la fe:

> «Y esta segunda [noche] de la fe pertenece a la parte superior del hombre, que es la racional, y, por el consiguiente, más interior y *más oscura, porque priva de la luz racional,* o, por mejor decir, *la ciega»* (2S 2,2).

Estamos en la noche del entendimiento, la noche de lo racional.

Para avanzar por el camino místico en esta segunda noche, ya no sirven las viejas seguridades que te proporcionaba el mundo de las ideas o de los conceptos, o la luz de tu razón, o tus meditaciones discursivas. Tus ideas sobre Dios no son Dios. Del conocimiento conceptual se da el salto a una nueva dimensión, donde la capacidad de tu mente queda desbordada. Se trata de la dimensión "contemplativa", un nuevo nivel supracategorial o supraconceptual, donde sólo la "luz" de la fe se convierte en guía del hombre: «Así, *la luz de la fe,* por su grande exceso, oprime y vence la del entendimiento, la cual sólo se extiende de suyo a la ciencia natural» (2S 3,1)[57].

Esta fe aparece, pues, como MEDIO para ir a Dios. El epígrafe del segundo libro de *Subida* es revelador a este respecto: «Libro segundo de la *Subida del Monte Carmelo,* en que se trata el *medio* próximo para subir a la unión de Dios, que es *la fe». La fe es el medio para ir al término*[58], para alcanzar la meta: recordemos que la "unión" es el propósito del viaje místico, y que metafóricamente LOS PROPÓSITOS SON METAS. Pero para alcanzar una meta, se tiene que disponer de unos "medios", y metafóricamente LOS MEDIOS SON CAMINOS[59]. Así de claro en Juan de la Cruz: «el *medio o camino* por donde ha de ir el alma a esta unión, *lo cual es la fe,* que es también oscura para el entendi-

---

[57] «Y así, se quedó ella [el alma] a oscuras de toda *lumbre de sentido y entendimiento,* saliendo de todo límite natural y racional para subir por esta divina escala de la *fe,* que escala y penetra hasta lo profundo de Dios» (2S 1,1).

[58] Cf. 2S 2,1.

[59] Cf. LAKOFF y JOHNSON, *Philosophy in the Flesh,* o.c., p. 191.

miento, como noche» (1S 2,1). En *Cántico*, tras la insatisfacción que provoca la pregunta "a las criaturas", el místico vuelve su mirada a la fe (*¡Oh cristalina fuente!*), que aparece como único *medio* para llegar a la unión [60].

«Digo, pues, que el alma, para haberse de *guiar* bien por la *fe* a este estado [de contemplación]...» (2S 4,2). La fe es tu GUÍA en el camino místico: «en los deleites de mi pura contemplación y unión con Dios, la noche de la *fe* será *mi guía*» (2S 3,6). Un guía muy peculiar. En realidad la fe es "guía" y es "oscura":

> «Creo se va ya dando a entender algo cómo la fe es oscura noche para el alma y cómo también el alma ha de ser oscura o estar a oscuras de su luz para que de la fe se deje *guiar* a este alto término de unión» (2S 4,1).

Es el caso, pues, que en este momento del viaje místico, ya sin la luz de tu entendimiento, caminas «por la oscuridad de la fe, tomándola por *guía de ciego*» (1S 1,2). Y aquí el "ciego" es tu entendimiento, y la fe es tu "lazarillo" o "mozo de ciego" [61].

Para progresar hacia adelante en esta segunda noche del alma, se ha de caminar «arrimándose a la *fe oscura*, tomándola por *guía y luz*, y no arrimándose a cosa de las que *entiende, gusta y siente e imagina*» (2S 4,2). Recordemos que el «entender, gustar y sentir» eran los obstáculos a "sortear" en el camino místico, de ahí el "no arrimarse" que pide aquí Juan de la Cruz. Como venimos diciendo, en este momento del proceso místico tu capacidad intelectiva queda desbordada. La "luz" del entendimiento ya no te puede guiar. Aquí sólo te puede guiar la "luz" de la fe. Cuando en la primera noche de la meditación el alma todavía se servía de la "luz" del entendimiento, la fe no era "oscura", ya que contaba con dicha luz. Ahora, si es "oscura", lo es, precisamente, porque no puede contar con la luz del entendimiento.

---

[60] «Como con tanto deseo desea el alma la unión del Esposo y ve que no halla medio ni remedio alguno en todas las criaturas, vuélvese a hablar con *la fe* [...] tomándola por *medio* para esto. Porque, a la verdad no hay otro por donde se venga a la verdadera unión» (C 12,2).

[61] Cf. PACHO, E., *Escritos sanjuanistas II. Pensamiento-Mensaje*, Burgos, Monte Carmelo, 1997, p. 157.

No olvidemos una concepción metafórica que aquí es clave, ENTENDER ES VER, (y lo opuesto, "no entender es no ver"). Si en esta segunda noche del alma el entendimiento se queda a "oscuras", y si ya "no ve", es porque "no entiende". De ahí que caminar en "fe oscura" se pueda traducir por caminar "confiando" y "no entendiendo". "Confiando", porque eso es la "fe", confianza, y "no entendiendo" por el hecho de estar a "oscuras", es decir, sin la luz del entendimiento. En realidad, el sintagma "fe oscura" equivale a otro: "confianza ciega". A la confianza en un Dios cuya solicitud se extiende incluso sobre los gorriones[62]. *Fe oscura* es sinónimo de *confianza ciega*. ¡Y no se olvide esto!. Es la misma "confianza ciega" (y es "ciega" porque no necesita "razonar", porque prescinde de la luz del entendimiento) e inquebrantable que aparece en la historia del centurión o la de la mujer sirofenicia[63].

Estamos en el momento del viaje místico en el que todo se deja en las manos de Dios, en la más absoluta de las confianzas. Radical "confianza ciega", más allá de todo *entender, sentir o gustar*. «¡Abbá, Padre!, todo es posible para ti» (Mc. 14,36). Y "Abbá" es una ecolalia, es el lenguaje de los niños, es como los niños llamaban a sus padres en tiempos de Jesús. Así habló Jesús con Dios, igual que un niño pequeño habla con su padre, lleno de una confianza nueva, diferente, nunca vista. De la misma manera podemos nosotros dirigirnos a un «Dios que ha enviado a nuestros corazones el Espíritu de su Hijo que clama: ¡Abbá, Padre!» (Gál 4,6).

A estas alturas del viaje místico se da en tu vida cierto "retorno a la infancia". Entras en la dinámica de la confianza absoluta y ciega. Ingenuamente lúcida. Y más que seguridades, ahora todo son preguntas jamás satisfechas y anhelos jamás cumplidos. Para el que camina por este viaje ya no hay agarraderos: *ni eso, ni esotro*. Tus viejas seguridades intelectuales se desvanecen. Cualquier vía racional para acercarse a Dios, cualquier tentativa en este sentido, termina en fracaso, creando un fantasma de la razón, un ídolo. Ahora, la única posibilidad que tienes para seguir avanzando por este viaje es el abandono, la

---

[62] Cf. Mt 6,26.
[63] Cf. Mt 8,5-13 y Mc 7,24-30.

confianza ciega y sin límites, pues *la necesidad de asegurarse antes que confiarse* (como han pretendido todas las teodiceas y metafísicas) *destruye la vida como confianza, que siempre es abandono y nunca asidero* [64].

Sólo si renuncias a tus seguridades intelectuales, puedes avanzar por la noche de la fe. No puedes controlar a Dios con tu mente, ni puedes encerrarlo en tus categorías conceptuales, ni tampoco tiene cabida en el mundo de tus ideas. Dios siempre está más lejos, más adelante, más arriba, más adentro. Por eso, al encuentro con lo Real Último sólo podrás llegar confiando y no entendiendo. Es de cajón. Sólo así son comprensibles algunas de las paradojas, antítesis u oxímoros sanjuanistas, como aquello de que "cegando da luz": «Luego claro está que la fe es noche *oscura* para el alma, y de esta manera la da *luz*; y cuanto más la *oscurece*, más *luz* la da de sí, porque *cegando* la da *luz*» (2S 3,4). Y la siempre lúcida reflexión-queja sanjuanista:

> «¡Oh mísera suerte de vida, donde con tanto peligro se vive y con tanta dificultad la verdad se conoce, pues lo más claro y verdadero nos es más oscuro y dudoso; y, por eso, huimos de ello siendo lo que más nos conviene, y lo que más luce y llena nuestro ojo lo abrazamos y vamos tras de ello, siendo lo que peor nos está y lo que a cada paso nos hace dar de ojos! ¡En cuánto peligro y temor vive el hombre, pues la misma lumbre de sus ojos natural, con que se ha de guiar, es la primera que le encandila y engaña para ir a Dios, y, que si ha de acertar a ver por dónde va, tenga necesidad de llevar cerrados los ojos y de ir a oscuras!» (2N 16,12).

Si la fe es "confianza", cuanto más "oscura" o "ciega" sea, implicará a su vez un mayor grado de "confianza". Cuando caminas a oscuras, tienes que fiarte totalmente de quien te guía. Al fiarte más de Dios, te fías menos de tus propias capacidades, de tus ideas, de tu entendimiento, que se oscurece más. Pero surge entonces otra "luz", la de la fe, que es quien te guía. Y que, por supuesto, te guía «más creyendo que entendiendo» (2S 26,11). *Caminamos sin ver al Señor, guiados por la fe.*

---

[64] Cf. GUERRA, S., «La oscura cercanía del Dios de Jesús», a.c., p. 392.

Siempre confiando[65]. Y es que la confianza en un Dios que nunca ha dejado ni dejará de escucharte, es aquí la clave de casi todo. Un Dios que siempre está susurrándote al oído algo así como: *recuerda, nunca te he dejado y nunca te voy a dejar, pase lo que pase*. Jesús parece ofrecer un cheque en blanco a quienes se acercan a Dios con esa confianza ilimitada[66].

Al ir avanzando por el viaje místico, todas las seguridades humanas se vuelven vulnerables. Lo que el hombre *sabe o puede o tiene*, no sólo no sirve para avanzar por este viaje, es que si además quisiera valerse de ello, estaría poniendo obstáculos para progresar. Este es un camino sin camino, insólito, nuevo, nunca andado, intransferiblemente personal[67]. Y quien lo ha andado sólo es capaz de dar a entender algunas "señales" por términos *generales y oscuros*, un balbuceo, un *no sé qué que se queda por decir*. Lo analíticamente expresado es sólo una ecolalia de la condensación sintética de lo vivido que, cual torrente desbordado, se escapa de esos parcos recipientes de ideas que son las palabras. Por eso sólo en *fe oscura* o *confianza ciega* puedes avanzar por este camino no sabido, donde «tomando Dios la mano tuya, te guía a oscuras como a ciego, a donde y por donde tú no sabes, ni jamás con tus ojos y pies, por bien que anduvieran, atinaras a caminar» (2N 16,7). Y la genial comparación sanjuanista:

> «Así como el caminante que, para ir a nuevas tierras no sabidas ni experimentadas va por nuevos caminos no sabidos ni experimentados, que camina no guiado por lo que sabía antes, sino en duda y por el dicho de otros. Y claro está que éste no podría venir a nuevas tierras, ni saber más de lo que antes sabía, si no fuera por caminos nuevos nunca sabidos, y dejados los que sabía; [...] de la misma manera, cuando el alma va aprovechando más, va a oscuras y no sabiendo. Por tanto, siendo, como

[65] Cf. 2Cor 5, 6-7.

[66] «Por eso os digo: todo cuanto pidáis en la oración, creed que ya lo habéis recibido y lo obtendréis» (Mc 11,24).

[67] Un camino que no deja huella, como el camino por la mar: «La vía y camino de Dios, por donde el alma va a él, es el mar, y sus pisadas en muchas aguas y que por eso no serán conocidas, es decir, que este camino de ir a Dios es tan secreto y oculto para el sentido del alma como lo es para el del cuerpo el que se lleva por la mar, cuyas sendas y pisadas no se conocen» (2N 17,8).

habemos dicho, Dios el maestro y guía de este ciego del alma»
(2N 16,8).

El descubrimiento de América había dado a los hombres una
nueva imagen del mundo y de sí mismos. Así como explorado-
res, aventureros y conquistadores hacían lejanos viajes a tierras
desconocidas y mundos exóticos, así también el viaje interior le
llevará al místico a descubrir lo fascinante de ese otro mundo
que tenemos dentro. Esas ínsulas extrañas, apartadas y ajenas de
los hombres, llenas de cosas nuevas y admirables, son lo más
parecido a las «novedades y noticias extrañas y alejadas del
conocimiento común, que el alma ve en Dios» (C 14,8).

2.3. *Noche es libertad, pasividad, sanación*

Sigamos ahora avanzando por nuestro viaje. Como hemos
visto, en esta segunda noche del alma, el *amor* es la fuerza que
te mueve, y la *fe oscura* es el medio que te guía. Pero la noche,
en la más pura concepción sanjuanista, es ante todo un "proceso" de transformación que alcanza a todos los niveles de la persona. Es *proceso de liberación y de sanación*. Es un *combate* en
toda regla. Y conlleva, además, poner al alma a *dieta*. Las
noches son estados o lugares por los que va pasando el alma,
bien enfrentándose a los obstáculos, bien sorteándolos. Superados los obstáculos, se opera la transformación del alma, y se
alcanza el destino final del viaje.

Por breves momentos el lector puede tener la sensación que
la "noche" se ha convertido en un proceso de transformación
brutal. Ocurre así cuando nuestro místico identifica, metafóricamente, la noche con una BESTIA, y al alma con la COMIDA de la
bestia. El léxico empleado es de una plasticidad tal que aterra y
horroriza (*embestir, cocer, destricar, decocer, absorber, derretir,
digerir, tragar*)[68]:

[68] Cf. a este respecto el estudio de M.ª JESÚS MANCHO DUQUE, *El símbolo de
la noche en San Juan de la Cruz. Estudio léxico-semántico*, Salamanca, Universidad, 1982, p. 284 y ss.

> «*Embiste* al alma a fin de *cocerla y renovarla...*, la *destrica y decuece* la sustancia del espíritu, *absorbiéndola* en una profunda y *honda tiniebla*, que el alma se siente estar *dehaciendo y derritiendo...*como si se sintiese estar *digiriéndose...* en sepulcro de oscura muerte» (2N 6,1), «cuando más segura está y menos se cata, vuelve a *tragar y absorber* el alma en otro grado peor y más *duro, oscuro y lastimero* que el primero» (2N 7,6).

Ni el cine de terror más acabado ha llegado a tanto. Menos mal que Juan de la Cruz acota a renglón seguido: «El alma que por aquí *pasa*, o *no entra en* "aquel lugar", *o se detiene* allí por muy poco» (2N 6,6). Y qué clara está aquí la concepción metafórica de los estados místicos como LUGARES: "aquel lugar". Se trata de "lugares" en los que se *entra*, por los que se *pasa*, y donde podemos *detenernos* más o menos tiempo. En el mundo del espíritu todo es metáfora.

La noche supone, más que nada, salir del "lazo y sujeción" de los apetitos, que «como con lazos, enlazan al alma y la detienen que no salga de sí a la *libertad de amor en Dios*» (1N 13,14). Los apetitos son lazos, la noche es un proceso de liberación de esos "lazos" para poder así caminar hasta la unión. El amor de Dios es siempre tu fuerza. Llegar a la meta y destino del viaje místico, es hacer la experiencia de la libertad y del amor en toda su profundidad y anchura. Sólo allí se alcanza la "libertad de amor en Dios".

El proceso de la noche posee además un fuerte carácter de pasividad[69]. Hay un algo/alguien que irrumpe en tu vida y que no puedes controlar. Es Dios, que lleva a cabo la labor más relevante, y que te introduce en la noche. Cuando San Juan se refiera a los principiantes en el camino del espíritu, insiste en «la necesidad que tienen de que Dios *los ponga en* estado de aprovechados, que se hace *entrándolos en la noche oscura* que ahora decimos, donde..., les quita todas estas *impertinencias y niñerías*» (1N 7,5). No puedes hallar a Dios con tu cansancio, no puedes despertarle con tus voces, ni romper su silencio a base de razones. No vale lo que tienes, no cuenta lo que puedes, carece de importancia lo que sabes. Vales solamente por aquello que

---

[69] En realidad, la pasividad es *conditio sine qua non* para alcanzar la libertad.

recibes desde Dios. Se trata de superar todos los niveles de la utilidad, para así poder situarte en desnudez total ante el misterio.

Nada será tan importante como dejar que Dios te ame. Que aprendas a vivir en su presencia. Que sepas estar entre sus manos [70]. Ya no necesitas esforzarte por conocer, comprender o controlar a Dios. Ahora se te ha descubierto lo único valioso: lo importante es saber que Dios te conoce. Que tu vida siempre ha estado y estará en sus manos. Que nunca estás lejos de sus pensamientos. Que siempre hay un espacio para ti en su corazón. Dios es esa madre, ese padre, ese amigo, que siempre se cuida de ti. Y todo esto ha dado una confianza nueva a tu vida. Es la misma confianza radical con que vivió Jesús su misión: todo comienza cuando escucha de Dios aquello de *Tú eres mi hijo*; todo termina cuando se dirige a Dios con aquello de *Tú eres mi padre (Abbá), mi Dios* [71].

En último término la verdadera purificación o limpieza viene de Dios:

> «De estas imperfecciones..., no se puede el alma *purificar* cumplidamente hasta que Dios *le ponga en* la pasividad de aquella oscura noche..., en aquella divina *cura*, donde *sana* el alma de todo lo que ella no alcanzaba a *remediarse*» (1N 3,3).

Esta es la verdadera función de la noche en el viaje místico. Se trata de hacer frente a los obstáculos no eliminándolos, sino transformándolos. Frente a unos apetitos que metafóricamente concebíamos como "enfermedad", la noche es proceso de *cura o sanación*; frente a unos apetitos que metafóricamente eran "suciedad", la noche es un proceso de *purificación o limpieza*; frente a unos apetitos que metafóricamente eran "lazos", la noche es un proceso de *liberación*.

En el viaje místico, al paso por las noches, se realiza todo un fabuloso proceso de sanación, de purificación y de libera-

---

[70] Cf. PIKAZA, X., *25 temas de oración...o.c.*, pp. 23 y 148.

[71] CASTRO, S., «La misión en Marcos», en *Rev. de Espiritualidad*, 244, 2002, p. 374.

ción[72]. Sólo desde la noche, desde el despojo y la cruz, se hace el tránsito a la plenitud, al gozo y a la luz. Sólo quien sabe de penas y de dolor humano, sabrá también lo que es el amor pleno. O por decirlo con las simplicísimas y profundas coplillas populares con que las monjas de Beas recibieron al fraile recién escapado de la prisión toledana:

> *Quien no sabe de penas*
> *en este valle de dolores,*
> *no sabe de cosas buenas,*
> *ni ha gustado de amores,*
> *porque penas es el traje de amadores*[73].

En la oscuridad de la noche el alma «*se libraba y escapaba* sutilmente de sus *contrarios*, que le *impedían* siempre el paso» (2N 15,1): los "contrarios" son los apetitos, metafóricamente concebidos como "enemigos" de los que hay que "librarse", pues son obstáculos en el viaje místico. En esta noche contemplativa aparecen los *"combates" que tiene el alma dentro de sí*[74]; *profunda es esta "guerra" y "combate", porque la paz que espera ha de ser muy profunda*[75]; *por medio de aquella "guerra" de la oscura noche es "combatida" y purgada el alma y así viene a conseguir paz y sosiego*[76]. Si los apetitos eran "enemigos", está claro que la noche tiene que ser, en sentido metafórico, una "guerra" o "combate", y sólo al final, ya en la unión, se alcanzará la verdadera "paz". La noche es un fasci-

---

[72] Y ese proceso sólo es posible desde la cruz: «La experiencia enseña que efectivamente la tribulación y la cruz (llámense sinsabores, frustraciones, traiciones, soledades, persecuciones, empleo generoso del tiempo, perseverancia, puñaladas traperas...) están en el camino de quienes trabajan por los valores humanos. En un clima de violencia, predicar la paz será costoso en todos los aspectos, incluida la propia vida. En un sistema capitalista, trabajar por la justicia social y la igualdad es renunciar a subir. En un clima autoritario, luchar por la libertad es exponerse a perderla. En el fondo de los valores yace una cruz. Admitir ser crucificado en ella es trabajar conforme al plan divino» (GUERRA, A., «Para la integración existencial de la Noche Oscura», en *Experiencia y pensamiento en San Juan de la Cruz*, Madrid, Editorial de Espiritualidad, 1990, pp. 245-246).

[73] Cf. CRISÓGONO DE JESÚS, *Vida de San Juan de la Cruz*, Madrid, BAC, 1972, p. 154.

[74] Cf. 2N 9,7.

[75] Cf. 2N 9,9.

[76] Cf. 2N 24,2.

nante proceso de liberación frente a "enemigos" o "ataduras"
las que fueren:

> «¡Oh, cuán dichosa ventura es poder el alma *librarse* de la
> casa de la sensualidad!. No se puede bien entender si no fuera, a
> mi ver, el alma que ha gustado de ello; porque verá claro cuán
> mísera *servidumbre* era la que tenía y a cuántas miserias estaba
> *sujeta* cuando lo estaba a la obra de sus potencias y apetitos y
> conocerá cómo la vida del espíritu es verdadera *libertad* y rique-
> za que trae consigo bienes inestimables» (2N 14,3).

La noche es también, allí donde los apetitos eran concebidos
metafóricamente como "enfermedad", un proceso de "cura" y
"sanación": «Conviénele, pues, al alma mucho estar con grande
constancia y paciencia en todas las tribulaciones y trabajos que
la pusiere Dios..., pues son *sanidad* para ella» (L 2,30). Y a lo
largo de la noche irán apareciendo indicios «de la *salud* que va
en ella [el alma] obrando la dicha purgación» (2N 7,4). Es en la
misma noche de la contemplación donde «está puesta aquí *en
cura* esta alma para que consiga *su salud*, que es el mismo Dios»
(2N 16,10). Nos topamos, pues, con la dimensión terapéutica de
la noche. Allí donde los apetitos eran "enfermedad", la noche se
convierte en un proceso de sanación. Y al llegar a la unión se
alcanzará la "salud" cumplida, que es el mismo Dios.

2.4. *Noche es contemplación: abrir los ojos con advertencia de amor*

La meditación discursiva, presente sobre todo en la primera
noche del alma, metafóricamente la concebíamos como un
"lugar" en el que se puede "entrar" o "salir", incluso como una
"posesión" que se puede "dejar" o "tomar". No muy diferente es
el caso de la *contemplación*, que es la experiencia dominante en
esta segunda noche del alma. Juan de la Cruz habla de ponerse
«*en* soledad, u ociosidad interior u olvido o escucha espiritual...,
ya que el alma ha comenzado a *entrar en* este sencillo y ocioso
estado de contemplación, que acaece cuando ya no puede meditar ni acierta a hacerlo» (L 3,35-6). *Ponerse en, entrar en...*, la

contemplación es un nuevo "lugar" al que llega el místico a lo largo de este viaje interior.

La novedad de este nuevo estado de la contemplación puede a su vez causar desconcierto, de ahí el aviso sanjuanista: «Es lástima ver que hay muchos que, queriéndose su alma *estar en* esta paz y descanso de quietud interior, *donde se llena de* paz y refección de Dios, ellos la desasosiegan y *sacan afuera a* lo más exterior, y la quieren *hacer volver* a que ande lo andado sin propósito... Y como ellos no saben el misterio de aquesta novedad.... es *desandar lo andado*» (2S 12,7). *Estar en, donde, sacar afuera*, es la misma idea de espacialidad, la concepción de la contemplación como un nuevo "lugar" o "recinto". Reaparecen en esta cita otras concepciones metafóricas que hemos ido viendo: la del alma como "recipiente", y de ahí que se pueda "llenar de paz"; y la de la experiencia mística toda como un viaje, y de ahí que se pueda "volver" o "desandar lo andado".

La contemplación es, a su vez, un espacio o lugar absolutamente peculiar: *alejadísimo, remotísimo, profundísimo, anchísimo*:

> «Algunas veces de tal manera absorbe al alma y sume en un abismo secreto... que está *puesta alejadísima y remotísima* de toda criatura; de suerte que le parece que la *coloca en una profundísima y anchísima* soledad... *metiéndola en* la venas de la ciencia del amor» (2N 17,6).

Junto a los verbos locativos (*poner, colocar, meter*), que insisten en la concepción espacial del estado de la contemplación, la reiteración de los superlativos apunta hacia algo que, en puridad, desborda las concepciones espaciales de nuestra mente y nuestro mundo. En cierto sentido la contemplación coloca al hombre en una nueva dimensión, un nuevo estado de conciencia en el que espacio y tiempo parecen evaporarse. Pero en cuanto realidad "abstracta", la contemplación sólo podemos conceptualizarla vía realidades concretas, físicas, espaciales. Lo que se sale de aquí no está al alcance de nuestra capacidad mental. Y por eso la experiencia mística, en último término, no se puede decir. Sólo se puede apuntar, insinuar, sugerir.

La contemplación, metafóricamente, es pues, un "lugar", como lo era la meditación. Recuérdese que la meditación también se podía concebir como "comida". Y lo mismo ocurre con la contemplación. Si meditar es "alimentarse" y las ideas son "comida", no ha de extrañarnos que después de dar vueltas a las ideas, éstas puedan ir perdiendo su "sabor", o se halle en ellas "poco provecho": «Esta es la causa de no poder considerar ni discurrir como antes: *el poco sabor* que en ello halla el espíritu y el *poco provecho*» (2S 14,1). Es entonces el momento de dejar la meditación y pasar a la contemplación. San Juan de la Cruz utiliza la siguiente imagen para explicar el paso de la meditación a la contemplación: «que es también como estar guisando la comida, o estar comiéndola y gustándola ya guisada y masticada» (2S 14,7).

La misma contemplación es también comprendida, metafóricamente, como "comida" o, más en concreto, como "bebida". Y así, San Juan habla del *sabor y gusto interior*[77] de la contemplación, o del *sabor de amor*[78] para describir la experiencia de la contemplación. Y el alma, del que metafóricamente habla el místico desde la realidad física del "cuerpo", también como éste, puede estar "bebiendo" su particular bebida:

> «De manera que luego, en poniéndose delante de Dios, se pone en acto de noticia confusa, amorosa, pacífica y sosegada, en que está el alma *bebiendo* sabiduría y amor y *sabor*» (2S 14,2).

Desde la meditación comprendida como "comida" hemos dado el salto a la contemplación entendida como "bebida".

Entrar en la contemplación es entrar en un nuevo "lugar". Experimentar la contemplación es gustar una nueva "bebida". Pero la contemplación también es MIRADA:

> «Y así, entonces el alma también se ha de andar sólo con advertencia amorosa en Dios... pasivamente, sin hacer de suyo

---

[77] 2S 1,2.
[78] Cf. 2S 15,12.

diligencias, con la advertencia amorosa simple y sencilla, como quien *abre los ojos* con advertencia de amor» (L 3,33).

Contemplar es, pues, "abrir los ojos". Es educar la mirada para aprender a ver de otra forma. Recuérdese que etimológicamente "contemplar" significa "mirar atentamente", "mirar desde un templo", desde lo alto. Incluso Juan de la Cruz habla de la «propiedad de contemplación amorosa con que [el alma] *mira a Dios*» (C 34,3)[79]. Si la contemplación es pues, en un sentido, *mirada del hombre a Dios*, la unión será, en otro más profundo, *mirada de Dios al hombre*. Y como es sabido «el mirar de Dios es amar» (C 31,8).

Juan de la Cruz utiliza una y otra vez las mismas expresiones, con escasas variantes, para darnos a entender qué sea la contemplación. Y así, dirá que es *advertencia amorosa en Dios*[80], *atención y advertencia amorosa en Dios*[81], *advertencia amorosa y sosegada en Dios*[82]... Una vez más, el amor inundándolo todo. Y la invitación al lector a hacer esa misma experiencia:

> «Aprenda el espiritual a *estarse con advertencia amorosa en Dios*, con sosiego de entendimiento, cuando no puede meditar, aunque le parezca que no hace nada» (2S 15,5).

Y más todavía: «Adviertan pues, aquí los que son muy activos, que piensan ceñir el mundo con sus predicaciones y obras exteriores, que mucho más... agradarían a Dios, dejando aparte el buen ejemplo que de sí darían, si gastasen siquiera la mitad de ese tiempo en estarse con Dios en oración, [...] porque de otra manera todo es martillear y hacer poco más que nada, y a veces nada» (C 29,3). La contundencia *in crescendo* de la gradación final (*martillear, hacer poco más que nada, hacer nada*) resulta inexorable.

---

[79] En palabras de Santa Teresa: «No os pido que penséis en Él, ni saquéis muchos conceptos, ni que hagáis grandes y delicadas consideraciones...; no quiero más que le miréis» (CE 42,3).

[80] 2S 15,5.

[81] 2S 12,8.

[82] 1N 10,4.

La contemplación no sólo es *advertencia* (por parte del contemplativo), también es *noticia* (de parte de Dios), y es *luz*. Es *noticia general, confusa, amorosa*[83]*; amorosa noticia general de Dios*[84]*; inteligencia general y oscura*[85]*; noticia general y confusa*[86]*; noticia general y oscura*[87]..., las expresiones, con leves variantes, se multiplican en los escritos sanjuanistas. En cuanto "noticia" y en cuanto "amorosa", implica que la experiencia mística es una conjunción de conocimiento y amor. Pero son tres los adjetivos que mayoritariamente se reiteran como notas características de esta "noticia de Dios": *general, oscura y amorosa*. Si el amor ha estado presente a lo largo de todos los momentos del viaje místico, no iba a estar ausente ahora. Cualquier "noticia" que venga de Dios, es noticia de amor. Es noticia de su amor.

Pero al mismo tiempo es noticia "general", es decir, se escapa del mundo categorial, no entra dentro de ninguno de nuestros conceptos mentales. Y repárese en que la capacidad de categorizar es la más importante de las capacidades humanas. Todo lo que nuestra mente puede conocer queda automáticamente categorizado, particularizado, etiquetado. Y lo que se escapa a nuestras concepciones mentales es lo "general", lo que no podemos incluir en ninguna categoría. Metafóricamente LAS CATEGORÍAS SON RECIPIENTES, y las propiedades de las categorías se derivan de esta concepción: por eso hablamos de que algo cae "dentro" o "fuera" de una categoría (recipiente), o de que algo podemos "ponerlo en" o "cambiarlo de" categoría.

No se puede tomar a la ligera el concepto de "categoría". No hay nada más básico para nuestro pensamiento, nuestra percepción o nuestro discurso, que categorizar. Cada vez que vemos algo, del tipo que sea, por ejemplo un árbol, estamos categorizando. Cada vez que razonamos sobre los diferentes "tipos" de cosas -sillas, países, enfermedades, emociones, lo que sea-, estamos empleando categorías, y todo ello de una manera automáti-

---

[83] 3S 33,5.
[84] 2S 13,7.
[85] 2S 10,4.
[86] 2S 15,3.
[87] L 3,49.

 JUAN ANTONIO MARCOS

ca e inconsciente [88]. Si la "noticia" mística es "general", lo es porque rebasa el mundo categorial, el mundo de los conceptos y concepciones humanas.

Se trata, pues, de una noticia que no podemos particularizar ni etiquetar. Es supraconceptual y supracategorial[89]. Y por eso en este estado alterado de conciencia, el alma no puede «entender *nada en particular*» (2N 8,5), se está «sin *particular* consideración» (2S 13,4). «En la práctica esto supone el abandono del razonamiento, del pensamiento y de cualquier clase de esfuerzo. ¡Que sucedan las cosas! ¡Que actúe el espíritu! Dios es el artista y tú eres el modelo. Si vas de un sitio para otro, el artista no puede pintar una obra maestra. Así pues, mantente tranquilo»[90]. Y en cuanto noticia "oscura", nuestro entendimiento, nuestra mente, no puede percibirla, verla, aprehenderla. Y cuanto más «pura y sencilla y perfecta y más espiritual e interior» (2S 14,8), menos la echa de ver y la entiende el entendimiento. Recuérdese una vez más que metafóricamente NO ENTENDER ES NO VER.

Ahora la luz de nuestro entendimiento ha sido sustituida por la *oscura luz espiritual de contemplación*[91]. La nueva luz que recibe el alma es así «*altísima luz divina* que excede toda *luz natural*, que no cabe naturalmente en el entendimiento» (2N 9,2). Y si "no cabe", es porque metafóricamente concebimos el entendimiento como un "recipiente" (LA MENTE ES UN RECIPIENTE), y además un recipiente limitado, donde no todo tiene cabida: «aquella sabiduría interior es tan sencilla y tan general y espiritual, que *no entró* al entendimiento..., como *no entró*... no sabe dar razón ni imaginarla para decir algo de ella... Porque esto tiene el *lenguaje de Dios*» (2N 17,3). Que es *indecible*[92]. Y por eso, porque es indecible, apenas se podrá insinuar o balbucir o sugerir por la palabra.

<hr>

[88] Cf. LAKOFF, G., «What is a Conceptual System?», a.c., p. 52. Y del mismo autor, *Women, Fire, and Dangerous Things*, o.c., p. 5.

[89] Y sólo en este sentido se puede afirmar que «equivale a sintética y totalizante» (RUIZ, F., *Místico y maestro*, o.c., p. 215).

[90] JOHNSTON, W., *El ojo interior del amor*, o.c., p. 116.

[91] 2S 8,2.

[92] 2N 17,5.

La experiencia mística es un viaje por el que te has de mover con una confianza ciega ("fe oscura"). Es una experiencia supra-conceptual cuya fuerza fundante se halla en el amor. Un amor que arde en tu corazón, que te guía y que te mueve en movimiento o vuelo propulsado hacia la unión:

> «El amor solo que en este tiempo arde... es el que guía y mueve al alma entonces, y la hace volar a su Dios por el camino de la soledad, sin ella saber cómo ni de qué manera» (2N 25,4).

Y allí, al final del viaje, se llega a un acto de *sencilla contemplación*[93]. Experiencia radical y global, pero dentro de la más absoluta de las simplicidades. Y entonces recuperas la capacidad de estremecerte ante lo cotidiano. O de admirarte ante el gusto del agua bebida en el hueco de la mano. Por primera vez percibes el milagro en que vivimos continuamente envueltos[94]. Porque en el encuentro último con lo divino, todo es de una simplicidad pasmosa. Todo queda reducido (o, por mejor decir, ensanchado) a *noticia general, oscura y amorosa*.

[93] Cf. 1N 9,8.

[94] Cf. BALLESTER, M., *Oración profunda. Camino de integración*, Madrid, PPC, 1979, pp. 92-94.

7

Dios sólo puede ser positividad: la "atención amorosa"

Se queda el alma como en un olvido grande.
Y la causa de este olvido es la sencillez
de esta "noticia amorosa", la cual, ocupando al alma,
la pone limpia de todas las formas de la memoria,
y así la deja en olvido y sin tiempo (2S14, 10-11)

Cuando se sienta el alma poner en silencio y escucha, aun el ejercicio de la "advertencia amorosa" ha de olvidar. Porque de aquella "advertencia amorosa" sólo ha de usar cuando no se siente poner en soledad, u ociosidad interior u olvido o escucha espiritual... (L 3,35) Como iremos viendo, la así llamada por Juan de la Cruz *advertencia o atención amorosa*, es mucho más que un mero medio para "ponerse en silencio y escucha". Creemos que hay que entenderla, fundamentalmente, en clave de "presencia". Y más en concreto, de "presencia afectiva" (C 11,4).

Y si a manera de deprecación podemos exclamar con Juan de la Cruz: *¡Descubre tu presencia!*, es sólo para caer en la cuenta de que Dios, desde siempre, ya está presente en nuestras vidas. «Un Dios que crea por amor vive volcado con generosidad total sobre todas y cada una de sus criaturas. El Dios que "hace salir el sol sobre malos y buenos y llover sobre justos e injustos", llama a todos y desde siempre: no hubo desde el comienzo del mundo un solo hombre o una sola mujer que no nacieran amparados, habitados y promovidos por su revelación y por su amor incondicional»[1].

---

[1] A. TORRES QUEIRUGA, «La imagen de Dios en la nueva situación cultural», en *Selecciones de Teología*, 170, 2004, p. 111.

La *advertencia amorosa* funciona además como un factor clave de equilibrio y maduración psicológica. Porque muy a menudo somos demasiado frágiles, y pequeñas cosas intrascendentes, pueden robarnos la paz interior, la paz del corazón. Allí donde se vive "pendiente" (en sentido etimológico "estar colgado", del verbo "pender") de la noticia o advertencia o atención amorosa, surge de forma automática un distanciamiento ante las menudencias de la vida diaria, y se aprende también a relativizar y desdramatizar frente a los pequeños, insignificantes y cotidianos accidentes.

La *atención amorosa* vivida en clave de presencia termina por situarnos automáticamente, y de manera natural, también en clave de contemplación. Es el resorte que hay que pulsar para «ponerse *en* soledad», dirá Juan de la Cruz, donde la preposición locativa "en" nos sitúa ya en un nuevo estado o lugar metafórico-espiritual: es decir, en los espacios interiores de la persona, en los paisajes del alma. San Juan de la Cruz habla aquí de ponerse EN: *soledad, ociosidad interior, olvido, escucha espiritual, paz, recogimiento en el corazón, sosiego espiritual*, etc.[2]

La *noticia amorosa* es el camino o medio para centrar la propia vida. Para reconstruir esas pequeñas ruinas que llevamos por dentro. Para mantener limpio y sano el propio espacio interior. Es medio y es camino, pero a la vez es fin en sí misma ya que nos permite caer en la cuenta de que continuamente vivimos habitados por una presencia que nos sobrepasa y envueltos por un amor que nos sobrecoge.

Al hacernos conscientes de esa "presencia", descubrimos que la *atención amorosa* se puede convertir en una fabulosa herramienta para descubrir a Dios como experiencia gozosa (Dios no es un ladrón de la felicidad de los hombres), como experiencia sanadora (Dios no es un ladrón de nuestra "salud") y como experiencia liberadora (Dios no es un ladrón de nuestra libertad).

---

[2] Y de hecho, para nuestro místico, la oración contemplativa es algo así como *estarse a solas con atención amorosa a Dios, "en" paz interior y quietud y descanso* (2S 13,4); *reposar el alma y dejarla estar "en" su quietud y reposo* (2S 12,6); *contentándose sólo "en" una advertencia amorosa y sosegada en Dios* (1N 10,5; 1N 9,6; 1N 9,8...).

Si la naturaleza de *Dios es el amor*, eso significa que Dios sólo puede ser pura positividad para nuestras vidas. Más todavía, Dios es el mayor poder generador de felicidad que existe. Por eso, todo lo que va en contra del hombre es una experiencia religiosa falsa, y va también en contra de Dios. Una experiencia religiosa que vuelve siervos a los hombres o los aniquila, es por definición una falsa fe en Dios. Porque al fin y al cabo, cuando tratamos de Dios, estamos tratando de la salvación del hombre, de su bienestar y de su felicidad[3].

1. Dios es presencia gozosa

La atención amorosa nos habla de un Dios presente, desde siempre, en nuestras vidas. Pero dicha presencia no se puede vivir con la misma intensidad o densidad o profundidad en cada momento de la existencia[4]. Si cada momento es momento de Dios, no en todo momento podemos hacernos igualmente conscientes de su presencia y cercanía. Para nosotros, la suya, es una presencia intermitente[5]. Pero no porque Dios juegue al escondite con nosotros, sino ante todo debido a nuestra propia finitud e incapacidad para percibir su presencia.

Y es que el nuestro es un Dios que está voluntariamente "de precario" en este mundo[6]. Inmediatamente presente, pero al

---

[3] Lo que E. SCHILLEBEECKX aplica a la interpretación bíblica, nosotros lo trasladamos a la experiencia de Dios (cf. *Dios futuro del hombre*, Salamanca, Sígueme, 1970, p. 199).

[4] Comentando el verso "Donde secretamente solo moras" afirma San Juan de la Cruz: *Dios está de ordinario como dormido en este abrazo con el alma, al cual ella muy bien siente y de ordinario goza. Porque, si estuviese siempre en ella recordado* [despierto], *comunicándose las noticias y los amores, ya sería estar en gloria* (L 4,15).

[5] «La presencia de Dios, si ha de ser "para nosotros", tendrá que realizarse por fuerza en la sorpresa y en el descubrimiento, en el olvido y en el aprendizaje, en la presencia y en la ausencia, en el encuentro y en la búsqueda. No puede extrañar: tampoco estamos siempre atentos al entorno natural, y la misma presencia empírica de las personas queridas vive de intermitencias» (TORRES QUEIRUGA, A., *La revelación de Dios en la realización del hombre*, Madrid, Cristiandad, 1987, p. 204).

[6] "DE PRECARIO": «Se aplica a la manera de estar en una situación cuando no se está con plena seguridad o derecho» (M. MOLINER, *Diccionario de uso del español*, Madrid, Gredos, 1997, s.v. PRECARIO).

mismo tiempo sin jamás imponerse. Como si él, el creador de todo, no tuviera derecho a estar ahí. El nuestro es un Dios voluntariamente inmigrante, huésped y forastero. Esperando siempre (deseando siempre) que los hombres le abran sus corazones. Ese es el rostro del Dios que se nos ha desvelado en Jesús: el de un Dios que voluntariamente va "de precario" en el mundo de los hombres. Casi un Dios sobrero. Voluntariamente sobrero.

La cuestión está en saber si nosotros seremos capaces de hacer de su presencia un "hábito" consciente en nuestras vidas. Y para ayudarnos a ello está el místico. Porque habrá momentos en que nos descubriremos habitados por una presencia que nos sobrepasa y nos sobrecoge, que nos viene como caída del cielo, pero que de hecho siempre había estado ahí. Sólo ocurre que hasta ahora no habíamos caído en la cuenta de ello. Y así, dirá San Juan de la Cruz, que *en poniéndose el alma en oración o en poniéndose delante de Dios, se pone en acto de noticia confusa, amorosa, pacífica y sosegada, en que está bebiendo sabiduría y amor y sabor* (cf. 2S 14,2).

Si la "atención" es el «silencio y cuidado con que se escucha alguna cosa» (sic Covarrubias), la *atención amorosa* será el silencio y cuidado con que se escucha a Dios. O mejor dicho, será caer en la cuenta del silencio y cuidado con que Dios está escuchándonos desde siempre. La verdadera atención amorosa tiene, pues, un marcado carácter personal (¡y esto es clave!), ya que es «atención amorosa a Dios», más allá de todo discurso, idea o consideración. Es el resorte que nos permite caer en la cuenta de un Dios que, para siempre, estará presente en nuestras vidas, proporcionándonos *paz interior, quietud y descanso*[7].

La atención amorosa es, en esencia, de carácter personal, y lo es porque la atención o noticia amorosa podemos identificarla, en buena medida, con la misma fe (2S 24,4), como afirma el propio San Juan de la Cruz. Y la fe, o la confianza, sólo se puede otorgar a personas. Aun cuando éstas nos puedan decepcionar o

---

[7] En el viaje místico, como hemos visto, la atención amorosa es una señal más que nos indica el paso de la meditación a la contemplación: *la tercera señal es si el alma gusta de estarse a solas "con atención amorosa a Dios", sin particular consideración, en paz interior y quietud y descanso* (2S 13,4).

defraudar. Por eso, en el centro de la vida cristiana -y por ende de la vida mística- (¿acaso se diferencian en algo?) está la confianza en una persona, en Jesús de Nazaret. Alguien en quien podemos depositar una confianza que no defrauda. El mismo Jesús de los evangelios que procuró siempre el bien y la salvación del hombre concreto, sigue vivo y presente entre nosotros. Hoy, como entonces, donde él aparece, desaparece el miedo, libera a los hombres y los hace dueños de sí mismos[8].

Sólo en esa relación incurablemente personal con Jesús nos es legítimo hablar de la atención amorosa. Y la «fe oscura» sanjuanista (o confianza ciega) nos remite siempre, de hecho, a la presencia personal del Jesús resucitado y a la confianza radical en un Dios que, en Jesús, se nos ha acercado hasta llegar a tocarnos. No hay que olvidar nunca que la cultura bíblica es fundamentalmente histórica, de ahí el valor e importancia que concede al oído. Para el hombre bíblico, sabio no es el que sale fuera de sí en busca de la naturaleza, como ocurre en el mundo griego, sino quien guarda en su corazón la tradición recibida[9]. Para el hombre bíblico lo importante no son las cosas que se ven, sino las personas con quienes se convive. Por eso la verdad no se entiende como des-cubrimiento, sino como con-fianza, algo más propio de una cultura cardiocéntrica, como la del mundo bíblico[10].

Y por eso, esta "fe oscura" o confianza ciega en Dios, no es posible sin fe o confianza en el hombre. Lo paradójico es que aunque Dios ha confiado en el hombre hasta el punto de que «murió por nosotros cuando éramos aún pecadores» (Rom 5,8), da la impresión de que a nosotros nos faltan motivos para confiar en los demás o para confiar en nosotros mismos. Y sin embargo, sin fe en el hombre, tampoco parece posible la fe en Dios. Parafraseando al apóstol San Juan, aquí podríamos decir que si no confiamos en los hombres, a quienes vemos, ¿cómo vamos a confiar en Dios, a quien no vemos?

[8] Cf. E. SCHILLEBEECKX, *Jesús. La historia de un viviente*, o.c., p. 140.
[9] *María guardaba todas estas cosas, y las meditaba en su corazón* (Lc 2,19).
[10] Cf. D. GRACIA, «Las razones del corazón», en *Naturaleza y Gracia*, LI, (2004), p. 346.

El Dios que crea por amor, ha sido el primero en darnos a los hombres un voto de confianza. La aventura de este mundo la inició él, no nosotros, y esta es la mejor razón que tenemos para confiar en que, a pesar de los pesares, esta historia tiene que terminar bien. *La creación del hombre es un cheque en blanco extendido por el mismo Dios, y del que tan sólo Dios mismo sale fiador*[11]. Desde la fe, siempre tendremos razones para creer que esto tendrá un *happy end*, un final feliz. La vida de Jesús es paradigmática al respecto, pues a pesar de las violencias de los hombres (ante las que Dios se volvió voluntariamente indefenso), los hombres no lograron darle jaque-mate, o Dios no lo consintió resucitando precisamente al crucificado. Y es que la última palabra de la historia es sólo de Dios, es decir, del Amor.

Es este el mejor resorte que tenemos para activar la confianza en la vida, en el mundo, en el hombre, en nosotros mismos. Porque también en nuestra propia historia personal, la última palabra es de Dios, y nunca de nuestras infidelidades o egoísmos. Su amor siempre será más grande que todo nuestro desamor. Por eso, como creyentes, no podemos por menos de confiar en que también nuestra propia historia tendrá un final feliz, pues estará siempre en las manos de Dios. Y ese "final feliz" es algo que, antes o después, se descubre y experimenta ya en esta vida, aunque quizás de una manera distinta a lo que nosotros esperamos o sospechamos.

La confianza en la presencia insobornable de Dios y en un amor que nos sobrepasa siempre, provoca tal fascinación en el creyente que, a pesar de todas nuestras infidelidades, ya siempre habrá razones para amar, orar y esperar en clave de confianza. La *atención amorosa* de Juan de la Cruz es lo que nos lleva a vivir, precisamente, de esa confianza en Dios, convirtiéndose así en la mejor terapia de interiores: «Confíen en Dios, que no deja a los que con sencillo y recto corazón le buscan» (1N 10,3). Es la invitación que el místico nos lanza a cada uno de nosotros.

«El que entró a sus discípulos corporalmente, las puertas cerradas, y les dio paz [...], entrará espiritualmente en el alma,

---

[11] E. SCHILLEBEECKX, *Los hombres relato de Dios*, o.c., p. 146.

sin que ella sepa ni obre el cómo [...] y la llenará de paz, declinando sobre ella, como el profeta dice, como un río de paz, en que le quitará todos los recelos y sospechas, turbación y tiniebla» (3S 3,6). Dios "entra" en tu vida (somos "recipientes"), te "llena" de paz, "vaciándote" de recelos, turbación y tiniebla. Es esa "presencia" personal del resucitado lo que nos cura y nos sana.

No sé si comprendemos de verdad lo que está implicado en estas palabras de San Juan de la Cruz. Es la misma experiencia que tuvo la primitiva comunidad cristiana con el Jesús resucitado: *entró donde estaban reunidos, les dio la paz, les devolvió la alegría, les quitó los miedos...* (Jn 20,19-20). Porque vivimos habitados. Y cuando nos damos cuenta de ello, dicha presencia y confianza actúan como el mayor poder generador de felicidad. De esta forma, la presencia de Dios se convierte en experiencia gozosa.

2. Dios es presencia sanadora

Para que la "advertencia amorosa" se convierta en una auténtica ecología de interiores, San Juan de la Cruz nos invita a vivir el "olvido" como terapia. La amnesia como experiencia de sanación y limpieza interior frente a los residuos contaminantes de la memoria. "No hacer archivo ni presa", "dejar olvidar", "perder en olvido", son algunas de las expresiones con las que San Juan de la Cruz insiste machaconamente en la importancia del olvido. Eso sí, se trata de un olvido entendido siempre como pura terapia para mantener limpio nuestro espacio interior frente a los viejos recuerdos negativos del pasado, esos residuos tóxicos que contaminan nuestra memoria, y que sólo el perdón y el olvido pueden contribuir a depurar.

El perdón y el olvido poseen un carácter activo, y contribuyen a mantener limpio y sano nuestro espacio interior. Pero es la "advertencia amorosa", en su dimensión de pasividad, la que en verdad sana nuestro interior y limpia nuestro corazón. Y esto sucede cuando *se queda el alma como en un olvido grande. Y la causa de este olvido es la sencillez de esta noticia [o "adverten-*

cia amorosa en general de Dios" [12]*], la cual, "ocupando" al alma, la pone limpia de todas las aprehensiones y formas de la memoria, y así la deja en olvido y sin tiempo* [13]. Esta es para Juan de la Cruz la terapia determinante para mantener limpia la memoria, la mirada, el corazón. Donde la "advertencia amorosa" ocupa al alma, ya no hay espacio para los viejos rencores del pasado.

La "advertencia amorosa", nos remite, a fin de cuentas, a la presencia entre nosotros, y en nosotros, del Resucitado. Dicha "advertencia" desencadena, en la vida del místico, toda una cascada de fenómenos biopsíquicos. Fenómenos que San Juan de la Cruz designa como "elevación de la mente en lo alto" (2S 14,11), "vuelco en el cerebro" en que "parece se desvanece toda la cabeza" (3S 2,5). Las consecuencias psicoterapéuticas de dicha experiencia serán: "olvido" de todo y sensación de ausencia de "tiempo" psicológico (2S 14,10-11); sentirse como "pájaro solitario" en el tejado (2S 14,11); verse como "volando", "perderse" [14], desaparecer... Experimentar por dentro algo así como un "fuego amoroso" (L 2,10).

La atención amorosa pasa, además, por la "atención a lo interior", como nos recuerda la famosa redondilla sanjuanista [15]. Es decir, por cuidar nuestro espacio interior, mantenerlo limpio, limpio el corazón, limpia la mirada. Y porque el "limpio" de corazón, al decir de San Juan de la Cruz, *en todas las cosas halla noticia de Dios* (2S 26,6). La vida cotidiana (ese *todas las cosas*) convertida así en lugar privilegiado de la presencia de Dios. Descubierto esto, ya nada podrá interponerse entre Él y nosotros. Y nada podrá igualarse a la inmediatez de su presencia [16]. Entonces, y sólo entonces, cada cosa y cada momento,

---

[12] 2S 14,6.

[13] Cf. 2S 14,10-11.

[14] Cf. el poema *Tras de un amoroso lance*.

[15] *Olvido de lo criado / memoria del Criador / atención a lo interior / y estarse amando al Amado.*

[16] «Dios, como creador que lo determina todo, está inmediatamente presente en toda realidad y en ella a cada sujeto. Puede ser difícil descubrirlo, pero una vez descubierto, nada se interpone entre Él y nosotros: ninguna otra realidad puede igualar la inmediatez de su presencia» (A. TORRES QUEIRUGA, «La experiencia de Dios: posibilidad, estructura, verificabilidad», en *Pensamiento*, 55, 1999, p. 62).

podrán ser vividos como momento de Dios: trabajar, pasear, orar, comer, hacer el amor o lavarse las manos...

Cuando cada momento de la vida cotidiana es momento de Dios, se aprende también a saborear el vino, el pan y la amistad de una manera nueva. Y con ello, se aprende también a disfrutar de cada instante de la vida como el feliz momento que transcurre. Porque Dios siempre está detrás. Vivimos habitados. Y de esa manera, comenzamos a percibir la densidad del momento, la densidad del ahora. Más allá de los recuerdos negativos del pasado o de los miedos paralizantes del futuro. El olvido y el perdón que brotan de la atención amorosa se convertirán así en la mejor forma de sanar nuestros adentros. Y así Dios se manifestará en la vida del hombre como presencia sanadora.

3.   Dios es presencia liberadora

San Juan de la Cruz señala cómo, a los principios, el sentimiento de presencia que acompaña a la advertencia amorosa es apenas perceptible. Pero aun cuando no se sienta o no se goce, sin embargo, sí se experimentan sus frutos, que son una "abundante paz interior, amorosa, descanso, sabor y deleite": *A los principios casi no se echa de ver esta "noticia amorosa". Y es porque a los principios suele ser esta noticia amorosa muy sutil y delicada y casi insensible. Con lo cual, aunque más abundante sea la paz interior amorosa, no se da lugar a sentirla y gozarla. Pero, cuando más se fuere habituando el alma en dejarse sosegar, irá siempre "creciendo" en ella y sintiéndose más aquella amorosa noticia general de Dios* (cf. 2S 13,7).

"Habituarse" en dejarse sosegar, para "crecer" en la noticia amorosa de Dios... Y es que la noticia amorosa crece con el hábito y la costumbre. Sólo hace falta una cosa: *dejarse sosegar*, así, pasivamente, descansar, reposar, aquietarse, y todo ello convertido en costumbre que se vive cotidianamente. La larga y repetida práctica de cierto "sosiego" termina por convertirse en costumbre que facilita el crecimiento en la *advertencia amorosa*. "Advertencia" que, al menos a los principios, tiene un carácter fundamentalmente activo. Así se pone de manifiesto en el mero

significado del término "advertencia", con el que se busca focalizar nuestra atención sobre la importancia de «considerar» u «observar con particular cuidado» [17].

En línea con esta dimensión activa, San Juan de la Cruz nos invita a «traer advertencia amorosa en Dios» (D 87), a «estarse con atención y advertencia amorosa a Dios» (2S 12,8), a contentarse «sólo con una advertencia amorosa y sosegada a Dios» (1N 10,4): «Aprenda el espiritual a estarse con advertencia amorosa en Dios, con sosiego de entendimiento, cuando no puede meditar, aunque le parezca que no hace nada» (2S 15,5). Es la dimensión activa de nuestro estar volcados a Dios, que nos ha de llevar a vivir la vida haciéndonos conscientes de su presencia en nuestra realidad cotidiana.

Es esa presencia amorosa de Dios vivida cotidianamente la que nos devuelve la libertad más auténtica, la del espíritu, la interior. El *deseo de Dios, o el pensamiento centrado en Dios, o las ansias de amor* son algunas de las terapias sanjuanistas de carácter activo con las que la advertencia o atención amorosa comienza a hacerse "funcional" y se plasma en vivencias concretas. Auténticas "herramientas" para reconstruir las pequeñas ruinas afectivas de nuestro mundo interior. Para comenzar a sentirnos libres.

Y así, para Juan de la Cruz, el «deseo de Dios» (L 3,26) o la herida de su amor, es lo que puede curar las demás heridas psicoafectivas de la persona. Es el "deseo de Dios" el que colabora para educar e integrar los demás "deseos". Allí donde el mundo de los deseos (o "apetitos", como reiteradamente los designa San Juan de la Cruz) puede llegar a esclavizarnos o puede conducirnos a vivir rotos, el "deseo de Dios" nos permitirá liberarnos para ir reconstruyendo y sanando nuestra propia interioridad. Quizás el viaje místico no sea otra cosa que la gran metáfora del deseo.

Al atarnos a Dios nos liberamos de las demás ataduras. Y así, entre el hombre y Dios surge un "fuerte nudo" (C 20,1), o "hilo de amor" (C 31,1) que ni ata ni esclaviza, sino que libera

---

[17] *Diccionario de Autoridades. Edición facsímil*, Madrid, Gredos, 1990, s.v. ADVERTENCIA.

gozosamente. «De donde entonces le puede el alma de verdad llamar Amado, cuando ella está "entera" con él, no teniendo su corazón asido a alguna cosa fuera de él; y así, de ordinario, *trae su pensamiento en él*» (C 1,13). He aquí otra de las terapias o herramientas con que funciona la atención amorosa: allí donde centramos nuestro pensamiento en Dios aprendemos a *estar enteros*, no divididos, ni rotos, ni dispersos.

Finalmente, en su dimensión activa, la atención amorosa es una cuestión de *ansias de amor*, expresión sanjuanista muy próxima al en-amoramiento, que se convierte en fuerza transformadora e integradora de la persona, capaz de reconstruir nuestras ruinas afectivas. Y así, cuando vives con "ansias de amor"[18] entonces, dice San Juan de la Cruz: *En todas las cosas buscas al Amado; en todo cuanto piensas, luego piensas en el Amado; en cuanto hablas, luego hablas del Amado; cuando comes, cuando duermes, cuando velas, cuando haces cualquier cosa todo tu cuidado es en el Amado*[19].

Buscar, pensar, hablar..., todo en la vida parece hallarse transido por una determinación existencial del ultimidad. *Comer, dormir, velar...*, cualquier cosa que se haga, cada actividad cotidiana, estará siempre envuelta por una presencia personal, por la presencia del Amado, por la presencia de lo divino.

Pero si la atención amorosa posee una dimensión activa de búsqueda y anhelo por parte del hombre, de un volcarse hacia Dios, es sólo para caer en la cuenta de que en realidad es Dios el que, desde siempre, está volcado hacia nosotros. Porque la atención o noticia amorosa es ante todo obra de Dios. De ahí que una de sus notas más reiteradas por San Juan sea el carácter de pasividad.

Y si es Dios el que *anda poniendo en el alma sabiduría y noticia amorosa*, entonces, por nuestra parte sólo nos compete *andar con advertencia amorosa a Dios, pasivamente, con la advertencia amorosa simple y sencilla, como quien abre los ojos con advertencia de amor* (cf. L 3,33). Abrir los ojos con advertencia de amor..., sin más, para hacernos conscientes del amor resucitador de Dios,

[18] Cf. 1S 14,2 ó 2S 1,2.
[19] Cf. 2N 19,2.

de la fuerza de su presencia liberadora. La "noticia" viene siempre de la parte de Dios; la "advertencia" de dicha noticia de amor (el "caer en la cuenta") estará siempre de la parte del hombre.

Ese "abrir los ojos" o "caer en la cuenta" hacen que la vida toda se llene de gozosa gratuidad, y que brote una nueva confianza en Dios. Confianza que «consiste de manera sumamente elemental en gozarse de la propia existencia. [...] Un hombre que no se goza por la existencia que se le ha concedido graciosamente, no es "per definitionem" un cristiano»[20]. Y es que el anhelo de mística presente en nuestra cultura moderna y técnica apunta precisamente en la dirección de la pura gratuidad de Dios. Dios no es necesario. No entra en la categoría de lo que necesitamos, sino de lo que anhelamos y amamos: la pura gratuidad –como cuando alguien nos regala un ramo de flores y respondemos francamente: «No hacía falta que te molestaras». Y sin embargo, ésta es la riqueza auténtica de la vida. El lujo del regalo no necesario de un ramo de flores[21]. Eso es Dios. Un regalo y un lujo. Pero un lujo que está al alcance de todos.

Y sin duda alguna, la mejor terapia para reparar las pequeñas ruinas afectivas de la persona se encuentra en el mundo de los propios afectos, y más en concreto, en el afecto del amor: «para "vencer" a los apetitos... era menester *otra inflamación mayor de otro amor mejor*, que es el de su Esposo, para que teniendo su gusto y fuerza en éste, tuviera valor y constancia para fácilmente negar todos los otros» (1S 14,2). *Otro amor mayor y mejor...* Esta es la clave para reconstruir nuestros afectos y madurar en el mundo de los deseos: un afecto sólo se vence con otro afecto mayor. Y éste es el amor de Dios.

Caer en la cuenta de que nuestras vidas están sostenidas por un amor que nos sobrepasa siempre (ese *otro amor mayor y mejor*), más grande que todos nuestros fallos e infidelidades, más grande incluso que nuestro propio corazón, es algo a lo que termina por conducirnos la así llamada atención o advertencia amorosa. Hasta

---

[20] E. JÜNGEL, *El evangelio de la justificación del impío como centro de la fe cristiana. Estudio teológico en perspectiva ecuménica*, Salamanca, Sígueme, 2004, pp. 305-309.

[21] Cf. E. SCHILLEBEECKX, *Los hombres relato de Dios*, Salamanca, Sígueme, 1994, pp. 116-117.

tal punto esto es así que la atención amorosa es la ayuda que necesitamos para ponernos «en silencio y escucha» (L 3,35) en medio de la oración; o el hito reflectante que nos hace descubrir a Dios presente en la vida cotidiana, en medio del servicio a los demás.

La atención amorosa implica vivir la vida desde la presencia afectiva y amorosa de un Dios que interminablemente se cuida de los hombres. Porque vivimos habitados. Y cuando caemos en la cuenta de ello, entonces entra en acción un poder capaz de liberarnos de todas nuestras esclavitudes. La presencia de Dios se convierte así en experiencia liberadora.

4. Vivimos habitados: Dios es "presencia"

La advertencia amorosa es la terapia que nos impulsa a mantener sana nuestra mente, nuestra psique, nuestro propio corazón. Es la mejor cardioterapia, ya que está hecha de confianza y de presencia. Y porque *no hay nada que pueda curar nuestra dolencia sino la "presencia"* (C 6,2): «La enfermedad de amor no tiene otra cura sino la "presencia" del Amado» (C 11,11). Sólo esa presencia puede contribuir a dar estabilidad "hemodinámica" a nuestro mundo espiritual. Sólo esa presencia puede ayudarnos a vivir gozosamente, sin miedos ante el futuro. Y así, el mismo Resucitado que se mostró a María Magdalena, se sigue mostrando hoy a nosotros, *para acabarnos de instruir, en la creencia que nos falta, con "el calor de su presencia"* (3S 31,8).

La advertencia amorosa es también toda una ecología de interiores. Allí donde procuramos «andar siempre en la presencia de Dios» (Gp 2) terminamos por caer en la cuenta de que Dios está ya, desde siempre, presente en nuestras vidas. Esa presencia o atención amorosa es el resorte que nos empuja a mantener limpio nuestro espacio interior, a cuidar nuestro particular "hábitat" personal y espiritual, a sanar nuestro pasado. Piénsese aquí en "cuidados necesarios" tales como *el perdón y el olvido* en tanto que terapias activa y pasiva, fruto ésta última, de un dejarnos invadir por la *atención* amorosa. Es la mejor manera de descontaminar los paisajes profundos del alma, y de regenerar y recuperar los mundos perdidos del espíritu.

La advertencia amorosa es, finalmente, esa arquitectura de interiores que nos permite reconstruir las viejas ruinas que llevamos por dentro, regenerando así nuestros adentros, el mundo del espíritu. Allí donde nos descubrimos interiormente rotos, o esclavos de nuestros propios deseos, la «presencia afectiva» (C 11,4) de Dios nos ayudará a sentirnos centrados y a vivir el momento presente como experiencia liberadora. Y no se olviden aquí "cuidados necesarios" tales como *el deseo de Dios, traer el pensamiento en Dios, las ansias de amor, el otro amor mayor y mejor...* Es la manera en que la "atención amorosa" contribuye a reconstruir nuestras propias ruinas afectivas.

Los salmistas supieron cantar y contar como nadie esa "presencia" gozosa, sanadora y liberadora que es Dios para la vida del hombre: *¿Adónde me alejaré de tu aliento?, ¿adónde huiré de "tu presencia"?...*[22] *Aunque camine por cañadas oscuras, nada temo: "Tú vas conmigo"*[23]. Y por fe sabemos que *Cristo habita en nuestros corazones*[24]. Que vivimos habitados.

Toda experiencia auténtica de Dios será, pues, una experiencia sanadora (frente a los viejos rencores del pasado); gozosa (frente a los miedos del futuro), y liberadora (frente a afanes y pretensiones humanas, frente a los deseos del presente que nos esclavizan). Aquí se autentica nuestra fe. Y cualquier experiencia de Dios que sea negatividad, es decir, cualquier experiencia de Dios que empequeñezca o esclavice al hombre, será una falsa experiencia de Dios. O al menos una experiencia equivocada y errada. Dios sólo es (sólo puede ser), para la vida de los hombres, fuerza sanadora, liberadora y generadora de felicidad.

Dios sólo es pura positividad para nuestras vidas. Y la experiencia mística es, ante todo, "presencia". Y es confianza en el Dios que siempre va con nosotros. Es atención amorosa a Dios. Es *abrir los ojos con advertencia de amor*. Es abrir los ojos para caer en la cuenta de que en verdad es Dios el que, desde siempre, no sabe cómo quitar sus ojos de cada uno de nosotros Y porque, por más que nosotros *abramos los ojos con advertencia de*

---

[22] Salmo 139

[23] Salmo 23.

[24] Ef 3, 17.

amor, en realidad es Dios el que, para siempre, estará amorosamente atento, con los ojos abiertos como platos, a las vidas de cada mujer y de cada hombre de nuestro mundo.

Entonces, se trataría de aprender, en la vida diaria, a *andar interiormente como de fiesta*[25], que dice San Juan de la Cruz. *Pues no hay situación alguna de la vida en la que Dios no pueda estar cerca de nosotros; y en la que nosotros, a su vez, no podamos encontrarlo*[26]. Y porque ante el requerimiento sanjuanista (*¡Decid si por vosotros ha pasado!*), la repuesta siempre será que sí, que "ha pasado", que "está pasando" siempre. La cuestión está en saber si nosotros hemos tenido "ojos" para verlo. O si hemos tenido "oídos" para escucharlo: en la oración, en el silencio, en el trabajo, en la calle, en la comida, en los otros...

Para ello, nada mejor que firmar un buen contrato de "mantenimiento" para nuestro espacio interior. Pues el "mantenimiento" no es otra cosa que el «conjunto de operaciones y cuidados necesarios para que instalaciones, edificios, industrias, etc., puedan seguir funcionando adecuadamente»[27]. Así como todo edificio precisa un personal que se ocupe de su "mantenimiento", de la misma manera, la *advertencia amorosa* sanjuanista desempeña un papel similar en el mundo del espíritu. Es quien se ocupa de poner los "cuidados necesarios" para que llevemos hábitos interiores de vida cardiosaludables, de tal manera que nuestro espacio interior pueda funcionar adecuadamente. Es éste el mejor contrato de "mantenimiento de interiores" que podemos firmar.

Así como los psicólogos afirman que todos necesitamos una especie de dieta diaria de comunicación, hecha de afectos, emociones, sonrisas o abrazos (*la abrazoterapia*), así también, diariamente, cotidianamente, hemos de descubrir la presencia de Dios en nuestras vidas. Y a poco que nos dejemos llevar por la atención amorosa a Dios y de Dios, descubriremos que, en verdad,

---

[25] Cf. L 2,36.

[26] Cf. SCHILLEBEECKX, E., *Los hombres relato de Dios*, o.c., p. 37.

[27] REAL ACADEMIA ESPAÑOLA, *Diccionario de la lengua española*, Madrid, 1992, s.v. MANTENIMIENTO.

Dios es nuevo cada momento[28]. A los hombres, Dios siempre «les hace novedad y siempre se maravillan más... Sólo para sí [Dios] no es extraño ni tampoco para sí es nuevo» (C 14,8). Pero para el que cree, Dios siempre es nuevo. Es nuevo cada momento.

Y no sólo "Dios es nuevo cada momento", sino que además *cada momento de la vida, es momento de Dios*. Porque de hecho, no hay momentos para mí (TV, paseo, descanso...) y momentos para Dios (capilla, oración, eucaristía...). Todo momento es momento de Dios porque él está siempre presente en nuestras vidas. Todo lo que me alegra, es alegría para Dios. Y también mis lágrimas le afectan a Dios. Igual que una madre goza y disfruta con la felicidad de un hijo, así le ocurre a Dios con cada uno de nosotros.

Más aún, Dios se nos hace presente como una madre o un padre que interminablemente está velando por sus hijos. Y más que un padre o una madre, pues incluso aunque una madre llegase a olvidarse del hijo de sus entrañas[29], Dios no se olvidará nunca de nosotros. Porque Dios vela continuamente por nosotros, y por nosotras. Muchas y muchos creemos que es así. Que justo y generoso se cuida de cada mujer y de cada hombre: repara nuestras pequeñas ruinas afectivas, nos da un corazón y una mirada más limpios, sana nuestras heridas más profundas. Nos hace libres. Reconstruye, limpia, cura. Libera. Está presente. Vela. Continuamente vela. Ha velado. Está velando. Velará para siempre[30]. Es muy probable que no sepa hacer otra cosa. Ni quiera. Y acaso ni pueda.

---

[28] Cf. tb. C 37,4. Y el libro de E. SCHILLEBECKX, *God is new each moment*, Edinburgh: T. & T. Clark, 1983. Citando a O. Clément, L. GONZÁLEZ-CARVAJAL nos recuerda que allá, en el mundo de Dios, viviremos el «Milagro de la primera vez: la primera vez que sentiste que ese hombre sería tu amigo; la primera vez que oíste tocar, cuando niño, aquella música que te marcó; la primera vez que tu hijo te sonrió; la primera vez... Después uno se acostumbra. Pero la eternidad es desacostumbrarse» (cf. *Esta es nuestra fe. Teología para universitarios*, Madrid, Sal Terrae, 1984, p. 253). No deberíamos "acostumbrarnos" a Dios.

[29] «¿Puede acaso una mujer olvidarse del niño que cría, no tener compasión del hijo de sus entrañas? Pues aunque ella lo olvidara, yo no me olvidaré de ti» (Is 49,15).

[30] Así de bien nos lo recuerda el estribillo de una canción de Pedro Guerra: *Vela por nosotros / y por nosotras, vela. / Muchas y muchos / creen que existe / y, justo / y generoso, / vela por nosotras / y por nosotros, / dicen que vela.* (Del CD *Bolsillos*, de la canción titulada «Dios»).

Epílogo:
Ser libre en el amor

*El lenguaje que Dios más oye
sólo es el callado amor* (D 131)

Llegamos así al final del viaje. Y ahora tenemos que volver al principio, pues esta historia hemos comenzado a contarla desde la meta, desde la unión mística. Creemos que no podía ser de otra forma. Porque lo que se vive al final, el amor y la libertad en plenitud, es lo mismo que envuelve todos y cada uno de los momentos del viaje místico, desde el primer momento. Sólo necesitábamos caer en la cuenta de que ese amor y esa libertad son parte de nosotros mismos. Son nuestro yo más verdadero y auténtico. Ese yo que, enraizado en Dios, nos capacita para vivir la vida de una manera sana; para sentirnos centrados; para descubrirnos enamorados. Visto desde esta perspectiva, el viaje por el mundo de los deseos y de los pensamientos, realizado noche tras noche, se convierte en una aventura arriesgada..., pero interminablemente fascinante y gozosa.

Si ha habido que seguir un "camino" para llegar a la meta, al final del viaje se "pierde todo camino": «Es de saber que, cuando un alma en el camino espiritual ha llegado a tanto que *se ha perdido a todos los caminos*... tratando y gozando a Dios en fe y amor, entonces se dice haberse de veras ganado a Dios» (C 29,11). Si la mística es un fabuloso viaje-camino a lo insospechado, llegar a la meta será perder todo camino, o será toparse con paisajes nunca vistos. Las viejas vías medievales hacia Dios quedan ahora desbordadas. La ganancia total presupone la pérdida total. Y sólo naufragando se alcanza tierra firme. Por eso, por allí, por la cima del monte, *ya no hay camino*.

Y no sólo no hay camino. Es que la misma experiencia mística se vuelve inefable, *indecible*[1]. Y sucede que las palabras se quedan pequeñas para rebosar la inmensidad de lo experimentado. En el mejor de los casos se podrán encontrar términos que "cuadran", pero que no "declaran" lo vivido, «porque las *cosas inmensas* esto tienen, que todos los términos excelentes y de cualidad y grandeza y bien le *cuadran*, mas ninguno de ellos le *declaran*, ni todos juntos» (C 38,8).

Y no quieras decillo...(C 19) La experiencia mística, en su dimensión última, es inefable, "indecible". La contemplación es "indecible" (2N 17,5). «La transformación del alma en Dios es *indecible*» (L 3,8)... De ahí que muchos de los que van por este camino, afirma el místico:

> «Sólo saben decir que el alma está satisfecha y quieta y contenta, o decir que sienten a Dios y que les va bien» (2N 17,5).

No es fácil decirlo con palabras más sencillas o más felices: *Que sienten a Dios*... Al final sólo nos queda eso, el nivel del sentimiento, el de lo calladamente vivido y experimentado. *Y que les va bien*... Porque Dios sólo puede ser positividad para la vida de los hombres. «La delicadez del deleite que en este *toque* se siente es *imposible decirse*..., que *no hay vocablos* para declarar cosas tan subidas de Dios como en estas almas pasan; de las cuales el propio *lenguaje* es entenderlo para sí y *sentirlo y gozarlo y callarlo* el que lo tiene» (L 2,21)[2].

---

[1] Recuérdese el tantas veces citado prólogo de *Cántico*: «Porque, ¿quién podrá escribir lo que a las almas amorosas, donde él mora, hace entender? Y ¿quién podrá manifestar con palabras lo que las hace sentir? Y ¿quién, finalmente, lo que las hace desear? Cierto, nadie lo puede; cierto, ni ellas mismas, por quien pasa, lo pueden».

[2] Piénsese en el caso de Job: «El que creía saber mucho de Dios, cuando realmente sabe algo, acaba pronto de hablar. Y la mayor parte de sus palabras son para deshacer avergonzado, lo que él mismo había dicho. Pero gracias a su hablar "de oídas"... hizo por las sendas más tenebrosas un camino hacia la luz. Se quedó con sus preguntas sobre el sufrimiento de los justos, dejó de reclamar el valor de su inocencia, desaprobó toda su sabiduría sobre Dios, pero devolvió a los hombres un Dios misterioso, poderoso, verdadero, del que pudo ofrecerles testimonio "de vista", porque lo conoció en el encuentro. Ese Dios no respondió a sus preguntas, pero lo salvó personalmente» (GONZÁLEZ NÚÑEZ, A., *La oración de la Biblia para el hombre de hoy*, Madrid, Marova, 1977, p. 253).

Y es que lo de la mística no es una mera experiencia humana más, sino la experiencia humana en su esencia. De ahí que la lectura atenta de los verdaderos místicos (como San Juan) no pueda no ser liberadora. Ellos se han atrevido a vivir y expresar aquello a lo que todo ser humano aspira: llegar a ser libre en el amor[3]. Y en el fondo esa es la esencia de lo que llamamos Dios. De la misma manera que *ser libre en el* amor, es también lo más auténtico y genuino del ser humano.

En realidad, la experiencia del místico no difiere mucho de la del poeta, o el músico, o el pintor. Las palabras, los sonidos y los colores son los mismos para todos, pero no todos poseen el genio creador para hacer poesía, o música, o pintura. Los místicos son los que "ven" más allá. O quizás mejor, los que saben ver a Dios en todo. Lo que no significa en ningún caso que la suya sea una experiencia a-normal o extra-ordinaria. Probablemente la esencia de la experiencia mística se encuentre en esa capacidad para hacernos descubrir la realización humana más auténtica desde lo normal y ordinario. La mística implica descubrir una experiencia nueva, pero en el seno de lo ordinario, de la más simple cotidianidad.

Para hacer realidad esa experiencia sólo tenemos que aprender a escuchar con los "oídos del corazón" (el oído interior, los oídos del alma), para así caer en la cuenta de un Dios que nos habla desde siempre (pero "sin hablarnos", sin palabras). Nos «habla Dios al corazón» (L 3,34)[4]. Y nos habla a través del psiquismo humano; y nos habla en la naturaleza; y nos habla en los mil recodos de la vida diaria de los hombres.

> El lenguaje «que trata Dios en las almas [son]... palabras que... sienten las almas que tienen oídos para oírlas... las almas enamoradas» (L 1,5).

Por eso, lo primero es siempre la experiencia vivida, el amor como acción, un amor vivido cotidianamente. Porque Juan de la Cruz no fue nunca, como llegó a decir Ortega, «el lindo fraileci-

---

[3] Cf. MOREL, G., *Le sens de l'existence selon S. Jean de la Croix. III Symbolique*, Paris, Montaigne, 1961, p. 156.

[4] Teresa lo decía con otras palabras: «¿Pensáis que se está callando?; aunque no le oímos, bien habla al corazón cuando le pedimos de corazón» (CV 24,5).

co de corazón incandescente que urde en su celda encajes de retórica extática», afirmación increíble para todo el que conozca la biografía real de Juan de Yepes. El místico sabe, como nadie, que es el amor en acto el detonante de todo[5]. Un detonante absolutamente explosivo. La experiencia mística es siempre nueva, es un desafío: somete a crítica los modelos de experiencia dominantes[6]. Y precisamente por eso la experiencia mística nunca es "inofensiva". Su autoridad se vuelve operativa al ser narrada.

El Dios que nos ha creado por amor, está deseando comunicarse con los hombres. Y eso significa que tiene que ser accesible por caminos absolutamente simples, al alcance de todos. Caminos que se entrecruzan con los de los hombres en sus afanes y quehaceres de la vida cotidiana. Y es ahí donde San Juan de la Cruz nos invita a descubrir presente a Dios. Ante todo y sobre todo ahí, en la vida de cada día:

> «Ahora coma, beba o hable, o haga cualquier cosa, siempre
> ande deseando a Dios y aficionando a él su corazón» (4A 9).

Si el amor es la naturaleza de Dios (1Jn 4,8), también aquí (en el amor) deberíamos encontrar nosotros, sus criaturas, el secreto último de nuestra propia naturaleza. Sólo sabemos qué es Dios cuando nos aventuramos a "realizarlo". Es decir, cuando nos aventuramos a vivirlo desde su misma esencia, como amor y libertad en plenitud. Amor vivido cotidianamente, intensamente.

Porque si Dios nos ha creado por amor, eso significa que sin duda alguna hay huellas, vestigios y rastros de su amor en cada

---

[5] Cf. 1 Jn 2,3; 1Jn 4,8. El místico es el que sabe que a Dios, más que conocerlo hay que vivirlo, realizarlo. «Buscad el Reino de Dios y su justicia, y todo lo demás —pienso que incluido el conocimiento— se os dará por añadidura» (Mt 6,33).

[6] Parece innegable que las instancias autoritarias y los grupos conformistas suelen mostrar una desconfianza casi connatural frente a las experiencias nuevas o, sencillamente, frente a la "experiencia". Recelan como por instinto que en las experiencias pueda aparecer una autoridad que signifique una crítica contra la normatividad de lo fáctico y contra toda autoridad que pretendiese afirmarse como simple "facticidad" contingente y, por tanto, como poder. Pero, por otro lado se ven obligados a reconocer la fuerza crítica y productiva de las experiencias... (cf. SCHILLEBEECKX, E., *Cristo y los cristianos. Gracia y Liberación*, Madrid, Cristiandad, 1983, p. 29).

persona. Dios ha puesto una semilla o energía de su amor en cada ser humano. Cuando hacemos germinar esa semilla o activamos esa energía amorosa, estamos aprendiendo a vivir como seres humanos en toda su autenticidad y verdad, en toda su anchura y profundidad. Y porque la esencia de lo que es el ser humano, coincide con la esencia de lo que es Dios. Nosotros, los seres humanos, no sabemos vivir como seres humanos. Pero cuando vivimos el amor en acto frente a otro ser humano, frente al hermano concreto, lo estamos aprendiendo.

San Juan de la Cruz nos lo recuerda en expresión condensada y sintética: «El lenguaje que Dios más oye sólo es el callado amor» (D 131). Es francamente difícil expresarlo de una manera más simple o más afortunada o más feliz. Si el "lenguaje de Dios" es el amor, eso significa que también el amor es el lenguaje más genuinamente humano. El amor es lo mejor de nosotros mismos. Porque todos estamos *llamados a la libertad para servirnos unos a otros en el amor*[7].

Si el amor es lo mejor y más valioso que tenemos los seres humanos, deberíamos actuar siempre de tal manera que nunca se "hiera al amor". ¿No estará aquí el secreto último de la vida? Quien lo ha descubierto y comienza a vivirlo, ha comenzado a intuir también en qué consiste la plenitud de lo humano. Ese "secreto" está siempre ahí, al alcance de nuestra mano. Aunque quizás haga falta mucha fe para comenzar a creer en un amor tan increíble.

Y sin embargo, ninguna aventura humana puede ser más fascinante que la de la libertad y la del amor. Lo de Juan de Yepes fue precisamente eso: un viaje para aprender a *ser libre en el amor*.

Y el viaje es infinito. Y todos estamos invitados. Y en realidad ya lo hemos comenzado. Y porque vivimos ya en el mundo de Dios. Aunque quizás, todavía no hemos caído en la cuenta de ello.

[7] Cf. Gal 5,13.

Índice